特殊神饌についての研究

吉野亨著

武蔵野書院

目次

第一部　饗応神饌に関する事例研究

序　神饌研究の課題

第一節　神饌とはなにか——祭りと神饌の意義——

一　神饌とはなにか

本研究では、特殊神饌の特徴が形成された要因について、分析と解明を行ったものである。

そもそも神饌とはなにか。神饌とは、祭りで神に供えられる飲食物・花・嗜好品などを指す総称である。地域によっては、ゴク（御供）、オモノ（御物）、ミケ（御食、御饌）、ゴゼン（御膳）、シンゼン（神膳）と呼ばれることもある。[1] 延暦二十三年（八〇四）に成立した伊勢神宮に関する儀式および年中祭典を記した『皇太神宮儀式帳』六月条には「朝大御饌夕大御饌」とあり、同六月条には「荒祭宮幷瀧祭宮合二所御食」とある。[2] また『延喜式』践祚大嘗祭の条には「訖薦二悠紀御膳一」、「料二神御饌一」と「御膳」「神御饌」とある。[3] 以上のように、祭りで供えられる飲食物に対しては尊称が用いられ、その表現も多様であった。「神饌」という言葉が広く用いられるようになったのは明治以降、「神社祭式」と呼ばれる神社での祭りの次第を規定したものが制定されて以降のことである。

神饌として供えられるものは飲食物、調味料および付随する食器具——箸や盃など——で、祭りによっては生花や造花、煙草などが供えられることもある。神社本庁の定めた「神社祭式」には、「和稲、荒稲、酒、餅、海魚、川魚、野鳥、水鳥、海菜、野菜、菓、塩、水等」とあり、神社によって供えられる品目内容は様々である。[4]現在行われている祭りの多くでは、米などの農産物や海産物などを調理しない状態で供える事が広く行われており、調理しないことから「丸物神饌」または「生饌」と呼ばれる。[5]

一方で、各神社の慣習に従い、調理や細工を施して供えられる神饌もある。この場合、調理――煮炊きや包丁によって切る等――したものや、細工――飾り付けや染色等――を行い、盛り付け方も高盛りや井桁状に盛るなど、手の込んだものが散見される。これらの神饌は、手を加えたものとして「熟饌」、または「特殊神饌」と呼ばれている。[6]

二　祭りと神饌の関係性

現在の研究では、日本における祭り――神社や民間習俗を含めた広義での祭り――において神饌を供えることは、祭りを構成する行事の中心となっていると認識されている傾向にある。[7]では、祭りと神饌がどのような関係性にあり、なぜ祭りにおける普遍的な要素なっているのか。この点を今一度見直すべく、現在行われている神社での祭り、民間習俗での祭りの内実を具体例として挙げ、指摘した傾向について確認しておく。

現在、神社で行われている祭りは、先程触れた「神社祭式」の規定に従い、祭りを執り行っている場合が多い。現行の「神社祭式」は、明治八年（一八七五）に制定された式部寮達(しきぶりょうたっし)「神社祭式」が下地にあり、この規定は明治時代に諸社で行われていた祭りの調査を反映する形で作成されていたことから、[8]以前より神社の祭りでは神饌を供えることが普遍的な傾向にあったことが窺える。従って現在の「神社祭式」に則り神饌を供えていることも、広義の意味においては古くから行われてきた祭りの要素を継承し続けている、と換言することが出来る。

一方、民間習俗における祭りではどうか。山仕事などに従事する人々が参加する、山の神講で行われる祭りを例に挙げる。祭りは一月七日――地域により一月十七日等――に行われ、山に祀ってある祠や特定の樹木の根元等を祭りの場所として、お供物を供える。祭りが終わると、お供物を下げて講の仲間で集まりを開き、お供物を一緒に食べる。お供物の内容は地域により様々で、赤飯とお酒だけの場合や、煮染などを供えることもある。[9] ここで述べたのは神奈川県の山の神講の事例だが、他県の山の神講の祭りやその他の講の祭りでも供物を供え、下げた供物を皆で食する行事が行われていることからも、[10] 民間習俗で行われる祭りでも供物が欠かせないことが指摘できる。

以上のように、現在行われている神社の祭りや民間習俗での祭りでは、神饌を必ずといっていいほど供えていることが確認できる。これは、神饌を供える＝祭りであるという共通認識が今日まで継承され広く浸透してきたことを示している。

では神饌を供える＝祭り、という認識はどれほど遡ることが出来るのだろうか。考古学による出土遺物の分析では、古墳時代の遺跡から、坩堝や高坏、俎板など祭器具として用いられたと考えられる土器類や、魚や動物類を象った土製の模造品が出土している。また、祭器具類から炭化した米粒などが発見されていること、古墳へ埋葬が行われる際に食物類や食器を供えていたことが判明している。[11] これらを直ちに、現在の祭りと神饌につなげてしまうのは早計であろうが、現在の祭りに通じる行為が行われていたと推察される。時代が下り、平安時代に定められた『延喜式』神祇式には、伊勢神宮や春日大社などで行われていた公的な祭りで供える為の農産物や水産物等が示されている。[12]

このことから、当時の公的な祭りにおいて、神饌を供えることが明文化されていたことが窺える。また、考古遺物の分析結果や『延喜式』神祇式の内容から、神饌を供える＝祭りであるという認識が、古い時代から浸透していたことを指摘することができる。

第二節　神饌をめぐる研究の視点

日本においては、神饌を供える＝祭り、であると古くから認識されてきたことを確認した。このことからも、神饌が多くの祭りで重視されてきたことを前提として、これまで神饌の研究は進められてきた。では、これまでどのような視点から神饌が研究され、どのような指摘がされてきたのか。本節では、研究の現状を確認、整理を行い、次節では研究の課題点とその解法について提示する。まず、祭りの意義と神饌について分析を行った研究を取り上げる。

一　祭りの意義と神饌について

民俗学者である柳田國男は『日本の祭』において、神饌が祭りで重視されている点を論じている。柳田は、「本来は酒食をもって神を御もてなし申す間、一同が御前に侍坐することがマツリであった」と祭りの原義を述べた上で、「マツリ」に際して供えられる酒食を賜る「直会」の重要性と共に、「必ず食物を御進め申すこと」が祭りに必須となっていることを指摘している。また、柳田は民間習俗や神社での神饌について幅広く事例を挙げ、盛り付け方や供え方、供える対象が大きく異なっている事も指摘している。[13]

有職故実家であり神道学者でもあった八束清貫は祭りを「『仕え奉る』こと」「『ものを奉る』」、『ものをお供へする』」であるとし、「お祭りの根本的要素は、神饌をお供へすること」であると、祭りの意義を述べている。これは何も神学的立場に依って立つものだけではなく、『延喜式』に記載される神饌品目について触れた上で、歴史的にみても祭りには神饌が必要不可欠とされてきたという見解を示している。また、神饌全体を分類した上で、天皇の即位儀礼である大嘗祭や伊勢神宮、春日大社の神饌を例示して説明している[14]。

大嘗祭の儀礼構造を論じた倉林正次も、柳田や八束と類似の見解を示している。倉林は「祭り」という言葉について、『万葉集』や『延喜式』所載の大殿祭祝詞にある「まつり」の語に分析を加え、「マツリ（祭）ということばは、供える・献上するなどの意味をもつマツルということばと同系統のもの」と指摘し、民間習俗の祭りと特殊神饌を供える祭りの分析を行った上で、祭りの重要な部分は「神に神饌を献供することであろう」と見解を提示している[15]。また、倉林は「待つ」という言葉が「マツル」の語源であること、大臣大饗の「待膏」や神占での「兆酒」を具体例として提示した上で「マツルということは、神の来臨以前に心をこめて、神にご馳走をお供えすることといえよう」と柳田と類似の見解を述べている[16]。

以上の指摘をまとめれば、祭りとは人が御馳走を用意して神を客人のごとく迎える行為が原義であり、故に祭りにおいて神饌が重要な役割を果たしていると言うことになる。加えて言えば、柳田が指摘するように、下げた神饌を祭りに参加した人々が飲食する行為が重要である。先に挙げた山の神講で行われる飲食や、神社での直会が行われていることからも、共同飲食の重要性が窺える。この共同飲食に注目したのが、民俗学者の坪井洋文であった。

坪井は人の贈与・贈答と呼ばれる社会慣習に注目し、この贈与の慣習が人と神との関係の場合、神饌を供える行為にあたると指摘し、神饌研究の現状を「神社祭式的な枠組みの中での操作にとどまり、現代を生きる人間の世界観のかかわりに、積極的に取り組む姿勢を欠如している」と述べ、神饌の諸問題について考察を行っている。坪井は、神饌の要素として「（祭りの）中心をなすもの」「神と人との交流を媒介するきわめて具象的な形態」「神の食料品として、神が召し上がること」「神饌は神人共食をもって神饌足りえる」の四つを述べ、特に「神人共食」の原理を強調している。[17] 坪井が指摘するように、大嘗祭の儀礼において天皇自ら供御して神饌を供え、神饌の一部を口にする事や、石川県で行われている民俗行事のアエノコトでは神を迎える為に振舞った御馳走を家の人々が頂戴する例がみえ、古くは祭りの最中に供えた神饌を食べる行為が行われていたと考えられる。

以上の研究からは、「本来」の祭りの意義とは、祀る対象を迎えての饗宴、との認識があったという点と、撤下(てっか)した神饌を共食する点が重視されている点が指摘されている。これらの理論は、祭りの原義を考察したもので、現在行われている多くの祭りを概観すると分かるように、神輿や山車の巡行、神楽の奉納などが祭りの行事として組み込まれていることから、祭りの形式は時代を経るつれ多様化していったものと考えられる。にもかかわらず、神饌が祭りを構成する必要要件として、神社や民間習俗の祭りに現在もなお継承されていることを考慮すれば、多様な神饌の形式とともに、飲食物を供えることの重要性の認識も人々に継承されてきたものと推察される。

二　神饌に見える信仰と文化

神饌を研究した多くの研究者は、先に述べた神饌を供えること＝祭りという点と、神饌を共食する行為の重要性を共通理解として、各研究者が神饌を分析することで、信仰や文化の諸相について解明を行っている。これまでの研究を見ると、神饌として供えられている食物に信仰的・文化的意義が存在しているのかという点を解明しようとする傾向がある。

例えば、澁澤敬三は、『延喜式』神祇式の神饌品は水産物を多く供えている傾向にあることを指摘している。[18] また西牟田崇生は水産物神饌を含めて『延喜式』における神饌品ついて整理を行い、その傾向について指摘している。[19]『延喜式』の神饌品に水産物が多く含まれる傾向にある一方で、動物類も神饌として供えられている。その点に着目した岩本徳一は、『延喜式』で動物を神饌として供える祭りを分析し、陰陽道などの呪術的な祭りで動物が供えられていた傾向を指摘、神饌品目の選定基準が祀る対象や祭りを行う目的により異なっていたという見解を示している。[20]また、動物供犠について考古学的な視点から考察を行った笹生衛は、動物供犠が行われていた遺跡および出土遺物の分析と考察を通じて、古代において動物を供える祭りが「公的な性格」と「民間的な性格」に分けられ、民間祭祀においても大陸的祭祀が浸透していたことを指摘している。[21]他方、『日本霊異記』の説話や伝承、現行の祭りでの動物供犠を伴う事例を分析することで、日本人の自然観と動物観の解明を試みた中村生雄は、稲作を中心とした祭りとは異なる供犠儀礼を伴う観念が想定されると指摘している。[22]

以上のように、動物類、特に四足の動物を神饌として供えていた例の分析と考察を通じて、大陸文化の流入による呪術的な祭りの展開があった点や、地域毎の生活環境に即した食物として動物類が献供されていた点が指摘されている。

水産物や動物以外にも、神饌に供えられる雑穀――粟や稗など――に着目した増田昭子の研究、[23]野老(ところ)を供える意義について野老の食物としての性質に着目して分析を試みた菅居正史、[24]賀茂祭で供えられる大蒜に注目した宮下千恵子、[25]生姜を供える神饌に注目し現代における信仰圏の広がりを指摘した筒井裕[26]の研究などを挙げることができる。

以上の研究からは、神饌として供えられる食物の分析から、日本において多様な生活や信仰の在り方があったことが指摘されていると言える。

次に、信仰面とは異なる文化面、特に食文化の側面から神饌に供えられる食物について分析と考察を行っている家政学の研究について触れる。

小島朝子は滋賀県下における魚を用いた神饌と直会膳に注目し、魚の調理加工方法や、用いられる魚の種類に地域的な傾向がみられることを指摘している[27]。近畿地方における神饌の食品に見える特色をテーマとして研究を行った丸山悦子は、用いられる食品の詳細な分析を行い、その傾向と背景にある地域的な特色について指摘している[28]。伊勢神宮の神嘗祭と賀茂祭の神饌について分析と考察を行った喜多野宣子は、食品の成分分析と盛り付け方の分析から古代の食生活について考察を行い、当時の貴族の食生活や食文化が神饌に反映されていることを示唆している[29]。このように特定地域における神饌に対象を定め、その傾向を指摘した研究の一方で、特定の食物を供える神饌に焦点を当てた研究も行われている。

冨岡典子は、奈良県下に見られるごぼうを用いた神饌を調査し、その調理方法の違いや、祭りや行事でごぼうが大量に用いられる理由として、ごぼうの効能と祭りの目的が一致していたと指摘している[30]。また冨岡は、日本におけるごぼうを用いた料理の地域分布の分析と考察を行い、ごぼうが初めは薬用として用いられ、次第に料理へと用いられるようになったこと、奈良県、福井県、三重県における正月の祭事において、ごぼうの存在が不可欠となっていることを指摘している[31]。特定の食物に焦点を当て分析することにより、食物が使用される理由や食物が普及していった歴史的・文化的な背景について指摘されている。

水谷令子・久保さつき・松本亜希子らによる研究では、三重県下にみられる包丁式を対象として現地調査を行い、他県の事例との比較を行っている[32]。三重県下の包丁式ではボラが出世魚として用いられており、地域産業と密接なかかわりがあったことが指摘されている。祭りでの包丁式は、神前にて包丁式を披露し捌いた魚や鳥類を据えるといった行事で、一部神饌の調製には包丁式の作法が用いられている場合もあることから、今後も注意しておく必要がある。

このように食品や調理方法に注目した考察がある他、神饌として供えられる唐菓子（からかし）についての論稿もある。加茂正典は大嘗祭で供えられる唐菓子について[33]、嵯峨井建は下鴨神社を中心に神饌として供えられる唐菓子について考察を行っている。[34] 唐菓子は大陸的な食品であり、平安時代の食文化に外来文化の影響があったことと軌を一にして、当時の先端文化である唐菓子が神饌として供えられたと推測される。この唐菓子のように、外来文化の流入によって影響を受けた神饌に注目した研究がある。

吉川雅章は談山神嘉吉祭の神饌「百味の飲食」の分析を行い、寺院における供物や他の事例にみえる仏教的要素の残る神饌との比較から、「百味の飲食」に仏教的な要素が色濃く残っていることを指摘している。[35・36] 談山神社以外にも、春日若宮おん祭りの神饌の一つである「御染御供」は、「百味の飲食」同様に染色された米を用いて塔状に設えている。また、京田辺市にある佐牙神社の湯立て神事で供えられる「百味」では、果物など百種類近い品目を供えており、宇治市にある白川神社でも、かぼちゃを土台に多数の稲や野菜や果物を飾り付け、「百味の飲食」と称して供えている。これらの仏教的な影響を受けたと考えられる神饌の多くは、見せる事――神への供覧――を目的として供えられる傾向にあると考えられる。

以上の研究から、神饌に用いられる食品、神饌の形式の分析が行われ、信仰や文化の諸相が明らかにされてきたと言える。それは、祭りを行う人々に神饌を供える＝祭りであると言う共通認識があった上で、地域の生業や信仰の在り方により独自性を帯び、多彩な展開を見せているといえる。

三　事例収集と事例研究

これまで見てきた研究から分かるように、神饌を研究する場合、特殊神饌を分析することで日本の信仰や文化の一端を解明しようとする傾向にある。ただし、それら特殊神饌の事例が公にされているのは、地道な事例収集を行った研究者の存在がある為である。

事例収集の先駆と言うべき成果は、岩井宏実による近畿地方の特殊神饌について事例を収集した研究である[37]。岩井は各事例の祭りの概要、神饌の調製などの詳細を提示するだけでなく、事例間の比較を行った上で、芋や栗、榧が神饌品目に用いられている点、仏教的な要素を残す百味の飲食や、神饌の頭上運搬など、特殊神饌にみられる特徴を指摘している。各事例において収集された項目――食物や調理方法――は必ずしも画一的とは言えない部分があるが、多くの事例を収集し公にしたこと自体に大きな意義がある。同じような事例収集を行った例として真木一平が、中国・四国地方における「七十五」を名称に冠した神饌の事例を収集しており、各事例における神饌品目の概要とその広がりを指摘している[38・39]。

一方、吉川雅章は奈良県における特殊神饌の内、「蒸飯御供」を供える事例を収集し、飯の盛り付け方をその形状から「円錐形」「円錐台形」「円柱形」「枡形」「立方体形」「逆四角錐台形」「特殊形」「複合形」の八つに分類し、名称に関して「キョウ」という名称が多い点、米を炊くのではなく蒸している点が共通していることを指摘している[40]。

これら研究の特徴は、特定の地域における特殊神饌を収集・分析し、共通する特徴を明らかにしていることにある。この点では、先に挙げた家政学における神饌研究も類似しており、このような事例収集と特殊神饌の特徴に関する分析を広範囲にわたり展開することが出来れば、地域文化の多様性を窺い知ることができると考えられる。

以上のような事例収集と事例間の比較から特徴を分析した研究がある一方で、個別事例を対象として、祭りと神饌の歴史的変遷や地域の歴史的背景との関係を分析した研究がある。先に挙げた吉川雅章の談山神社嘉吉祭の神饌に関する研究もこれに該当する。他にも志水陽子の吉備津神社の七十五膳据神事の研究[41]、斎藤ミチ子・野村みつるによる御石座神社の神饌と饗膳についても研究がある。ここでは神饌の特徴自体がどのような要因から形成されたのかについて、斎藤・野村の研究が多角的な視野から研究を行っているので、少し詳しく見て行きたい。

斎藤、野村の研究は、狩猟の祭りである御石座神社の神事について、「神社が有する風土的諸条件」を踏まえ、地域の歴史的かつ信仰的な背景を含めた、多角的な分析を試みている。その結論で、神饌の特徴が形成される要因として、人間の生活とその基盤となる地域における生業や信仰、食生活の特徴が関係しており、これらの要因が時代状況により変化し、その影響を受けて神饌や饗膳も変化してきたことが指摘されている。[42]

以上、神饌の事例収集と個別事例研究について主要な研究を取り上げた。事例収集とそれに伴う比較検討により、特殊神饌のもつ特徴に共通する部分があることが指摘されている。また、個別事例研究においては、神饌の特徴が地域の信仰や生業、食生活と密接に関係している点、特徴を形成する要素が時代状況による変化し、神饌も変化の影響を受けて形式を変えながらも現在へと継承されているという実態が指摘されている。

第三節　神饌研究の課題——分類方法と分析方法の設定——

一　神饌研究における課題

これまでの神饌研究を振り返り、各研究で指摘されてきた点について確認を行ってきた。改めてまとめると、

一、神饌は祭りを構成する重要な要素として、古い時代から広く認識されてきた傾向にある。

二、神饌を供える意味とは、祀る対象を迎えての飲食を伴う饗宴であり、神饌は饗宴における食事としての位置づけをもつ。また神饌は供えられた後には下げられ、人々がそれらを共食する行事が伴う場合がある。

三、神饌に用いられる食材の多様さから、日本における信仰と文化の多様性が指摘されている。また、特殊神饌の食材や盛り付け方、調理方法などの特徴は、時代毎の文化や信仰や食生活などの影響を受けていたと考えられる。

以上、三点にまとめることが出来る。

これらの点を踏まえると、これまでの神饌研究では個別事例の研究が中心に行われてきたことによって、特殊神饌の特徴や地域毎の特色が浮き彫りにされてきたことが分かる。その一方で、特殊神饌全体の事例把握は、宗教法人神社本庁により平成二〜七年にかけて行われた総合調査[43]や、平成二十〜二十一年にかけて國學院大學伝統文化リサーチセンターにより調査が行われている[44]。しかし、未だに事例全体の把握には至っていない現状にある。この点については、既に多くの事例が収集され研究されている関西、中国地方以外の地域についての事例の把握、既存の民俗調査資料の活用によって、将来的には全体像の把握が可能であると考えられる。では、現状の神饌研究における課題とはなにか。まず第一点目として、分類方法と分析方法の設定の必要がある点である。

これまで、各研究者による事例の収集と研究が行われ、神饌をどのように分析し研究を行うのかという点については少なからず論議が行われてきたものの[45]、分析項目や方法論については各研究者に委ねられてきた部分が大きい。これは、各研究者がそれぞれの学問分野に応じた研究課題をもち、課題に応じた研究方法を展開することで研究が進展してきたと評価することができる。ただ、今後の神饌研究を考えた時、これまで指摘されてきた特徴を活用した分類方法と分析項目を構築することにより、各学問分野同士の連携が進められるともに、各事例の特徴について柔軟に比較検討を行うことができると考える。よって、これまでの研究で指摘されてきた神饌の特徴を改めて分析し、分類と分析項目について提案を行う。

二　分類方法と分析方法の設定

分類方法について考えるに際して、これまで行われてきた分類と、分類の活用について確認しておく必要がある。

既に、照本亶[46]や八束清貫[47]、倉林正次[48]、小野和輝[49]らによって、調理方法や供え方などの特徴から、神饌全体の分類が行われている。そこで、先学の分類を参考にして、供える目的、供え方、仏教的影響の有無を基準とした品目の分類を提示することにする。

まず、神饌全体は「神社祭式」に則った形式の丸物神饌と、各神社の慣習に則った特殊神饌に大別できる。次に特殊神饌の内、食事形式を主として調えられる饗応神饌と、見せることを重視した形が調えられる供覧神饌に分類することができる。

さらに食材や形状、供え方に際立った特徴的のある神饌を分類すると、饗応神饌の内で魚や肉類を用いないものを精進神饌、供覧神饌の内で仏教的な影響や要素が認められるものを仏供神饌、鳥や魚などを生きたままに供える神饌を生調（いきみつぎ）、米や切幣などを祓えなどの目的で撒き散らして供える神饌を散供（さんぐ）神饌として分類できると考えられる。

次に、これまでの個別事例研究の蓄積を参考として事例分析で用いられる分析項目について提示する。これまでの事例研究において注目されてきた特徴——食材、供える台数、供える場所、供える対象、調理する場所、供え方、調理方法、盛り付け方、食器具の形式——を分析項目として設ける。また、この分析項目は、事例調査の際に必要となる調査項目として利用することを念頭に置いている。このような分析項目を設定することで、個別事例の詳細な分析と事例同士の比較検討が可能となるであろう。では、分類と分析項目に実際の事例を当てはめ、各事例の特徴を比較する。

表1～4は、食材として米を多く用いる饗応神饌の事例を取り上げた。神饌の食材として筆頭に挙げられる米は、御飯や餅、粢団子（しとぎだんご）、酒、洗米、懸税（かけちから）と言った様々な形で供えられる、祭りにおいてもっとも重要視されている食材である。

品目(名称)								
撰切	腹子	鮒	海藻	大根	塩・水	酒	御盃	御箸
						白米		
鮭(切身)	鮭(筋子)	鮒						
			若布、昆布、心太					
				大根				
				酢	塩			
					水		食器具	食器具
1台	1台	1台	1台	1台	1台	2樽	1台	2台
拝殿	拝殿	拝殿	拝殿	拝殿	拝殿	拝殿	拝殿	拝殿
主祭神・姫神	主祭神・姫神	主祭神・姫神	主祭神・姫神	主祭神・姫神	主祭神・姫神	主祭神・姫神	主祭神・姫神	主祭神・姫神
神饌所	神饌所	神饌所	神饌所	神饌所	神饌所	神饌所	神饌所	神饌所
○	○	○	○	○	○	○	○	○
○				○				
	○	○	○		○			
		○						
			○	○				
○	○		○	○	○			
○	○	○			○			
○(白磁)	○(白磁)	○(白磁)	○(白磁)	○(白磁)	○(白磁の小皿)		○(白磁の盃5枚)	
					○(水器)			
○(四方)	○(四方)	○(四方)	○(四方)	○(四方)	○(四方)	○(四方)	○(四方)	○(四方)
							薦	薦

※3　表１～４の盛り付け方に関する分析項目は國學院大學日本文化研究所『神道要語集　祭祀篇一』（神道文化会、昭和 49 年、277—282 頁）を参考に作成した。

※4　表１～４の食器具の種類に関する分析項目は照本亶『神饌の作り方』（帝国神祇学会、昭和７年、１ー12 頁）を参考に作成した。

※5　１～４の「○」は該当する項目を示している。例えば、表１の「大御食」は、「白米」が用いられる神饌で、16 台を「台」に供え、調理方法は「熟撰」、盛り付けは「高盛り」、食器具として「巻行器」を用いていると読む。また、「○」の後ろに括弧が付く場合は、名称や形状などを記載している。

表1　香取神宮大饗祭（11月30日）の神饌分析（食材※1、供える場所、供える対象、調理する場所、供え方※2、調理方法、盛り付け方※3、食器具の種類※4）

分析項目		大御食	鴨羽盛	鳥羽盛	干魚	餅	柚子
穀物	米	白米				白米	
	大麦						
	小麦						
	粟						
	稗						
水産物	海魚		干鮫（切身）	干鮫（切身）・鮭（切身）	クサヤ・鮭（頭）		
	川魚						
	海藻						
	貝						
鳥			鴨				
獣類							
豆類							
野菜	根菜類		聖護院蕪	大根			
	葉茎類						
	葉菜類						
	果菜類						
	花菜類						
	菌茸類						
	イモ類						
果物							柚子
菓子							
調味料							
花							
その他							
台数		16台	2台	4台	5台	1台	1台
供える場所		拝殿	拝殿	拝殿	拝殿	拝殿	拝殿
供える対象		主祭神・姫神	主祭神・姫神	主祭神・姫神	主祭神・姫神	主祭神・姫神	主祭神・姫神
調理する場所		神饌所	神饌所	神饌所	神饌所	神饌所	神饌所
供え方	案供	○（台）	○	○	○	○	○
	埋供						
	投供						
	懸供						
調理方法	熟饌	○	○	○			
	生饌				○	○	
盛り付け方	高盛り	○	○	○			
	高積み					○	○
	平盛り		○	○		○	○
	串刺し						
食器具の種類	皿			○（白磁）	○（白磁）	○（白磁）	○（白磁）
	高坏		○				
	瓶子、瓶子、水器						
	苞・紙包						
	掻敷		○（鮫）				
	三方、四方、折敷、足打、膳、盆		○（四方）	○（四方）	○（四方）	○（四方）	○（四方）
	その他	○（巻行器）					

本表は2007年11月30日に行った香取神宮大饗祭の調査データに基づき作成した。

※1　表1～4の食材に関する分析項目は、神社本庁教学研究所研究室編『事業報告書　全国神社祭祀祭礼総合調査平成の神明帳を目指して』（全国神社祭祀祭礼総合調査本庁委員会、平成7年）を参考に作成した。

※2　表1～4の供え方に関する分析項目は國學院大學日本文化研究所編『神道要語集　祭祀篇一』（神道文化会、昭和49年、277―282頁）を参考に作成した。

御菓子	**斗餅**	**魚**	**雉**
伏兎(白米)	白米		
		鯛	
			雉
2台	1台	1台	1台
本殿内陣	本殿内陣	本殿内陣	本殿内陣
主祭神・姫神	主祭神・姫神	主祭神・姫神	主祭神・姫神
御供所	御供所	御供所	御供所
○	○	○	
			○
○	○		
		○	○
○	○	○	
○(白磁)	○(白磁)		
○(黒の塗高坏)	○(黒の塗高	○(黒の塗高坏)	
紙(高坏に敷く)	紙(高坏に敷く)	紙(高坏に敷く)、杉の葉	

表2　貫前神社御戸開神事(3月14日、12月12日)の神饌分析（食材、供える場所、供える対象、調理する場所、供え方、調理方法、盛り付け方、食器具の種類）

分析項目		品目(名称) 禮酒・清酒	御飯、餅
穀物	米	麹、粳米、糯米(禮酒)、清酒(麹、粳米)	白米(クナジリ、サルデ、御飯、栗餅)
	大麦		
	小麦		
	粟		
	稗		
水産物	海魚		
	川魚		
	海藻		
	貝		
鳥			
獣類			
豆類			
野菜	根菜類		
	葉茎類		種類不明(青菜)
	葉菜類		
	果菜類		
	花菜類		
	菌茸類		
	イモ類		
果物			
菓子			
調味料			
花			
その他			
台数		1台	2台
供える場所		本殿内陣	本殿内陣
供える対象		主祭神・姫神	主祭神・姫神
調理する場所		御供所	御供所
供え方	案供	○	○
	埋供		
	投供		
	懸供		
調理方法	熟饌	○	○
	生饌		
盛り付け方	高盛り		○(御飯)
	高積み		
	平盛り		○(クナジリ、サルデ、栗餅)
	串刺し		
食器具の種類	皿		○(白磁)
	高坏	○(黒の塗高坏)	○(黒の塗高坏)
	瓶子、提子、水器	○(瓶子、黒漆塗り)	
	苞・紙包		
	掻敷	紙(高坏に敷く)	紙(高坏に敷く)
	三方、四方、折敷、足打、膳、盆		
	その他		紙(御飯の周囲を覆う)

本表は群馬県教育委員会『一之宮貫前神社調査報告書』（群馬県教育委員会、昭和53年、107―113頁）及び、茂木貞純ほか『神々を彩るモノシリーズ2「神饌」』（國學院大學研究開発推進機構伝統文化リサーチセンター、平成21年、7―8頁）に基づき作成した。

海野菜・魚	果物・菓子	御餅・御蒸	醴	醴勧杯	摂末社分	飯殿分
		粳米	糯米		粳米（御飯、）、糯米（餅、醴）	粳米（御飯）、糯米（醴）
昆布						
大根等7種類						
季節のもの						
	季節のもの（3つ）					
	米					
				食器具		
2台	2台	各一行櫃	1甕	6台	9台	1台
幣殿	幣殿	幣殿	幣殿	幣殿	各摂末社	飯殿
本社・妻戸	本社・妻戸	本社別盛	本社	本社・妻戸	摂末社	飯殿
飯殿	飯殿	飯殿	飯殿	飯殿	飯殿	飯殿
○	○	○	○	○	○	○
	○	○	○	○	○	○
○	○					
		○（御蒸）			○（御蒸）	○（御蒸）
○						
	○	○（御餅）			○（御餅）	○（御餅）
○（小土器5枚）				○（6台）		
	○（4台）			○（丸高坏6台）	○（餅、御蒸用9台）	○（8台）
			○（通い提子、長柄提子各1台）		○（醴用9本）	
○（三方2台）	○（三方2台）	○（足打9台）			○（三方9台）	○（三方2台）
箸、加茂紙（2枚）	加茂紙（2枚）	一行櫃（2台）、箸（3膳）、加茂紙（9枚）			箸（9膳）	

表3　彌彦神社（2月2日、4月1日、4月18日、7月25日、10月1日）の大御膳分析表（食材、供える場所、供える対象、調理する場所、供え方、調理方法、盛り付け方、食器具の種類）

		品目(名称)				
分析項目		鹽	方立	御鉾	御餅	五穀
穀物	米		粳米		粳米	白米(種別不明)
	大麦					大麦
	小麦					
	粟					粟
	稗					
水産物	海魚					
	川魚					
	海藻					
	貝					
鳥						
獣類						
豆類						
野菜						大豆・小豆
	葉茎類					
	葉菜類					
	果菜類					
	花菜類					
	菌茸類					
	イモ類					
果物						
菓子						
調味料		塩				
花						
その他				威儀物		
台数		1台	2台	1台	2台	2台
供える場所		幣殿	幣殿	幣殿	幣殿	幣殿
供える対象		本社・妻戸	本社・妻戸		妻戸	本社・妻戸
調理する場所		飯殿	飯殿	無し	飯殿	飯殿
供え方	案供	◯	◯	◯	◯	◯
	埋供					
	投供					
	懸供					
調理方法	熟饌	◯	◯		◯	
	生饌					◯
盛り付け方	高盛り	◯	◯			
	高積み					
	平盛り				◯	
	串刺し					
食器具の種類	皿		◯(本社分、平土器)		◯(小土器5枚)	◯(小土器5枚)
	高坏	◯(2台、木製)	◯(妻戸分、木製)			
	瓶子、提子、水器					
	苞・紙包					◯(加茂紙)
	掻敷	◯(紙)				
	三方、四方、足打、折敷、膳、盆	◯(三方)	◯(三方2台)		◯(三方2台)	◯(三方2台)
	その他		編竹、菅(本社分)編竹、箸(妻戸分)	箸(本社分)	加茂紙(2枚)	加茂紙(2枚)

本表は2006年7月25日に行った燈籠神事の調査データ及び、彌彦神社『彌彦神社』（学生社、平成15年、123―126頁）に記載されたデータに基づき作成した。

品目(名称)			
六角台高坏	箱型膳	平膳	平膳
	白米(鏡餅、神酒)	白米(春の盛相飯)、玄米(秋の盛相飯)	白米(春の盛相飯)玄米(秋の盛相飯)
		鯵	鯵
		昆布、海苔(市販の袋入りのもの)	昆布、海苔(市販の袋入りのもの)
		さやえんどう(春)	さやえんどう(春)
		大根、生姜(秋)	大根、生姜(秋)
		蕗、筍(春)	蕗、筍(春)
		きゅうり	きゅうり
		しいたけ(秋)	しいたけ(秋)
蜜柑等(春)、梨等(秋)		栗(秋)	栗(秋)
まんじゅう、もなか			
		箸	箸
2台(9柱分)、4台(対象不詳分)	2台(9柱分)、4台(対象不詳分)	25台(25柱分)、27台(対象不詳)、27台(対象不詳)	5台
内陣(9柱分)、朱の壇(対象不詳分)	内陣(9柱分)、朱の壇(対象不詳分)	中陣・外陣(25柱分)、手の壇(27台ずつ)	本宮社
9柱分及び対象不詳	9柱分	25柱分および対象不詳	本宮社の祭神
御供殿	御供殿	御供殿	御供殿
○	○	○	○
○		○	○
		○(盛相飯)	○(盛相飯)
○	○	○(海産物、農産物)	○(海産物、農産物)
○(六角台高坏)			
○(ヒノキの葉)	○(ヒノキの葉)	○(ヒノキの葉)	○(ヒノキの葉)
	○(箱型膳)	○(平膳)	○(平膳)

表4　吉備津神社七十五膳据神事（5月、10月の第2日曜日）の神饌分析（食材、供える場所、供える対象、調理する場所、供え方、調理方法、盛り付け方、食器具の種類）

分析項目		大膳	大膳（二の膳）	四角台高坏
穀物	米	白米（春の盛相飯）、玄米（秋の盛相飯）	白米（春の盛相飯）玄米（秋の盛相飯）	白米（春の盛相飯）、玄米（秋の盛相飯）
	大麦			
	小麦			
	粟			
	稗			
水産物	海魚	鯛		鯵
	川魚			
	海藻	昆布、海苔（市販の袋入りのもの）		昆布、海苔（市販の袋入りのもの）
	貝			
鳥				
獣類				
豆類		さやえんどう（春）		さやえんどう（春）
野菜	根菜類	大根、生姜（秋）		大根、生姜（秋）
	葉茎類	蕗、筍（春）		蕗、筍（春）
	葉菜類			
	果菜類	きゅうり		きゅうり
	花菜類			
	菌茸類	松茸（秋）		しいたけ（秋）
	イモ類			
果物		栗（秋）		
菓子				
調味料				
花				
その他		箸		箸
台数		6台	1台	11台
供える場所		内陣	内陣	内陣
供える対象		6柱分	吉備津彦命	11柱
調理する場所		御供殿	御供殿	御供殿
供え方	案供			
	埋供			
	投供			
	懸供			
調理方法	熟饌	○	○	○
	生饌	○	○	○
盛り付け方	高盛り	○（盛相飯）	○（盛相飯）	○（盛相飯）
	高積み			
	平盛り	○（海産物、農産物）		○（海産物、農産物）
	串刺し			
食器具の種類	皿			
	高坏			○（四角台高坏）
	瓶子、提子、水器			
	苞・紙包			
	搔敷	○（ヒノキの葉）	○（ヒノキの葉）	○（ヒノキの葉）
	三方、四方、足打、折敷、膳、盆	○（大膳）	○（大膳）	
	その他			

本表は志水陽子「吉備津神社七十五膳据神事」（『國學院大學日本文化研究所紀要』第87輯、平成13年、105—107頁）の記載データに基づき作成を行った。

分析表に各事例のデータを当てはめることで、供えられる食物の傾向や神饌品の台数、供えられる対象について可視化することが可能である。

例えば、各事例では米を材料として調理された品目類が顕著であることが分かる。ただ、香取神宮と貫前神社の事例は献饌する対象が主祭神と妃神であるのに対して、彌彦神社と吉備津神社には主祭神以下、摂末社の神などへ神饌品が献饌されていることが指摘できる。単純に米を材料とした神饌品が多いだけではなく、供える対象の数の多い場合も考慮に加える必要があることを指摘できる。

また、香取神宮を除く神社では、同一の特殊神饌が年に幾度も供えられていることから、特殊神饌を供える祭りが各神社における重要祭典であった可能性が考えられる。その点を足がかりとして、各事例の明治以前の様相を確認すると、香取神宮は年三回[50]、貫前神社は三月と十二月[51]、彌彦神社は年中七回[52]、吉備津神社は五月・十月[53]に、事例と同形式の神饌を供えていた。このことから、重要な祭典に供えられる神饌という性格がある他に、季節を問わず米を神饌品として重視する傾向があったと指摘することができる。

次に、水産物や農産物に注目したい。事例中、香取神宮の品目は水産物の種類と量が豊富であることが窺える。香取神宮の場合、鎮座地が霞ヶ浦に近くそこで収穫された水産物が献納され、神饌の食材として用いられており、地域の生業が神饌の食物に反映されている。他の事例では、彌彦神社は水産物を主祭神と妃神にのみに、吉備津神社は主祭神以下七柱の祭神へ「鯛」を、その他の祭神へ「鯵」を供えている。このことから、祭神毎に供える食物に序列があることが窺える。

この序列は食物だけでなく、食器具にも見受けられる。吉備津神社では「大膳」「四角高坏」「六角台高坏」「平膳」、彌彦神社では、本社と妻戸分の「方立」は編竹や菅で「御蒸」を覆っており、他の祭神とは異なる食器具や盛り付け方を用いている。このように、複数の祭神へ神饌を供える場合、食材や食器具も序列が設けられていたことが考えられる。一方、農産物——穀物、豆類、野菜——を見ると、事例の中では吉備津神社がとりわけ豊富であることが分かる。全ての祭神に対して農産物や果物類が供えられていることを考えると、吉備津神社周辺の農産業の実態について分析を試みる必要があると指摘できる。

以上、分析項目を提示し、事例を当てはめ確認を行った。これまでの研究を踏まえて構築した分析項目は、各事例の神饌品目の特徴を可視化させ、他の事例との比較を容易する点で有用である。単に米を多く用いる神饌と謂えども、それぞれの品目数や祀る対象が異なっていることや、供えられる品目に序列がある点など比較しやすくすることができる。また、供えられている食物や食器具類の傾向などが把握できるため、個別の事例研究や事例間の比較研究を行う際に、事例の特徴を正確に把握することができる。

第四節　本研究の目的と構成

一　本研究の目的と意義

分類項目と分析表の構築を課題の一点目として挙げ、実例を当てはめてその有用性を提示した。この他に、神饌研究の課題点はもうひとつ存在している。それは特殊神饌に見られる特徴の形成に影響を及ぼした要因の解明である。

既に提示したように、神饌が祭りにおいて重要な位置づけにあること、古い神饌には古い信仰や食文化の一端が残されていることがこれまでの研究で指摘されている。加え、日本各地に特殊神饌を供える祭りが数多く存在し、各地域の特殊神饌が、地域の生業や食文化の影響を受けている可能性あることが示唆されてきた。しかし、要因とされる信仰や生業、食文化が特殊神饌の特徴にどのような形で、またどのような経緯で影響を及ぼしたのかと言う点については、未だ不明瞭な点が多いのが研究の現状である。

では、特徴の形成に影響を及ぼした要因を解明するにはどのような手法をとれば良いのか。また、要因の解明していくこと自体にどのような意義があるのか。

まず、これまでの研究を踏まえて手法を考えた際、特殊神饌の特徴とは一体何なのか、という点を定義しておく必要がある。先ほどの分析項目を用いた考察から窺えるように、特殊神饌の特徴は、使用される食物、食器具、品目の数量や調理方法、献饌撤饌の作法など多岐に渡っている。これらの特徴は、祭りに携わる人々の意思や目的の表れであり、有り体に言えば祈りを形として表したもの、と言える。そこには見た目の形や作法は異なれども、各祭りに適したと思われる方法があり、その根底には、神を客人として迎え丁重にもてなす人々の意識があると考えられる。祭りが形式を順守しようとする、なるべく古儀を守ろうとする傾向にあるのは、祭りを行う側のもてなす意識から生まれた作法が最適化されたものである為である。そのように歴々と継承されてきた特殊神饌の特徴や作法には、かつての人々が有していた信仰や価値観があり、また地域の生業や食生活が供えられる食物の種類や調理方法などに現われているものと考える。

よって、特殊神饌の特徴を本研究では、祭りを行う人々——本書では「祀り手」とする——の信仰的・社会的生活の表出、と定義することとする。その上で、特殊神饌の特徴に影響を及ぼした要因を想定した場合、祀り手の信仰や価値観に影響を与えてきた要因に等しい、と考える。

従来の研究において、神饌を分析し特徴を見出し、周辺地域の信仰や生業、食文化との関連性を探る手法をとってきた。その方法自体に誤りは無いが、神饌を供える人々の分析、つまり祀り手がどのように神社や祭りに関わり、社会生活においてどのような生業を以って生活し、文化的な営みをしていたのか、という点については多くの研究者が神饌の分析に注力を注いでいたために、どうしても疎かにされがちであった。

先ほど例示した米を多く供える事例を見ても分かるように、単純に米が神饌として重視されていた、米の生産率が高かった、という従来の見解では、特徴の要因として説明は不十分であると言わざるをえない。分析項目を見れば分かるように、複数の祭神へと供える神饌という特徴を踏まえた上で、祀り手が複数の祭神へと供えることにどのような意味や価値を見出していたのか、米を多く用いる点について周辺地域の生業と信仰において米がどのような位置付けにあったのかを踏まえ、米を神饌品として多く用いる特徴の要因についての解明が行えるものと考えられる。

以上のような理由から、祀り手が祭りを行うことや神饌を供えることにどのような意味を捉え価値観を有していたのか、またその信仰や価値観が形成された環境を含めた分析を加える必要がある。

本書の研究目的とその方法について提示した上で、研究の意義について触れておきたい。特殊神饌が持つ特徴に影響を及ぼした要因を解明することは、日本人の祭りに対する意識、食物に対する意識についての解明の一助になると考える。本研究で取り上げる特殊神饌は、古い――明確な時代こそ推定出来ないが――信仰や生業、食文化の在り方を継承している。当然、神饌自体にも歴史的変遷があり、それらを踏まえて信仰や食文化の様相について触れることになるが、一つ一つの事例での特殊神饌の在り方を詳細に分析することで、今後の神饌研究における研究の視点や方法論を提供できると考える。

なお本研究では、特殊神饌を取り扱うが、これまでの研究より詳密な分析を行う為に、祭りや神饌の歴史的変遷を確認できる文献史料を有する神社で、現在も特殊神饌を継承している事例のみを取り上げた。特殊神饌の事例は、有名な古社に限らず、民俗行事などにも散見されることは周知の事実であるが、本研究では個別事例の詳細な検討を行うことを最優先とし、今後行う事例同士の比較研究にて多様な事例の分析・考察を進めていく予定である。その点を予めご了承頂きたい。

二　本研究の構成

以上、研究の目的と意義を踏まえ、本書の構成について触れてから本論へと入ることにする。

第一部では、饗応神饌の事例として、香取神宮大饗祭神饌と彌彦神社大御膳を取り上げる。既に二つに事例については先の分析項目を提示した際に取り上げており、米を多く用いる特徴がある。一章の香取神宮大饗祭については、鴨や鮭、鮒、鮫などの水産物を品目として多く供え、特殊な盛り付け方にも特徴が見いだせる。農産物や水産物が豊富な点から、神社と周辺地域の生業や祭りの在り方から要因について分析を進めていく。二章で取り上げる彌彦神社でも米を多く供えているほか、年中五回（旧儀では七回）の重要祭典で供える大祭仕様の神饌であり、主祭神・妃神以外の祭神に対しても献饌を行っており、これらの祭神は彌彦神社に奉仕する社家の氏神として認識されていた点に注意を払いながら、要因について分析を行うことにする。

第二部では、供覧神饌の事例として、北野天満宮の瑞饋神輿と御上神社のずいき御輿について取り上げる。第一章で取り上げる北野天満宮の瑞饋神輿は、神輿という名称が示すように神輿の形状をした神饌である。神輿型と呼ばれる木型に芋茎（ずいき）や新穀蔬菜に細工を施して飾り付けるという特徴がある。神饌自体が特徴的であるが、その神饌を供える祀り手は、旧来北野社のに神人（じにん）として神役奉仕を行っていた西京神人と、西之京十六ヶ町に住む農家の人々で、瑞饋祭の歴史と意義に深い関わりを持っている点に注目して分析を進めていく。二章で取り上げる御上神社のずいき御輿も、ずいきを主として飾り付けた神饌で、本来は「御菓子盛」と呼ばれていた。この神饌の形状的な特徴に加え、御上神社近辺に居住する人々が宮座を結成してずいき御輿を作成・奉納を行っており、宮座として御上神社へ奉仕する人々の信仰と生業に着目して分析を進める。

第三部では、生調の事例として気多神社の鵜祭を取り上げる。この鵜祭は、生きた鵜を鵜捕部と呼ばれる人々が鵜浦と呼ばれる場所で捕獲、籠に納めて気多神社まで運び、深夜に拝殿へと放つ、類例の無い祭りである。祭り自体が気多神社の祭神の鎮座譚と密接に関係しており、鵜捕部も気多との縁の深い人々として関わっていることから、地域の信仰や生業との関わりと鵜を放つことの意味について論じていく。

注

1 柳田國男『分類祭祀習俗語彙』(角川書店、昭和三十八年、一八九―一九三頁)。
2 神道大系編纂会『神道大系　神宮編　二』(精興社、昭和五十四年、一五〇―一五三頁)。
3 神道大系編纂会『神道大系　古典編一　延喜式　上』(精興社、平成三年、二四〇頁)。
4 長谷晴男『神社祭式同行事作法教本』(神社新報社、平成四年、二六―二七頁)。
5 神崎宣武「神饌考①生饌」(『VESTA』五号、平成二年、四―六頁)。
6 葦津素彦・梅田義彦『神道辞典』(堀書店、昭和四十三年、四一〇―四一一頁)。
7 柳田國男『日本の祭』(弘文堂、昭和十八年、一八一―一八八頁)。
8 西牟田崇生「明治八年の式部寮「神社祭式」の制定と神饌の取り扱い」(『儀礼文化』第二十四号、平成十年、八二―九八頁)。
9 筒井裕・吉野亨・望月陽子「山岳信仰・山の神信仰データベース―伊豆地方とその周辺地域―」(『伊豆修験の考古学

的研究―基礎的史資料の再検証と「伊豆峯」の踏査―Ⅱ』資料編、平成二十五年、二八四―一四一頁)。
10 山村民俗の会『山の神とヲコゼ』(産学社、平成二年、二二―二四、三〇―三六頁)。
11 大場磐雄『祭祀遺跡 神道考古学の基礎的研究』(角川書店、昭和四十五年、四七二―四七九頁)。
12 西牟田崇生「延喜式に見られる神饌について」(『研修』第三十号、昭和四十四年、九四―一〇一頁)。
13 柳田國男『日本の祭』(弘文堂、昭和十八年、一八七―二〇九頁)。
14 八束清貫「神饌と饗膳」(『食物講座』第十七巻、雄山閣、昭和十三年、一―二六頁)。
15 倉林正次『祭りの構造 饗宴と神事』(日本放送出版協会、昭和五十年、二四―二五頁)。
16 倉林正次『神の祭り 仏の祭り』(佼成出版社、昭和四十六年、五二―五三頁)。
17 坪井洋文「神饌の共食原理」(『瑞垣』第百十号、昭和五十三年、一―五頁)。
18 澁澤敬三「『延喜式』内水産神饌に関する考察若干」(『澁澤敬三全集』第一巻、平凡社、平成四年、四九一―五三六頁)。
19 西牟田崇生「延喜式に見られる神饌について」(『研修』第三十号、昭和四十四年、七三―一〇四頁)。
20 岩本徳一「動物供饌考」(『神道宗教』第二号、昭和二十四年、二八―三二頁)。
21 笹生衛「古代動物供犠祭祀とその背景」(『神道宗教』第百十四号、昭和五十九年、七七―九七頁)。
22 中村生雄『祭祀と供犠 日本人の自然観・動物観』(法蔵館、平成十三年)。
23 増田昭子『雑穀の社会史』(吉川弘文館、平成二十三年)。
24 菅居正史「野老について 神饌研究序説」(『神道研究集録』第一輯、昭和四十九年、一五―二四頁)。
25 宮下千恵子「賀茂社神饌―大蒜のこと」(『神道宗教』第六十号、昭和四十五年、六三―八〇頁)。

26 筒井裕・鈴木聡子・伊東裕介「石川県波自加彌神社の「はじかみ大祭」の儀礼構成と信仰圏」(『秋田地理』第三十号、平成二十二年、一五—二二頁)。
27 小島朝子「滋賀県下の神社の神饌と直会膳にみられる魚料理について」(『調理科学』二十二巻四号、平成元年、三二二—三二七頁)。
28 丸山悦子「近畿地方における神社の神饌にみる食材の特色」(『日本調理科学会誌』三十二巻四号、平成十一年、三五二—三五九頁)。
29 喜多野宣子「神饌から見た古代の食生活」(『賀茂文化研究』第三号、平成六年、一一—一二頁)。
30 冨岡典子「奈良県桜井市域の神饌に伝承される祭りのごぼう料理」(『日本家政学会誌』五十一巻十号、平成十四年、九三三—九四二頁)。
31 冨岡典子「日本におけるごぼうを食材とした料理の地域的分布と食文化」(『日本家政学会誌』五十二巻六号、平成十三年、五一一—五二二頁)。
32 水谷令子 久保さつき 松本亜希子「三重県下の祭りに見られる包丁式について」(『日本食生活学会誌』Vol.8 No.3、平成九年、三四—三九頁)。
33 加茂正典「大嘗祭と唐菓子」(『和菓子』第十二号、平成十七年、三六—四六頁)。
34 嵯峨井建「神饌としての唐菓子—下鴨神社を中心に」(『和菓子』第十二号、平成十七年、四七—五七頁)。
35 吉川雅章「談山神社嘉吉祭神饌『百味の御食』についての研究—上—」(『日本民俗学』第百八十一号、平成二年、八三—一〇四頁)。
36 吉川雅章「談山神社嘉吉祭神饌『百味の御食』についての研究—下—」(『日本民俗学』第百八十二号、平成二年、一〇七―一二〇頁)。

37 岩井宏実・日和祐樹『神饌　神と人との饗宴』(同朋舎出版、昭和五十六年、二三三―二六〇頁)。

38 真木一平「七十五膳神饌献供式―中・四国路を視座に据えて―上―」(『芸能』二十五巻二号、昭和五十八年、八―一五頁)。

39 真木一平「七十五膳神饌献供式―中・四国路を視座に据えて―下―」(『芸能』二十五巻三号、昭和五十八年、八―一二頁)。

40 吉川雅章「特殊神饌 奈良県の『蒸飯御供』」(『儀礼文化』第二十九号、平成十三年、九三―一〇三頁)。

41 志水陽子「吉備津神社七十五膳据神事」(『國學院大學日本文化研究所紀要』第八十七輯、平成十三年、一〇三―一一四頁)。

42 斎藤ミチ子・野村みつる「神饌の地域的特徴　御座石神社を中心に」(『國學院大學日本文化研究所紀要』第八十輯、平成九年、二―二五頁)。

43 神社本庁教学研究所研究室編『事業報告書　全国神社祭祀祭礼総合調査平成の神明帳を目指して』(全国神社祭祀祭礼総合調査本庁委員会、平成七年)。

44 茂木貞純ほか『神々を彩るモノシリーズ2「神饌」』(國學院大學研究開発推進機構伝統文化リサーチセンター、平成二十一年、三―六頁)。

45 國學院大學日本文化研究所『日本の食とこころ　そのルーツと行方』慶友社、平成十五年。

46 照本亶『神饌の作り方』(帝国神祇学会、昭和七年、一―一二頁)。

47 前掲注14同書、二九―三三頁。

48 葦津素彦・梅田義彦『神道辞典』（堀書店、昭和四十三年、四一〇―四一一頁）。

49 國學院大學日本文化研究所『神道要語集　祭祀篇二』（神道文化会、昭和四十九年、二七七―二八二頁）。

50 吉野亨「明治期における香取神宮の祭祀改変について」（『明治聖徳記念学会紀要』復刊第四十七号、平成二十二年、三一七―三二〇頁）。

51 群馬県教育委員会『一之宮貫前神社調査報告書』（群馬県教育委員会、昭和五十三年、一〇七―一一三頁）。

52 彌彦神社『彌彦神社』（学生社、平成十五年、一二三―一二六頁）。

53 前掲注41同書、一〇五―一〇七頁。

第一部　饗応神饌に関する事例研究

第一章　香取神宮大饗祭神饌について

はじめに

本章では、饗応を目的とした神饌の一事例として、香取神宮大饗祭神饌の考察を行う。

香取神宮は、利根川沿岸に鎮座する社で、経津主大神（又の御名を伊波比主命）を祭神として奉斎する古社である。[1]この神社では、五月の御田植神事や十月の新飯神事など古くからの農耕儀礼が現在も執り行われており、本章で取り上げる大饗祭も農耕儀礼の一つと考えられる。

この祭りは旧来「三十三行器の神事」[2]と称され、大量の御飯を献じる他、鴨や鮭などの水産物、大根や柚子などの農産物を神饌品として供えている点が特徴である。また、御飯は巻行器と呼ばれる真菰で編んだ器に盛り付けられ、鴨羽盛や鳥羽盛も高く盛り付けられている。この特殊な器や盛り付け方も他の神饌に見られない特徴である。

旧来の大饗祭は、相撲神事と賀詞祭との関係が深い神事であった。また大饗祭自体も現在よりも大規模な神事で、神饌も現在の倍以上の数量が献じられていた。この祭りは現在でも香取神宮古来の新嘗の祭りと考えられており、相撲神事などの神事との連続性があった。その点から推察するに、大饗祭は年の終わりに神への感謝として農水産物を供える、香取神宮固有のニイナメの儀礼として行われていたと考えられる。

このような来歴を持つ祭りの神饌は、どのような要因の影響を受けて神饌の特徴が成立したのか、というのが本章での論点である。大饗祭については、特殊神饌の一事例として取り上げられる有名な祭りではあったが、研究対象として分析や考察が行われたことは一度も無かった[3]。故に、祭り及び神饌の意義を含めて論じた上で、新嘗の儀礼であるという信仰の面、豊富な農水産物がある点については地域の生業に目を配る必要がある。また、特徴的な盛り付け方についても、食文化の側面から分析を加える必要があると思われる。

よって、本章では大饗祭で供えられている特殊神饌の特徴とその形成要因について分析を行う。まず、一節では香取神宮の歴史と祭儀そして、現在の大饗祭と神饌の特徴の把握を行う。二節では、神社を取り巻く環境の変化を考慮し、祭りの歴史的変遷とその時代背景について分析する。三節では、新飯神事と呼ばれるもう一つの新嘗の儀礼との比較を通じて、大饗祭の儀礼的意義について分析を行う。四節では、一―三節の分析を踏まえて、特殊神饌が持つ特徴の意味を提示し、特徴の形成要因について分析を行うことにする。

第一節　香取神宮の歴史と祭儀

一　香取神宮の歴史

香取神宮の鎮座について『日本書紀』巻第二に「然後下撥葦原中国。是時斎主神号斎之大人、此神今在乎東国楫取之地也」とあり、武甕槌命と経津主命が悪神二神を誅した後に「斎主神」が「東国楫取之地」に祀られていたとされる[4]。この事は『古語拾遺』に経津主命神について「下総国香取神之也」とあり、古くから香取の地に鎮座していたことと記されている。『日本書紀』では「斎主神」、『古語拾遺』では「経津主命」とされ祭神の名が異なる点については、祭祀氏族の変化があったことが指摘されている。[5] 信仰面で言えば、経津主命の御名から武神としての崇敬が篤く、蒙古襲来の折には「異国降伏」の祈祷が、近世にも同様に異国調伏の祈祷が行われていたことなども窺えるほか、香取＝楫取ということから、舟の神としての信仰もあり、多面的な信仰が祭神に寄せられていたことが窺える。

祭神の一名である「斎主神」（伊波比主命）は、奈良県の春日大社に祀られる神でもあることは周知の事実であろう。加えて、香取神宮の社領など経済面を受け持つ大宮司家、祭祀を職分とする大禰宜家が大中臣姓であることから、藤原摂関家と深い繋がりがあったことが分かる。藤原摂関家との関係性は、社領が武士の押領にあった際や、大宮司と大禰宜の私領相続についての争論があった際は、関白の御教書や下文を受けていることからなどからも、中世以降も継続していたことが窺い知ることができる。

藤原氏との密接な繋がりの他にも、中世においては一宮としての側面が香取神宮にあったことを見落とすことはできない。中世香取社の祀職に見える國行事職、正検非違使、権検非違使の名称や、中世に途絶した神幸祭において六所明神の神主が参列していたことから、その痕跡が窺える。また、神社付近の内海には、津と呼ばれる港湾があり、海夫と呼ばれる人々がおり、それらに対しての支配権を中世以降有していた。この支配権は本来、国衙機構に関係するもので、後に大宮司職の職領として相続対象になっていた。[6]

次に香取神宮の経済面に目を向けると、平安時代には神郡が設定されていた。二十年に一度の遷宮に際しては神税が充てられ、神税が無い場合は正税を充てることで遷宮が実施されていた。平安時代に入ると、藤原氏との密接な関係から荘園の寄進が行われ、摂関家を本所、大宮司家・大禰宜家を在地領主とした関係が結ばれ、周辺地域の社領化が進められた。

その社領は、香取神宮周辺地域に散在しており、「葛原牧」「織幡」「加符」「相根」「二俣」「大畠」「佐原」「津宮」

「返田」「丁古」「追野」「小見」などの村落があったことが窺える。この社領から貢納される農産物類が神社経済の基盤となっていたと考えられる。また、大禰宜家以外の神官も、領地を知行することで神官としての職分を務めていたと考えられる。[7]このように香取神宮は藤原摂関家との強いつながりを持ち、周辺地域を社領とした経済基盤を中世において基本としていたことが窺える。またこれら社領以外に、「内海」の津・海夫に対する支配権も有していたことが指摘されている。[8]

中世以来の社領運営による神社経営は、近世に終わりを迎える。天正十九年（一五九一）に徳川家康により香取郡香取郡の一千石が寄進され、[9]朱印地として明治にいたるまで香取神宮の経済を支えることになる。明治以降の香取神宮の経済については、二節にて触れるためここでは詳細を省くが、香取神宮の経済面が平安時代から近世末まで規模の変化はありながらも周辺地域を基盤としていたことが窺える。

二　香取神宮の年中祭典

次に香取神宮の年中祭典について確認していく。以下の祭典は、中世より行われていたことが文献から確認することができる。

神幸祭（例年・式年）

香取神宮の神幸祭は毎年行われるものと、式年（十二年）毎に御座船で神幸を行うものとがある。式年の神幸祭では、利根川沿いにある津宮から御座船に神輿を載せて根川を遡上し、鹿島神宮の方向へ向かう。鹿島神宮も船を出し、佐原付近で香取神宮と鹿島神宮の船が合流し、御迎祭が行われる。御迎祭が終わると、佐原河口から上陸し佐原にある御旅所で一泊、翌日還御する。平年の神幸祭では御座船による船渡御は無く、香取神宮周辺を神幸する。[10] この神幸祭は中世に一度途絶したものの、明治に入り再興を遂げて現在に至っている。[11] 先に触れたように、神幸祭自体が国衙機構、一宮制と関わりの深い祭礼であり、一宮制度の衰退と神幸祭の途絶とは何らかの関わりがあると指摘されている。[12]

御田植祭

四月第一土曜、日曜にかけて行われ、土曜は耕田式、日曜には田植式が執り行われる。耕田式は拝殿前に忌竹を立て注連縄をめぐらして祭場とし、耕田式が執り行われる。式では鎌や鋤を持った人々や、牛役が耕機を引いて田起こしをするなどの所作が行われる。翌日の田植式では、早乙女による田植え歌の披露と田植の所作が行われ、その後、神田にて田植えが行われる。田植えを行う早乙女達に差される花傘と呼ばれる傘には、「大神田」「司田」「犬丸田」「金丸田」「駒田」「利助田」「狭田」「長田」と書かれている。「大神田」とあるように、中世の香取社領の神田を指していることが分かる。記録上、明徳二年（一三九一）には御田植が行われていたことが指摘されており、[13] 中世以来行われてきた、周辺地域の田を耕し、苗を植え初める予祝儀礼としての性格が窺える。

新飯神事

現在は十月十七日神嘗祭の日に行われる祭りで、氏子から赤飯が奉納され、奉納相撲が執り行われる。[14] 旧来は八月に行われる収穫儀礼の一つで、この神事が終わるまでは刈り取った新穀を氏子は食さなかったと言われている。この新飯神事については大饗祭と合わせて重要な収穫儀礼なので、詳しく考察する。

賀詞祭

十二月一日に行われる神事で、大饗祭の直会祭りとされている。神前に松竹梅を飾った蓬莱台を設け、雁や鯉を供える[15]。大饗祭の直会祭りと称されるように、前日に行われる大饗祭と関係が深い祭りであり、この神事についても大饗祭共に考察を行う。

以上が香取神宮における主要な年中祭典である。次に考察の対象となる大饗祭について、現在の次第と神饌について述べる。

三　大饗祭の現在

十一月三十日大饗祭当日、午前九時から正殿左脇にある神饌殿において、神饌調理の儀が行われる。四人の調理担当の神職と介添えの神職一人、計五人が調理を行う。調理を始める前には、御酒にて俎板・庖丁・鮭・鴨を清め、神職らも御酒を給わった後、調理の儀が開始される。旧儀では、「祭當」と呼ばれる当番が神饌品の調達、調理などを取り仕切り、精進潔斎を厳重にして祭りに臨んでいた。その名残として、神饌殿入り口の戸の脇、神饌殿内に、精進潔斎の証として、上端に藻を挟んだ笹が掲げられている。

昼過ぎの休憩を挟み大御食(おおみけ)と呼ばれる巻行器(まきほかい)に盛る御飯以外の神饌十一台が、午後二時過ぎに調理し終わる。神饌は、壁に備え付けられた棚に置かれる。午後四時には、大御食の調饌が行われる。大御食の調饌は正殿の南にある神徳館にて行われ、調理し終えた御飯は大きな御櫃に納められて、神饌殿へと運び込まれる。神饌殿には巻行器十六台が先んじて運び込んであり、御櫃が運び込まれると巻行器に御飯をよそってゆく。これで大饗祭神饌の調饌は全て終了する。

午後六時から祭典は開始され、神饌殿から神職たちの手により神饌が伝供され、拝殿に供えられる。大御食は先んじて十四台が拝殿に供えられており、献饌の際は二台を伝供する。神饌の伝供が済むと、稚児舞が舞われ祭典は終了する。

写真1　鴨羽盛（写真は平成19年の大饗祭にて撮影。以下同じ。）

写真2　鳥羽盛・餅・干魚

写真3　（手前より）撰切、胎子、鮒、大根、海藻、柚子、塩・水

写真4　伝供される大御食

表1　大饗祭神饌（平成19年当時の取材に基づき作成した。）

神饌品目	備考	員数
大御食	巻行器に飯を盛った物。巻行器は夏場に刈り取った真菰を干して卵状に編んだもの。真薦の行器とも。	16台
鴨羽盛（カモハモリ）	鴨を部位別に捌き、鴨肉を貼り付けた大根を土台として頭･尾･両翼･足を竹串で刺したもの。土台の下には鮫の干し物（掻敷）を敷く。	2台（雄・雌）
御酒	樽に白酒を入れたものを一対。	1台
御盃	盃をサイコロの五の目のように配置する。	1台
鳥羽盛（トバモリ）	干鮭の身を削ぎ切りにし、大根に櫛流すようにして盛り付けたもの。	1台
餅	角餅を段々に重ね盛る。	1台
乾魚（スイリ）	干魚を束にして盛る。（この年はクサヤを用いた）内二台は干鮭の頭と尾が載せられている。	5台
撰切（センキリ）	鳥羽盛で余った、皮付きの鮭の身を盛る。	1台
鮭胎子（サケノハラコ）	鮭の筋子を二腹盛る。	1台
鮒	生きた鮒を一升分盛る。	1台
鱠	砂糖と酢で味付けした大根の輪切りを餅同じく段々に盛り付ける。	1台
海菜	昆布・寒天・海苔を束ね盛る。	1台
柚子	四方に柚子を十五個盛る。	1台
塩水	水器に水を、小皿に塩を盛り付け四方に載せる。	1台

以上が大饗祭の現行次第である。式次第は神社祭式に則り、神饌は古式の調理法と盛り付けにより調えられ献饌されている。

四　かつての大饗祭

では、大饗祭の祭儀や神饌について遡って確認することにする。

至徳三年（一三八六）六月書写の「香取社年中神事目録」には「十月神招相撲御神楽御神事　六石六斗内　三石三斗織幡村役各々別在ニ沙汰一　三石三斗多田方役各別在ニ沙汰一　同大饗御神事　六石六斗　胤幹　九箇村」とあり、これが大饗祭の初見である。[16] 記述の仕方から、「相撲御神事」と大饗祭が関係ある神事であることが窺える。

次に、天正十六年の「神事雑記」に「十月相撲大饗祭叓廿五日神叓はじめ右元三と同じ廿九日相撲御祭礼三十日大饗御祭礼霜月朔日相祭雁相撲鯉大饗右元三七月ニ同ヲリ二ツ造酒七コン○切盛朝祭當より田所両代官スイリ数ハ両祭當カタ座ツ」とあり、大饗祭が「相撲御祭礼」と「霜月朔日相祭」に関連した神事であったことが分かる。[17] 神事の関連性は、天和元年（一六八一）「香取社祭礼帳写」[18] からも神事の関連性が窺える。また「神事雑記」には「元三と同じ」とあることから、正月の「元三御祭頭御神事」と祭礼の内容がほぼ同一であった点は見逃し難い。これらの文献から、現在の大饗祭が単独で行われるようになっていることが分かる。

さて、明治以前の年中祭典では、正月元三、三月神幸祭、四月御田植、八月新飯、十月相撲大饗の神事は「五箇度の大神事」として重視されていた。[19] とりわけ、正月元三・十月相撲・十月大饗は「三箇度の大神事」として、特に重要な祭典として認識されていた。[20] これら「三箇度の大神事」は祭りの式次第・神饌ともにほぼ同一の構成であったが、正月元三と相撲神事については明治以降に廃絶しており、相撲神事と大饗祭との関連性は失われている。

以上、現在の大饗祭は旧儀と比べ形式が大きく異なっていたこと分かる。よって、大饗祭の神饌の特徴を分析する前に、現行の祭りがどのような変遷を経て現在へと継承されてきたのかを把握する必要がある。

では、旧儀において相撲神事、賀詞祭と連続性を持っていたであろう大饗祭が、現在の形式へと至った背景にはどのような実情があったのか。次節ではその点を中心に論を進めていくことにする。

第二節　明治期における祭祀改変

一　祭りの変化

明治十八年（一八八五）『明治十八年制定香取神宮年中祭典式』[21]（以下『祭典式』とする）には、当時行われていた五

表2　明治１８年当時の香取神宮年中祭典

1月1日	歳始祭	6月 日	流鏑馬式
1月1日	新年拝賀式	6月 日	道饗祭
1月2日	又見歳始式	6月30日	大祓式
1月3日	奏楽始	6月30日	月次式日祭
1月3日	元始祭	7月1日	月次式日祭
1月4日	社廳々務始	8月1日	月次式日祭
1月4日	山口祭（小祀）	9月1日	秋季祭
1月4日	弓始祭（中祀）	9月 日	月次式日祭
1月4日	鍬始祭（小祀）	10月1日	神嘗祭遙拝式
1月5日	星鎮射禮式（中祀）	10月17日	月次式日祭
1月16日	孝明天皇御陵遙拝	11月1日	天長節拝賀
1月30日	月次式日祭	11月3日	新嘗祭
2月1日	紀元節祭並神武天皇遙拝式	11月23日	月次式日祭
2月11日	祈年祭	月 日	大饗祭神事始
2月15日	月次式日祭	月 日	神饌調進式
3月1日	奥宮祭（中祀）	月 日	大饗祭次第
3月 日	春季祭	月 日	賀詞祭
3月20日	月次式日祭	月 日	内陣御神楽
4月1日	神武天皇御陵遙拝	月 日	側高祭
4月3日	平年軍神祭御船遊延引申告祭	月 日	團碁祭
4月3日	軍神祭出輿	月 日	匝瑳祭
4月11日	山口祭	月 日	鹿嶋新宮祭
4月13日	御列祭	月 日	返田祭
4月14日	軍神祭還御	月 日	又見祭
4月15日	大戸祭奉幣	月 日	鎮火祭
5月5日	月次式日祭次第	12月31日	大祓式
月 日	月次式日祭		

十五の祭典が窺える（表2）。一方、明治以前の年中祭典の詳細を記した、『維新前年中行祭典式稿』[22]（以下『式稿』とする）には九十六の年中祭典が記されている（表3）。『式稿』を見ると、正月元三や相撲神事、大饗神事に伴う行事の他、節句の神事や摂末社の神事によって年中祭典が構成されていたことが窺える。

表3『式稿』に見る維新前の年中祭典

正月元旦	元朝神事	10月24日	相撲祭當降神々事
	大御饌捧	10月25日	大饗祭當降神々事
	御古波物神事		神事始
	司召神事	10月27日	相撲祭御饌米清洗
	宮積神事	10月28日	大饗祭御饌米清洗等
	内陣開扉		相撲祭大御饌炊
	元三祭大御饌神事		相撲祭献備物切盛
正月2日	正月二日夜神事	10月29日	大饗祭大御饌炊及献備物切盛
	又見神社神事		相撲祭大御饌捧
正月3日	竃神社々前御占神事		相撲大御饌神事
	裂々神社前御占神事	10月晦日	大饗祭大御饌御饌捧
正月4日	山口祭（年葉神事）		大饗大御饌神事
	御戸鎮神事	11月朔日	賀詞祭献備物切盛
	竃神社矢的神事		相撲大饗両祭賀詞神事
	裂々神社矢的神事	11月2日	相撲祭當送神々事
正月7日	元三祭當賀詞祭献備物切盛		夜神事
	七種神事	11月3日	大饗祭當送神々事
	白馬神事		夜神事
	元三祭賀詞神事	11月4日	饗膳・御扉開神事
	祭祝神符拝受神事	11月5日	酒振舞
正月8日	元三祭當神送神事		御扉鎮神事
	修正會	11月6日	西宮神事
正月7日	鍬入神事	11月7日	側高神事
正月11日	神楽奏始		堀祭・白状祭
正月14日	追儺		橋祭
	花園神社布留引神事		團子神事
正月15日	小豆粥献供		璽神社神事・同社蔵神事
正月16日	射禮神事	11月初酉	側高神社初酉神事
2月巳午日	一萬燈	11月9日	鹿嶋新宮神事
3月上巳午日	神幸祭	11月10日	若宮神事
3月3日	上巳ノ祝儀	11月11日	匝瑳神社神事
4月4日	竃清神事・開扉神事	11月12日	日王子神事
4月5日	御田植神事	11月13日	返田神事
	御扉鎮神事	11月16日	火王子神事
5月5日	端午神事	11月17日	息栖神事
	流鏑馬式		頴穂神事
6月晦日	大祓	11月18日	又見神事
8月上子日	新飯祭當降神々事	11月19日	又見神事
	竃清神事・新飯神事	11月20日	夜神事
8月上丑日	新飯献供		馬場殿神事
	側高神事新飯神事	12月21日	八郎王子神事
9月9日	月日神事	12月22日	元三祭切封神事
10月17日	相撲祭切封神事	12月23日	元三祭試神事
10月18日	大饗祭切封神事	12月24日	元三奉行寄合
10月19日	相撲祭試神事	12月25日	元三祭神招神事・同神事始
10月20日	大饗祭試神事	12月27日	煤払神事
10月22日	相撲祭當奉行寄合	12月29日	元三祭御饌米清洗
10月23日	大饗祭當奉行寄合	12月晦日	元三大御饌炊

一方、『祭典式』の行事には元始祭や孝明天皇御陵遥拝式など、明治以降に定められた祭典が組み込まれており、『式稿』で見られた正月元三や相撲神事、節句の神事が含まれていないことが見て取れる。

では何故、香取神宮での祭祀改変は行われたのか。『祭典式』の序文にはこのような記載がある。[23]

依テ八十余名ノ神官等該封土ヲ配當シ、各々其料足ヲ出シテ、年中九十余箇度ノ祭事怠ル事ナク勤仕シ、以テ三百有余年ヲ相續シタリキ、茲ニ明治維新ノ時ニ際シ、五年六月　官令ヲ下シ、世襲神官ノ舊慣止メ、神社ヲ改革シ、大少宮司・正權禰宜・主典及ヒ等外出仕等二十余名ヲ置キ、國庫金定額ヲ下行シ、祀典ヲ修メシメ、又十年十一月神宮并國幣社神官を廃シ、更ニ宮司・禰宜・主典ヲ任シ、祭儀ヲ専ラニセシメラル、幸ニ小臣等再任命ヲ添フスルト雖モ、如何ニセン、慣例ノ儀式盛大ニシテ、奉務ノ職員僅少ナルカ故ニ、祀典ヲ全フスル事能ハス、依テ謹テ舊章ニ由リ、時宜ヲ斟酌シ、而テ更ニ制ヲ立テ、式ヲ定メ、茲ニ其施行スル所ノ禮典ヲ録シ、一綴ト成シテ、以テ永年ノ規範ト為ントス、然ト雖モ、後世尚ホ古式ヲ興シ、舊儀ヲ復ス事アラハ幸甚、

香取神宮宮司正七位　香取保禮
香取神宮禰宜　伊藤泰歳
香取神宮主典　額賀大重
香取神宮主典　香取致恭
香取神宮主典　香取由道
香取神宮主典　緒方是常

（傍線筆者）

序の内容を見る限り、「慣例ノ儀式盛大ニシテ、奉務ノ職員僅少ナルカ故ニ、祀典ヲ全フスル事能ハス、」という事情が、祭祀改変のさしあたっての理由と推察されるが、実情はいかがなものであったのか。

本節においては、当時の変化の実情とその背景を知る為に、明治期に残された記録を中心に確認を行い、現在の大饗祭の形式に至る変化について確認を行う。

二　維新前の香取神宮——祭祀・祀職・経済——

まず、香取神宮の年中祭典が如何様な様相を呈していたか、確認することにする。

明治以前と以後の比較で特に注目しておきたいのは、先に触れた「五箇度の大神事」と呼ばれる祭祀と、それを支える祭當制度である。「五箇度の大神事」を担当する「祭當」は、年の初め正月七日の「神符拝受」で「御神符」を受け、その年の「五箇度の大神事」何れかに奉仕する。「祭當」である旨と汚穢不浄を忌む旨を記した高札を自宅に立て、潔斎の生活を行い祭りに臨む[24]。また祭礼前日には自宅に假殿をもうけて、諸神事を行っていた[25]。「祭當」の仕組みは、一種の輪番制であり、八十数名の祀職がいた維新前の香取神宮における一つの特徴であると言える[26]。年中祭典の神事の内、『式稿』には祭當制度を採用する五つの祭りに付随する神事が多くあったこと、『祭典式』には祭當が関わる神事が一切ないことが分かる。その変化を踏まえて、祭當制度が無くなった背景について考える必要がある。

旧来の年中祭典を支えたのは、豊かな経済基盤と、多くの祀職であったことは先に触れた。明治以前の香取神宮の経済基盤は、周辺における朱印地であった。古来は下総国香取郡を神郡としており、また中世の文献をひも解けば、香取周辺の葛原牧・小野・織幡・加符・相根・二俣・大畠・佐原・津宮・返田・丁子・追野・小見・木内・福田等が、香取社の管轄する社領として挙げられている。天正十九年（一五九一）には徳川家康より香取郷の内、千石を寄進され、領地を祭祀用途等に充てていた[27]。

これらの社領の管理及び、祭祀の奉仕を行っていたのが八十九の祀職である（表4）。

社務を掌る大宮司、同じく社務を司り神宮内院を掌る大禰宜を合わせて両社務と呼ばれていた。この両社務の下に内院神主・庭上神主などの祀職らが、香取神宮の旧儀を支えていた[28]。

表4　明治以前における香取神宮の神官

両社務	大宮司	大禰宜	
六官	宮之介	權禰宜	物申祝
	國行事	大祝	副祝
奉行	惣檢校	權之介	行事禰宜
	録司代	田所	案主
	高倉目代	正検非違使	權検非違使
	分飯司		
内院神主	大神主	四郎神主	次郎神主
	六郎神主	小井土神主	中幣神主
	堀口神主	大長手	
庭上神主	押領使	六郎祝	禰宜祝
	三郎祝	塙祝	權祝
	源太祝	五郎祝	酒司
	修理檢校	幣所祝	郷之長
	文三郎祝	小長手	中祝
	油井傔杖	迫田傔杖	大細工
	側高祝	返田祝	鍛冶傔杖
	權次郎祝	吉原傔杖	土器判官
	佐原禰宜	秀屋長	神子別當
膳部所	角案主	雉子判官	田令判官
	權判官	木守判官	正判官
神楽人	兵衛大夫	孫大夫	三郎大夫
	四郎大夫	近藤大夫	民部大夫
	笛大夫		
女職	物忌	八乙女	大命婦
	天道命婦	十郎命婦	松山命婦
	坂中命婦	和田命婦	堀川命婦
	鏡命婦	神子別當	
神夫	菰長神夫	新藤神夫	一ノ神夫
	二ノ神夫	宿直惣使	定使
御読経所	別當	定額代	又見
	圓壽院	神主供僧	讀師

これら香取神宮の社務・経済・祭祀の運営が、明治維新を期に大きく改変してゆく。

まず明治四年（一八七一）一月五日、神社寺領を収め府藩縣に帰属、上地を行った。この時、当年分の神領からの収入は下付の形がとられた。また、明治四年（一八七一）から明治六年（一八七三）までの三カ年は地租半額を下付されることとなった。[29] 従来、経済基盤として機能していた社領はすべて、国家の物となり、香取神宮の経営は大きく転換してゆくことになる。

次いで、明治四年（一八七一）五月十四日、世襲の神職を廃し、神職を精選補任することが布告された。香取神宮は、官國幣大社であったので、大宮司・禰宜・権禰宜・主典と公布され、大宮司に大中臣（香取）保禮、禰宜に大中臣国雄が補任されることになった。[30] 翌年の明治五年（一八七二）一月二十日には、香取神宮大宮司以下神官に対して解職が申しつけられ、同年六月八日、教部省にて大宮司を奏任官として欠したまま、少宮司に香取保禮、禰宜に香取義風・伊藤泰歳が任ぜられた。[31] 同年同月二十三日には朝野泰彦・額賀大重・今泉潔・尾形是眞らが禰宜として任ぜられ、また香取致恭ら五名が主典、高木英武ら七名が外出仕として任ぜられた。[32] 旧来の祀職から比べれば六十名余り減って、わずか二十名の祀職で、香取神宮を運営してゆくこととなった。

経済・神職が大きく変わる一方でまた、祭祀もその在り方が変わることとなる。それは明治八年に式部寮より布達された神社祭式が関係している。神社祭式の内容は、官幣國幣官社式の祈年祭・新嘗祭・例祭、府県郷村社式の祈年祭・新嘗祭・例祭、以上の祭式、及び官社以下の一般規範として、元始祭・神武天皇御陵遙拝・皇大神宮遙拝・天長節・大祓の規定で構成されている。これらが、全国神社が行う祭祀として布達され、香取神宮もこの祭祀を執行した。

神社祭式の布達より四カ月後の明治八年（一八七五）八月二十日には例祭が行われ、地方官代理として木間瀬柔三が参向、[33] 同年十一月二十三日には新嘗祭に地方官代理として同氏が参向している。[34] 注意しておきたいのは、旧来、香取神宮において、例祭日にあたる八月二十日――古例では八月上子・上丑の日――には新飯神事が執行されていた。つまり、官祭の新嘗祭と旧儀の新飯神事、二つの新穀献納儀礼が行われていたことになるのである。[35] 明治十八年の時点では、新飯神事は廃止され、官祭の新嘗祭が執行されていることも併せて考えると、儀礼上留意すべき点があったと推察されようか。

以上のように、明治維新を境に香取神宮は著しく変化した。少なくとも、経済基盤の変化・祀職の変化・祭祀の変化があったことが確認できる。では、明治十八年に新祭典制定に至る経過はどのようなものであったのだろうか。『祭典式』の序文のような理由が、祭祀改変の背景として存在していたのか考察したいと思う。

三　祭祀改変の経過

『祭典式』の序文には「慣例ノ儀式盛大ニシテ、奉務ノ職員僅少ナルカ故ニ、祀典ヲ全フスル事能ハス、」とあり、「依テ謹テ舊章ニ由リ、時宜ヲ斟酌シ、而テ更ニ制ヲ立テ、式ヲ定メ」とある。このことが祭祀改変の理由と推察される。これらの文意を改めて考え、祭祀改変の背景について読み取ってみたい。

「慣例ノ儀式盛大ニシテ」とあるが、これは前述の「五箇度の大神事」を含み年間九十六の祭祀があった事を示していると考えられる。また「五箇度の大神事」に限って言えば、祀職総出の祭典であった。その事も加えると、旧来の儀式が盛大であったことは脚色でも無く、また美辞でも無いことが窺える。

次に「奉務ノ職員僅少ナルカ故ニ、祀典ヲ全フスル事能ハス」とあるが、これが祭祀改変の直接的な理由と推察される。「奉務ノ職員僅少ナルカ故ニ」とは、明治五年（一八七二）の祀職の解職、少宮司以下の補任、そして明治十年（一八七七）の神官廃止による、祀職の減少を指していると思われる。前述の通り、旧来の祀職は八十九あり、その祀職らが祭典に奉仕しそれぞれの役割を果たしていた。それが明治五年には二十名程にまで減少され、さらに明治十年に神宮并官国幣社神官が廃され、新たに宮司一人禰宜一人主典五人となり、更に削減された。その中で、「祀典」つまり「慣例ノ儀式」を執り行うことが困難になったことが考えられる。

そこで、「依テ謹テ舊章ニ由リ、時宜ヲ斟酌シ、而テ更ニ制ヲ立テ、式ヲ定メ」、祭典を執行しようとした事が窺える。では、「謹テ舊章ニ由リ」という「舊章」とは何なのか。これは推測の域を出ないが、明治期にまとめられた維新前の祭典を記した『香取神宮祭祀式』をはじめとする記録類を指していると考えられる。明治二年（一八六九）神祇官に提出する草稿を写した『香取神宮祭祀式』[36]、明治四年（一八七一）に書きあげられた『香取神宮年中御祭典儀式帳』[37]、明治四年ごろ舊祀職録司代であった香取豊敏『香取宮年中祭典記』[38]、明治十七年（一八八四）に禰宜である伊藤泰歳により記された『式稿』[39]、同年ないし明治十八年（一八八五）に伊藤泰歳が記した『祭典舊儀下調書』[40]が確認されている。以上の記録は、明治維新前の旧祭典の式次第等についてまとめてあることから、『祭典式』はこれらの記録を鑑みて制定されたと推察される。では、旧儀から新儀へどのような改変が行われたのか。

旧儀において九十六あった祭典は、明治十八年に至り五十五まで縮小されている。まず「五箇度の大神事」の内、正月元三・新飯・相撲神事、及びこれらに関係する「祭當」が関わる神事もすべて廃止されている。残る、御田植祭・大饗祭は祭典規模の縮小にてかろうじて存続したが、「御扉開」「御扉鎮」の神事は廃絶された[41]。また祭當に関わる神事以外では、「元朝神事」などの年頭儀礼が大幅に縮小、「歳始祭」「新年拝賀式」として存続し、摂末社の神事は祭典規模の縮小をして継続する形をとっている。

次に、明治十八年の新祭式制定に至るまでの変遷について確認したい。明治六・七年当時禰宜であった伊能穎則により書かれた『年中祭典祝案』、同氏により明治十年（一八七七）記された『明治儀式祝詞案』から、旧儀から新儀への変遷が見て取れる[42]（表5—1、2）。

『祭典式』から比べると、「歳始大饗祭」などの年頭儀礼や、摂末社の神事が年中祭典に残っていることが見て取れる。このことからこの頃は、祝詞案に載る祭典の執行を想定していたことが見て取れる。しかし、『祭典式』では、

表 5-1　祝詞案に見る年中祭典の変遷

『年中祭典祝詞案』	『明治儀式祝詞案』
歳始祭	歳始祭
新年賀詞	新年賀詞
一月一日祭	歳始大饗祭
又見神社祭	又見神社祭
元始祭	元始祭
山口祭	山口祭
弓始祭	弓始祭
鍬始祭	鍬始祭
白馬祭	
歳始祭直会賀詞	歳始祭直会賀詞
布留引神事	布留引神事
鎮星祭	鎮星祭
土御門宮	孝明天皇遙拝
紀元節遙祭・同神前	紀元節遙祭・同神前
祈年祭	祈年祭
春季祭	春季祭
摂社八所招神・同遙祭・同送神	摂社八所招神・同遙祭・同送神
末社二十二所班幣	末社二十二所班幣
橿原宮四月三日	神武天皇祭
御船遊申告	軍神祭報告
行宮造進	行宮造進祭
御船「木」伐山口祭	御船代造進祭
軍神祭解除	軍神祭解除
大御輿奉遷詞	大御輿奉遷詞
拝殿奉招	奉招詞
本日御発途	御発途
	御休所
本日御仮殿	軍神祭行宮祝詞
荒川口	還幸奉促祝詞
御遷幸	御遷幸
御本座奉安	本座奉安詞
御田植祭	御田植祭
流鏑馬祭	流鏑馬祭
大祓神宮祝詞	大祓神宮祝詞
道饗祭	道饗祭
月日祭	月日祭
摂末社降神・拝詞・同昇神	摂末社降神・拝詞・同昇神

表 5-2　祝詞案に見る年中祭典の変遷

『年中祭典祝詞案』	『明治儀式祝詞案』
秋季祭同昇神	秋季祭同昇神
	摂社八所降神・祝詞・同昇神
末社二十二所奉幣	末社二十二所奉幣
大饗祭神事始	大饗祭神事始
大饗祭	大饗祭
大饗祭直会寿詞	大饗祭直会寿詞
内陣御神楽	内陣御神楽
側高社招神・同拝詞・同送神	側高社招神・同拝詞・同送神
団碁祭	団碁祭
返田祭	
桜大刀自神社祭	桜大刀自神社祭
鹿嶋社祭	鹿嶋社祭
匝瑳祭	匝瑳祭
日王子社祭	日王子社祭
火御子社祭	火御子社祭
息洲社祭	息洲社祭
又見神社祭	又見神社祭
馬場殿祭	馬場殿祭
八郎王子祭	八郎王子祭
側高祭	側高祭
神事始	神事始
除夜祭	除夜祭
	鎮火祭
	大戸神社祭
	側高神社祭
	返田神社祭
息洲社祭	息洲社祭
又見神社祭	又見神社祭
馬場殿祭	馬場殿祭
八郎王子祭	八郎王子祭
側高祭	側高祭
神事始	神事始
除夜祭	除夜祭
	鎮火祭
	大戸神社祭
	側高神社祭

これらの祭りも規模縮小がされている。これは、明治十年の神官廃止の問題が関わってくると考えられる。祝詞案「歳始祭祝詞」には「大宮司姓名」「少宮司何某」「禰宜何某・何某」「権禰宜何某・何某以上四名」「主典何某・何某以上五名」とあり、当時の奉仕者にもとづいて祝詞案が作成されていたことが分かる。[43] しかし、明治十年には神官廃止によって職員はさらに減少することになり、祭典自体も縮小している。先にも触れた「歳始大饗祭」、旧儀では正月元三神事が祝詞案に含まれている点が、規模縮小した形で祭祀を継続させる方向で考えていたことを象徴している。

以上のことから、予定されていたよりも大幅に奉仕者が減ったために、さらなる祭祀の廃止と縮小を余儀なくされたことが推察される

四　大饗祭の持続と変容

次に、明治以前と以後で大饗祭がどのように変化したかについて、史料から確認していくことにする。

以下に旧儀の相撲・大饗・賀詞祭の式次第を示す（表6）。表からも分かるように、各祭の祭典規模はその行事の数からみても大規模な祭典であったと言える。まず旧儀の祭典について簡単にではあるが触れておきたい。

大饗祭の始まる前、祭典に奉る神酒を「祭當」が封切し中身を確かめるのが、「大饗祭當切封祭事」である。[44] 酒の封切りは祭當邸宅で行われ、以下、「大饗祭當奉行寄合」「大饗祭當神招神事」「大饗祭當献備魚鳥切盛」「大饗祭當大御饌護送」はすべて祭當邸宅での神事である。

酒の封切が終わると、大宮司・大禰宜、奉行と呼ばれる惣検校・権之介らを邸宅に呼び、酒宴も兼ねて行われる「大饗祭當奉行寄合」が開かれる。[45] 次に祭當邸宅の假殿にて、神をおぎ招く「大饗祭當神招神事」が行われる。[46] その後、神饌の準備として「大饗祭當献備魚鳥切盛」、炊いた御飯を櫃に収め、[47] 祭當邸宅より香取神宮へお運びする「大

饗祭當大御饌護送」が行われ、大饗祭の準備が整う。「大饗大御饌神事」では、本殿前庭上に大宮司・大禰宜以下祀職すべてが出勤し、祭典が開始される。この祭典は神饌献供が中心となっており、「大饗祭當大御饌護送」にて本宮に送られた御飯が巻行器に詰められ、「大饗祭當献備魚鳥切盛」にて設えられた神饌が庭上に設けられた机に献饌される。ちなみに前日に行われている「相撲大御饌神事」は「大饗大御饌神事」と神饌品目は同じであるが、跋殿御祭事や榊舞が行われているなどの相違点がある。

　これら神事が終わると、相撲祭當・大饗祭當共に、「相撲祭當大饗祭當献備切盛」を行い、「相撲大饗賀詞祭」にて奉る神饌を設える。翌日、「相撲大饗賀詞祭」が行われ、大饗神事同じく大宮司以下祀職すべて奉仕する。この祭典が終わると、「大饗祭當神招神事」でおぎ招いた神をお送りする「大饗祭當神送神事」が祭當邸宅にて行われる。同日、本宮にて「夜神事」を行い、翌日から二日にかけて「御戸開御祭事」「御戸鎮之神事」が行われ、一連の祭典が終了する。

　この大饗神事が、明治に入ると大幅な規模縮小を余儀なくされ、僅かに「大饗祭神事始」「大饗祭神饌調進」「大饗祭」という形へと変化を遂げる。では、実際の式次第はどのように変わったのか。

表6『祭典記』に見える相撲・大饗・賀詞祭

日付（旧暦）	相撲神事	大饗神事
10月18日	御神酒切封御祭禮	
10月19日		大饗祭方切封御祭事
10月20日	相撲祭方試之御祭事	
10月21日	相撲方朋友振舞	大饗方試之御祭事
10月22日		大饗方朋友振舞
10月23日	相撲方奉行請待之式	
10月24日		大饗方奉行請待之式
10月25日	神請招御祭事（朝）	神請招御祭事（夜）
10月26日	相撲方神饌淅（晦日ある時は27日に）	
10月27日	相撲方神饌炊（晦日ある時は28日に）	大饗方神饌淅（晦日ある時は28日に）
10月28日	相撲方神饌捧・相撲御祭事（晦日ある時は29日に）	大饗神饌炊（晦日ある時は29日に）
10月29日		大饗神饌捧（晦日ある時は晦日に）、大饗御祭事（晦日ある時は晦日に）
11月1日	相撲・大饗献賀祭	

まず、明治十八年制定の新式では「大饗祭神事始」から始められる。旧儀における「神事始」は相撲祭當・大饗祭當が共に出社、庭上に祀職らが着座の後、祭典が始まる。祭典に際しては両祭當が御神酒を「十一提」、「御肴大根」「御肴柚」等を献じている。一方、明治十八年の新式では、「殿上」を祭場としている。また、旧儀の「神事始」には大宮司・大禰宜らは奉仕せず、新式では「宮司已下」の神職らが祭典に奉仕する形式に変わっている。なお、神饌については、旧儀と同じく「柚」「大根切干」が供えられているほか、新たに「饌米」「魚」「鳥」「鹽・水」が品目に加えられている。

次に「神饌調進式」の次第を「大饗祭當献備魚鳥切盛」と比べてみる。新式では「神饌調進式」を「社務正庁」にて執り行っている。旧来は祭當邸宅にて行われていたが、「祭當」の制度が無くなった為、神社の施設にて調進式を執り行うように変更されている。なお、神饌調理自体は、薦を敷いた上に「眞菜板二面」を並べ、神饌に用いる「鮭魚及干魚」を「眞菜板」の上に置き、土器に盛った酒を置いて御饌津神に祭詞を奏じ、神饌の調饌を開始している。

大饗祭当日は、午後三時より「祀祐社員大御饌捧ノ儀」から始められている。「祀祐社」とは、旧社家が組織した互助組織で、旧儀の伝承と保護のために組織された団体である[48]。儀式は祀祐社の「幹事」を先頭に、御食の入った櫃を捧げ持った婦女らが続いて、神門へ参入する。旧儀では、祭當邸宅から護送される次第であったが、旧社家の人間が先導してそれを行っている点が異なる。

大御食を運び終え準備が整うと、午後六時庭上に薦を敷き、篝火を灯して祭場の設営を行う。また殿上にも薦・案を鋪設しておく。刻限になると宮司以下神職及び祀祐社員が庭上の座に着座、祭典が開始される。禰宜以下祀祐社員らが巻行器の大御饌を献じ、続いて神酒などの神饌を順次殿上に備えてゆく。旧来ならば、庭上に鋪設され台・机に神饌類が供えられていたが、新式では拝殿内への献饌に変更されている。献饌が済むと宮司祝詞奏上・拝礼、禰宜・

祀祐社員らが続いて拝礼を行う。拝礼終わると、庭上中央にて榊舞が舞われる。この榊舞は、新式になって舞われるようになったようである。榊舞が終わると、撤饌、各員退下して祭典が終わる。

大饗祭は本来庭上にて行う祭祀であったが、各員の座のみが庭上に設けられ、神饌献供は殿上にて行われる形式に変更されていることが窺える。また、祭當制度の廃止に伴う諸神事が行事という形で簡略化され、大御饌捧などの行事に祀祐社が携わっている。

以上、大饗祭の旧儀・新儀の比較から変化の実情について確認した。本節をまとめると、以下の様な点が指摘できる。まず、祭祀改変の背景には、経済・神官などの体制の変化が実情としてあったと結論できる。その実情に対応する形で、祭當制度の廃止及び諸神事の廃止または簡略化が行われていた。ただし『香取神宮年中御祭典儀式帳』などの旧儀次第を書き記した書物が作成されていた点、祀祐社という祭典を補助するための組織が結成されていたこと点から、祭祀改変は旧儀の継承を前提として行われていたことが指摘できる。この点は『祭典式』序文の最後に、「然ト雖モ、後世尚ホ古式ヲ興シ、舊儀ヲ復ス事アラハ幸甚」とあることからも確認することができる。

第三節　大饗祭の意義

一　祭りの連続性

現在の大饗祭に至る経緯と背景について、明治期の祭祀改変に焦点を当て分析を行った考察の過程において、祭當制度の諸神事が廃止されると共に、相撲神事と賀詞祭との連続性が失われていたことが確認された。

神饌の特徴を考える上で、大饗祭自体の意義が何なのかを考える必要があることは言う間でもない。ただし意義を考える上で、相撲神事や賀詞祭の意味やその関わりを視野に入れた分析が必要になるといえる。よって、本節では大饗祭がどのような目的や意図を以って行われていたのかについて、相撲神事・賀詞祭との関係性を視野に入れて分析を進める。

まず、前節で示した表6を手がかりに、改めて大饗祭の儀礼次第について、相撲神事との関わりに重点を置いて考察を進める。

相撲神事・大饗神事共に御神酒切封御祭禮から始まり、相撲神事が先行するように各行事が組まれ、十一朔日には相撲大饗相祭が行われている。注意するべき点は、日程の組み方にある。この行事予定の組み方は月に大小の別があることにともない、十月の晦日の有無を考慮して、賀詞祭を十一月一日に行うように相撲神事・大饗神事の予定が組まれている。

次に、各神事の内容について分析する。『祭典記』によると相撲神事では「大小之御供」献供、「奉幣行事」「祓殿御祭事」が行われていたことが記されている[49]。まず祀職らが着座して後、大床に「大小之御供」並びに「御酒」三献、「御鱠」三膳、「御肴大根」一膳が献じられる。「大小之御供」は「大祭器」五、「小祭器」七の合計十二膳を供えるとあり、『式稿』では「荒稲の御饌」とあり、恐らく荒稲を調理したものであると考えられる。「大小之御供」は案上に供えられ、「御酒」以下の神饌類は「御幣棚」と呼ばれる場所へ供えられている。次に各祀職らの奉幣が行われ、奉幣行事が終わると先ほどの御供は全て撤饌され、「祓殿御祭事」へと移る。この祓殿での祭事の間に、「三十三器之大御供」以下「御下夕膳」など神饌類が「大庭」の長机へと献饌している。大庭、つまり庭上に供えられている神饌は大饗祭と同様のものである。祓殿御祭事は祓殿に場所を移して行われ、大禰宜以下九名の祀職が参列し、「薦之長」が菅を切って「菅祓」を行っている。「薦之長」は大庭へ菅を持参し、大宮司以下の祀職へ菅を配り、各祀職は祓いを終えた後に祓殿へと向かい、祓殿の社殿の下へこれを埋めるとある。この間、祓殿では「榊舞」が行われており、この舞が終わると「祓殿御祭事」は終わり、神饌の献饌された「大庭」にて榊舞が行われ、舞が終わると祭りが終了し、各祀職退下となる。次第を見ても分かるように、相撲神事という名称ではあるが、相撲が行われてはいない。ただ、同史料及び『式稿』[50]では「八月新飯神事」にて相撲が執り行われていたことが確認できる。更に遡って史料を確認すると中世には九月初午の神事にて相撲が行われていた[51]。相撲神事において相撲が行われていたのか史料上確認出来ないが、神事の名称から考えれば本来は相撲を行っていたと推察される。

では相撲神事の儀礼的な意義とは何なのか。一般的に、神事として行われる相撲は鎮魂の儀礼と解釈されており、農耕儀礼においても見受けられる。香取神宮の場合、献饌や奉幣の他「祓殿御祭事」が行われている。この点から推察するに、鎮魂などの意味としての相撲の名残として祓えの神事が行われていたと考えられる。

翌日の大饗神事については既に触れた通りであるので詳述はしないが、神饌献供を中心とした祭りである。行われる時期や大量の米を中心として農水産物を大量に供えている点、また大饗という名称を鑑みれば、新嘗の祭りの如き収穫祭であったと考えられる。

次に献賀祭（賀詞祭）の次第を確認する。次第では祀職着座の後、供物として、「折之臺」を二台、「干魚」八十四結、「鯉之盤」と「雁之盤」を一台、御幣棚には「御酒」三献、「御鱠」三膳、「御肴大根」一膳が供えられる。「折之臺」とは別名「飾嶋臺」と呼ばれており、祝儀で飾り付けられる蓬莱台、嶋臺の一種であると考えられる[52]。「飾嶋臺」を出すのは相撲・大饗の祭當で、神事名の如くに相撲・大饗神事を寿ぐ祭りであるがゆえに嶋臺を飾り付けたものと考えられる。「折之臺」と共に供えられている「鯉之盤」「雁之盤」は脚付きの俎に「生箸」「庖丁」を添えて鯉・雁を載せたものである。供物の献饌が終わると、相撲神事同様に十八奉行の奉幣、撤饌が行われる。撤饌された鯉と雁は「御炊所」へ運ばれ、鯉・雁は塩を加えた湯で煮て調理され、庭上に控えている各祀職に配膳される。次に御酒が七献配られ、十八奉行には「御肴大根」二片・「鯉子和合」・「雁翅翮和合」[53]が配膳される。記述から考えて、庭上での共食儀礼が行われていたものと推察される。祭りが終わると、「飾嶋臺」は大宮司と大禰宜の家へと納められる。以上、相撲・大饗の両祭當の出仕、「飾嶋臺」の献供、庭上での共食などの要素から推察するに、相撲・大饗両神事を寿ぐ為の、宴としての意味があったものと推察される。

このように、旧儀の大饗祭は賀詞祭（相撲大饗相祭）が行われる旧暦十一月朔日に合わせて、行事・神事の日時が変更されている点を鑑みても、三つの祭りの連続性には何らかの意義が内包されていたと推察される。

二　二つの新嘗の祭り

大饗祭が相撲神事と賀詞祭との関連性の強い神事であったことは確認出来た。大饗祭自体が神饌献供を中心として神事であり、祭りが行われている時期や米や水産物を多く供えている点から、新嘗の神事であると考えられる。しかし、前後に行われている相撲神事、賀詞祭との関係性は新嘗の祭りである点との結びつきは薄いように思える。さらに問題点としてあるのは、大饗祭とは別に新穀を供える神事として新飯神事という祭りが旧暦八月に行われていた点である。

新飯神事について、久保木清淵『香取私記』には「當社の大饗は宮中の新嘗會、神今食などの意なるへし、（中略）當社には八月の初穂を早く備えて、いまた秋實豊満の備をなされは、此月にいたり、成熟の時を待て、豊に饗し奉るなるへし」[54]とあり、新飯神事を初穂の神事、大饗祭を新嘗の祭りと見ている。ここで注目すべきは、八月の新飯神事と大饗祭とに農耕儀礼としての関係性を指摘している点である。

類似する指摘は、土岐昌訓がしており、秋祭りの事例として大宮氷川神社と香取神宮の祭礼を挙げ、「両社では似たような祭を二期に重ねているが、いずれも新穀の献供が焦点である。秋祭りには時期的に早いものと遅いものとの二種がある。前者の場合は、当年の出来ばえとしての早稲をいち早く神にお供えして報告すると共に、なお豊年の確実である事を祈るのであり、初穂を主体とした比較的に簡素な形態を示すようである。これに対して後者は、神饌の内容も稲を中心に海の幸・山の幸が豊富に盛り込まれて賑々しく行われまた饗宴の要素も強く見られる。収穫が終わった喜びを神と共に祝福する気分に溢れた感がある。」と新飯神事を早稲主体の神事であると推察している。[55]

久保木や土岐の指摘を踏まえると、まず大饗祭と相撲神事・賀詞祭の関連性を分析する前に、新飯神事と大饗祭、二つの新嘗の祭りについての関係性について分析しておく必要がある。

新飯神事について『香取私記』では「八月上の子丑の日なり、當年の初穂を神に奉るなり、子日の夜去年の幣物を徹す、是を古飯の神事といふ、丑の日當年の初穂に、それぞれの幣を添えて、内陣の神座に奉献備、是を新飯の神事といふ、宮中の新嘗會は十一月中卯日なるか、本宮にては、四月の神田祭に、當年豊稔の祝詞を奉る故に、八月に至りて、最も早く初穂を奉レ備るなり、」とある。また「八月に至りて、最も早く初穂を奉レ備るなり、」とし新飯神事を初穂の奉献であると説明している。[56]

その新飯神事について、至徳三年の「香取社年中神事目録[57]」に「新飯神事」の名称が見える。また、明徳二年（一三九一）書写「香取社神事御穀御菜注文[58]」には「一八月ふるいの御こく御こさいおおとにいいかうさき」とあり、「ふるい（古飯）」「にいい（新飯）」の神事が対になって行われており、旧穀と新穀の切り替えを意識した神事であったと理解できる。

実際の神事次第については、天和元年（一六八一）「香取社祭礼帳写[59]」に「八月祭」として、古飯神事・新飯神事にて奉られる神饌品目が列記されている。神事では「山中近郷各々ヨリ御食奉上」とあり、香取社周辺地域より「御食」が献上されている。また年号不詳「香取社祭礼帳写[60]」には「其年ノ新米飯ニ炊シ奉供御肴・御焼魚、山中近郷各々御飯准之」とあり、「新米」を神事にて奉っていたことが確認できる。

さらに具体的な神事内容について『祭典記[61]』から確認して行く（表7）。

八月初子日早朝、新飯神事の「祭當」は摂社側高社の付近で禊を行った後、自宅にて祭場を設けて、降神の儀を行う。その儀が終わると、本社に場所を移して「竈清之楽」を行う。同日夜、本社にて「御開扉御祭事」が行われる。翌日、近隣諸郷より来る「新嘗強飯奉捧之干魚加之」を「宿直神官受之」、これを奉献する。明治十七年（一八八四）『式稿』においては、「早旦、神官諸家及郷里人民各戸より、新穀の赤飯、或いは新米を供す[62]」とあるから、新飯神事で奉献される「新嘗強飯」とは新穀を炊いた強飯または新米そのものであったことが伺える。特に注目しておきたいのは、旧暦八月という時期に「新穀」「新米」を奉献している点である。

そこで、香取神宮周辺における稲の栽培状況について確認すると、「佐原禰宜内分早田検注よみ帳[63]」に早稲の収穫予想が示されている。記された日付は「七月二十八日」となっており、新飯神事の直前に

表7『祭典記』に見る新飯神事の式次第

日付	行事名	内容
正月七日	御祭當之神符頂戴	祭當は御神符を受け、斎戒の生活に入る。
八月初子日早旦	側高にて溶水	祭當、摂社側高社近くの河にて沐浴、川藻を採って篠に挿み不浄を払う。
八月初子日朝巳刻	大御櫝下神事	祭當邸宅にて假殿を設け、神を招き祭りを行う。大宮司・大禰宜の代官を始め物申などの祀職が出席。
八月初子日未刻	竈浄之楽	本宮にて竈をお清めする。
八月初子日酉刻	御本宮御祭事	年五箇度しか行われない御扉開の神事を行い、樽入りの神酒、大豆枝豆、御饌を神饌としてお供えする。
八月丑日	新嘗強飯奉捧	香取社近辺の郷村各戸より、強飯（おこわ）が捧げられ、宿直の神官が受ける。神前には新飯五升を炊いた御饌や神酒・焼き魚を奉る。これに加え、各戸より奉られた強飯が供えられる。

あたる日付である。このことから、香取社周辺において早稲が栽培・収穫されていたこと、収穫時期が七月の下旬から八月上旬であることが確認できる。以上の点から鑑みるに、新飯神事はその年の早稲を刈り入れた時期に行われる、新穀を供える神事であったと考えられる。

では、久保木や土岐が指摘するような、早稲の神事と晩稲の神事という関係性は成り立つのであろうか。ここで注目したいのは、大饗祭の前に行われていた「神田耕」という行事である。『祭典記』によると、正月元三・相撲・大饗の祭當及び翌年の御神田當らが日を選んで行う田を耕す行事であった。一時途絶していた行事であり、嘉永の頃に土地の古老に頼み行事を再興したとある[64]。十月中に「神田耕」が行われていたことから、既に神田の稲は刈り取りが終わっていたと考えられる。八月の新飯神事が行われる時点で、早稲の刈り取りが終えられ、十月大饗祭の時点では、神田の稲が刈り取られていたことを考えれば、新飯神事、大饗神事共に稲の刈り取りの後に行われる新穀を供え奉る為の神事であったと考えるのが自然であろう。

以上、久保木や土岐の指摘した点を踏まえて、新飯神事と大饗祭の関係性について分析を試みた。二つの神事は、稲の刈り終えた後に行われる、新穀を供える為の神事であったことが、神事次第の内容と地域における農事暦から指摘することができる。香取神宮の年中祭典全体を見ると、四月の御田植神事から始まり、八月の新飯神事、十月の大饗祭という一連の農耕に関係する祭りが行われている。他社と異なり特徴的なのは、早稲の栽培を行っていたという周辺地域における生業の事情によって、御田植で行う予祝に重ねて八月の新飯神事で早稲の新穀を供える予祝の神事を行っていたと理解することが出来よう。異なる時期に新穀を供える神事、それは言うなれば、早稲の新嘗、晩稲の新嘗と表されるべき神事であった。

新飯神事との関係から、大饗祭が晩秋に行われる晩稲を供え奉る神事であったことを指摘した。では、本来の論点である相撲神事や賀詞祭という神事との関係はどのような意味があったと理解するべきか。賀詞祭を旧暦十一月朔日に行う為に相撲・大饗両神事の日程を調整していることから、賀詞祭は十一月朔日に行う必要のある祭りであったと考えられる。その上で、相撲・大饗神事が農耕に関する儀礼として行われていた可能性に注目をしたい。

三　大饗祭の意義――晩稲の新嘗――

相撲神事を鎮魂儀礼の一種、大饗祭を新嘗の神事として捉えるとするならば、想起されるのは、鎮魂祭――大嘗祭という儀礼構造ではないだろうか。その大嘗祭の儀礼について論じた倉林正次は「鎮魂――新嘗――新年迎え」という興味深い指摘をしている。

倉林はまず新嘗の原義を『常陸国風土記』の記述や『万葉集』所収される歌にあらわれる新嘗の用語の理解から、「にへのいみ」つまり「厳重な物忌みの状態の中で行われる新穀を献供する『贄献り』」と解した[65]。

この新嘗論を下地とし、『儀式』等に載る次第、元旦の即位式儀礼と大嘗祭儀礼の共通性から、本来大嘗祭における即位儀礼は新年迎えの意味を持ち、中国暦の導入にあわせて大嘗祭に内包されていた新嘗の祭りと新年迎えが切り離され、元日の朝賀儀礼となったと推察する。つまり本来の大嘗祭は「新嘗祭――正月儀礼」という流れあり、「新嘗の祭りを基準にして一年の暦日運行はなされていたものだったのである」という見解を述べている[66]。

また倉林は、中国暦とは異なる暦について、茶道や歌舞伎などの事始めが霜月にある点に着目する。『公事根源』の「周の世には十一月を正月とす。これを暦家に、天正月といふ。（中略）十一月は一陽の始めて生ずる月なれば、一年の暦数を考へて、今日天子に奉るなるべし」という一節を引き、中国では時代により暦にあらわれる正月の時期が異なっており、日本でも暦を天皇へ献上する「御暦奏（ごりゃくのそう）」が十一月一日に行われていたことを指摘する。加え十一月が冬至の到来する時期であることを鑑みて、暦の霜月が一年の始まりであったと推察した[67]。なおかつ、霜月が新嘗祭の行われる時期と一致し、「原新嘗祭」の意義として含まれ正月儀礼の要素を考慮し、霜月における新嘗の祭りを基準として一年の巡りが意識されていたと指摘している。

以上が倉林の指摘した大嘗祭の構造「鎮魂――新嘗――新年迎え」という三段階の構造である。この構造を用いて、相撲――大饗――賀詞という祭祀の連続する意味について分析をしたい。

まず相撲神事はその名称から相撲が行われる祭りであったと推察される。早くに相撲自体は九月初午、八月新飯に移されてしまい御食の献供を中心とした祭りとなっていた。そのため、神事次第は相撲神事と大饗神事で似たような次第になっており、その意義を細かに分析するのは現状では困難であるが、相撲の名称から考えて農耕儀礼に関わる鎮魂の祭りとして行われたと推察される。

次に大饗神事は、先に述べたように晩稲を供える新嘗の神事であったと考えられる。祭當が厳粛な一年の潔斎を行った上で、晩稲の新穀を炊いだ大御食を始めとする冬の滋味を奉る点から指摘することができる。

そして先の構造に照らし合わせれば、賀詞祭は相撲の鎮魂と大饗での新穀奉献を経て新たな年を迎えるたこと寿ぐ儀礼であると推察される。祭りでは正月元三神事でも用いられる「飾嶋臺」が飾られ、必ず十一月一日という日に行われた。十一月が旧来の暦の始まりであることを意識し、大小の月を鑑みて相撲・大饗神事の日程を調整していたとすれば、賀詞祭が十一月一日に行われるべき祭りであった神事であると理解出来よう。

以上、倉林の提示した儀礼構造の解釈により、相撲・大饗・賀詞の関連性について分析を試み、大饗祭の意義について指摘をした。神事の連続性が意味する所は、香取と言う土地の農事暦に准じ晩稲の刈り終わりに行われた新年迎えのための神事であった。その中核をなすのは、晩稲の新穀を供え奉る大饗祭であり、一般的な新嘗の意味だけではなく、新年を迎える為に晩稲の新穀を始めとする農水産物を供え、一年の終わりを感謝する祭りであったと理解できる。

第四節　大饗祭神饌の特徴とその形成要因

一　大饗祭神饌の特徴

本節では、これまでに指摘した大饗祭の変遷と、儀礼的意義を踏まえて、大饗祭神饌に見える特徴がどのような点にあるのか、その特徴に影響を及ぼした要因について見える歴史的・文化的背景について分析を試みる。

現在の大饗祭は、明治期の祭祀改変による祭典規模の縮小を経て、現在の形式へと至っている。祭祀改変以前には、相撲神事と賀詞祭との連続性を持った神事であり、新年の切り替えを意識した新嘗の祭りであったと考えられる。また大饗祭の神饌として供えられる品目は、旧来年中祭典の内、「三箇度の大神事」に共通する神饌、大祭仕様の神饌であった。以上の点を踏まえ、まず現在の大饗祭神饌の特徴について分析したい。

まず農水産物が豊富に用いられている点が特徴である。農産物は穀物類として大御食と餅で用いられる米、野菜・果物として大根や柚子が用いられている。とりわけ米の量が多いことは、大御食の台数からも窺える。水産物としては鮭・鮒・海藻類が用いられており、種類としては海産物を多く用いていることが分かる。特に鳥羽盛と干魚は四台と多く供えられ、他の品目と比べて数量が多い点には注意を払う必要があるだろう。

次に特徴的なのは、神饌の盛り付け方や調理方法である。

まず大御食は供えられる数量が十六台と多いことに加え、巻行器と呼ばれる真菰の器に盛り付けられていることが特徴的である。真菰や薦を食器具として使用する、食物を縛る為に使用されている例は多々見受けられるが、巻行器は他に類を見ない形態である。また大御食の御飯は米を茹でて調理されている点も特徴的である。[68]

次に鴨羽盛である。神饌を高く盛り付けられている点に特徴がある。これは鴨羽盛だけでなく、大御食や鳥羽盛にも共通している。高く盛り付けるいわゆる高盛り自体は他社の特殊神饌、例えば春日大社などの特殊神饌に多くの見られる盛り付け方である。ただし、鴨羽盛に関してはあたかも鴨が羽ばたいているように設えており、他社には見られない形態である。また鳥を供える例も特殊神饌の事例では散見されるが、掛け鳥や〆た鳥を供える程度であって、調理と盛り付けを行う鴨羽盛は類例が無い。

以上の特徴をまとめると、米を中心として農水産物を豊富に用いており、特に米と海産物が多い点、大御食や鴨羽盛・鳥羽盛など特殊な盛り付けをしている点を特徴として指摘できる。では、現行祭儀以前の神饌はどのような形式と数量で供えられていたのか。

二　旧儀における大饗祭神饌

表8は、「神事雑記」から現在に至る神饌品目の構成をまとめたものである。[69]

まず各神饌品目の台数が明治十八年以降、大きく減少している事が窺える。これは祭祀改変に伴う仕様の変更であると考えられる。大御食は数量が分かる範囲ではあるが、明治以前と比べ現在では半減している。鴨羽盛の数量は一つ減じられているが、鹽鳥と呼ばれる鳥肉は明治に至ると無くなっており、鳥羽盛やスイリと呼ばれる干魚に至っては約二十分の一も減少している。また図1にある祭典の様子を見ると、本殿前の庭上にて大御食に一台に付き、神饌品目を載せた机一台が添えられていることが窺える。現在では、（写真5）のような形式で献饌されている。

このような旧儀と現行祭儀の違いは、各品目の盛り付け方や調理方法にも見られる。まず鴨羽盛は土台となる大根

表8大饗祭神饌の変遷

現在の大饗祭神饌	「神事雑記」	「御祭帳写」	「香取社祭礼次第注文」	『香取神宮祭祀式』	『香取宮年中祭典記』	『維新前年中祭典式稿』	『明治十八年制定香取神宮年中祭典式』
大御食（16器）	御食	御食	御供	大御食（巻行器に盛）	大御食（33器）	大御食（30行器）	大御饌（15盛）
御酒（樽1対）	御酒	酒	御酒	御酒	御酒	御酒	酒（2樽）
鴨羽盛（2羽）	羽盛（20羽）	鳥（3ハイ）	（御下膳）	羽盛（羽白鴨）	羽盛（羽白鳥・片羽盛）	鳥三羽（羽盛2羽・片羽盛・鹽鳥34片）	鴨羽盛（2臺）
鳥羽盛（4台）	鳥羽（3倍）	鳥羽（12倍）	（御下膳）	御鳥羽（鮭魚）	鮭片鳥羽	鮭（トバ盛）計91盛	鮭鮫（盛込5臺）
餅（1台）						餅30	
乾魚（5台）	スイリ（6倍・2倍・80倍）	スイリ（5ハイ・80ハイ）	（御下膳）	酢入（鯖干魚）	干魚	スイリ（5枚結いを86把と80枚）	乾魚（5臺もしくは7臺）
撰切（1台）	鳥羽（80倍）	鳥羽（80倍）	（御下膳）	撰切（鮭魚）	鮭撰切	鮭撰キリ（9本結い2把・3本結い1把・30切・オモノ50切）	撰切鮭（1臺）
鮭胎子（1台）			（御下膳）		鮭胎子	鮭胎子30切（内2つ大）	鮭胎子（1臺）
鮒（1台）	鮒小束	鯉コソク	（御下膳）	鮒魚	鮒魚	小鮒（30）	鮒（1臺）
鱠（1台）	妻キリ	寄キリ	御肴大根	大根	大根	大根（30切）	鱠（2臺）
柚子（1台）				柚子	柚子	柚子	柚子（2臺）

や鴨肉の盛り付け方が現在と大きく異なっていることが図2から窺える。旧儀においては土台となる大根は現在の聖護院かぶらとは違い、一般的な大根を用い、鴨の肉は細長く切って盛り付けていたことが分かる。鳥羽盛も、旧儀においては、器である土器高坏からはみ出すような盛り付けにしており、大根を土台として用いていないことが図3から窺える。胎子も旧儀では輪切りにしたものが盛り付けられている。旧儀の胎子は藁苞へ納め薫製したものを供えていた為であり、調理方法の変更も見受けられる。

以上のように、旧儀と比べて品目自体の盛り付け方や一部品目の調理方法の変化が見られる上、各品目の数量は半減もしくはそれ以上に減少していることが窺える。

そもそも、旧儀では各品目の数量が膨大な量であることに気付かされる。大御食は三十数台、鳥羽盛は九十台、スイリなどは八十束以上も用意されている。その為か、献饌方法も庭上にしつらえた台と机に献じられている。大饗祭は出雲から帰ってきた東国の神々を迎えての饗宴、という謂れがあり[70]、多くの神々を饗応する意味もあったと考えられる。ただ、三十数という数は、香取神宮の摂末社とされる数と一致していることから、主祭神と摂末社の神々を新嘗の祭りにて饗応する意義があったと推察される。また、旧儀においてこれらの神饌類は鴨羽盛などの品目を「御下膳」と呼び、大宮司以下の祀職へ配られており[71]、八十名以上の祀職へ配られる為に品目毎の数量が多かったとも考えられる。

旧儀と新儀を比較すると、数量や盛り付けなどに細かな変化が見られ、その背景には先に論じたとおり明治期の香取神宮を取り巻く経済・神職の変化があったと考えられる。ただし、その変化を加味しても、神饌の形式や調理方法などについてはできうる限り古儀に準じた形で調えられていると言える。

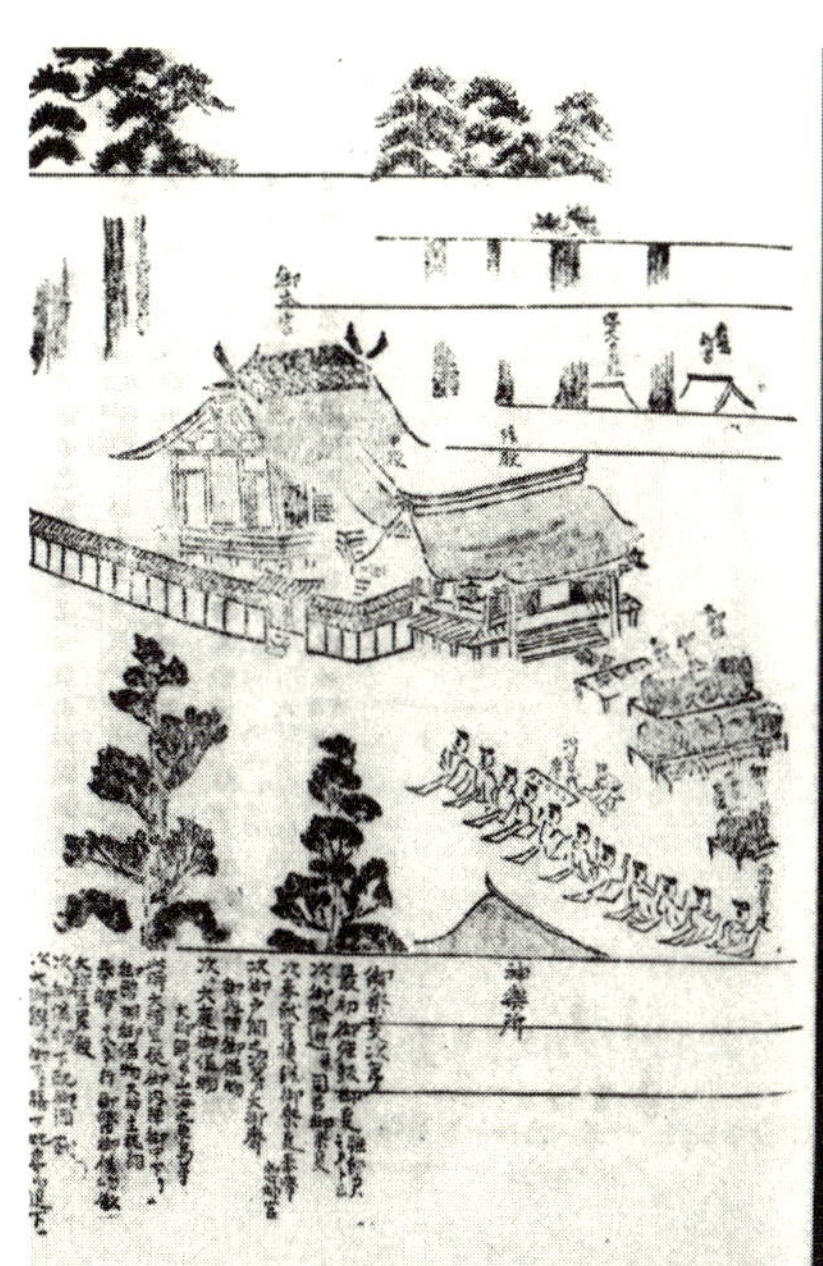

図 1『香取宮年中祭典記』に見える庭上祭祀

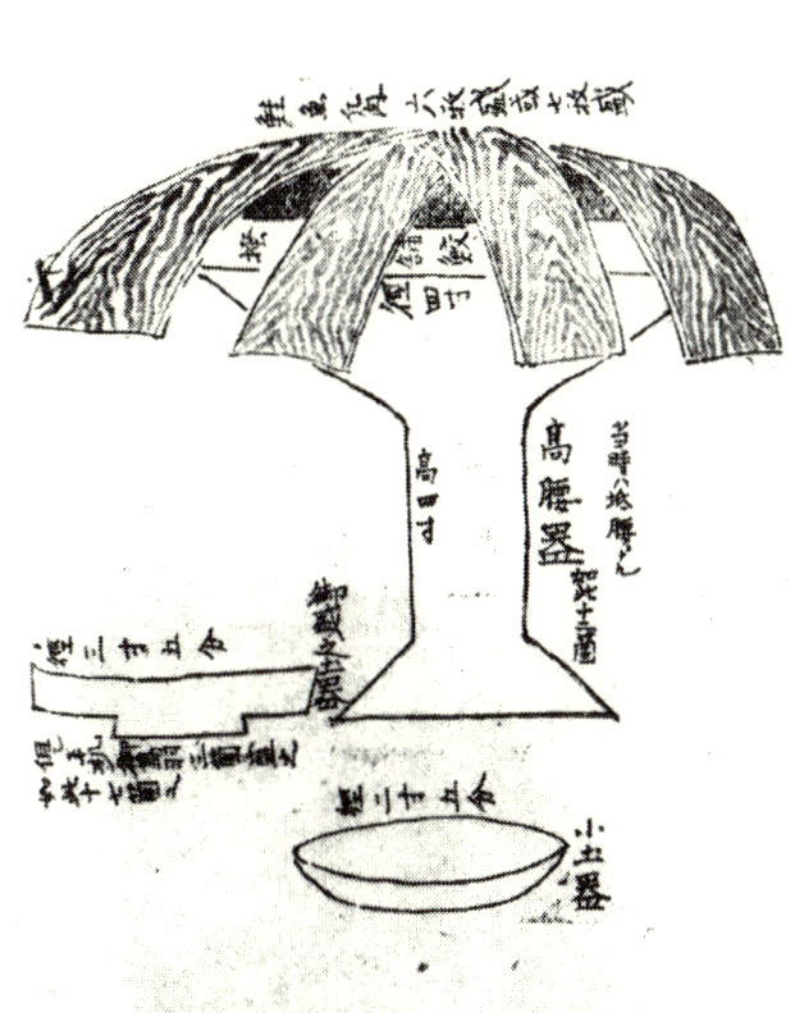

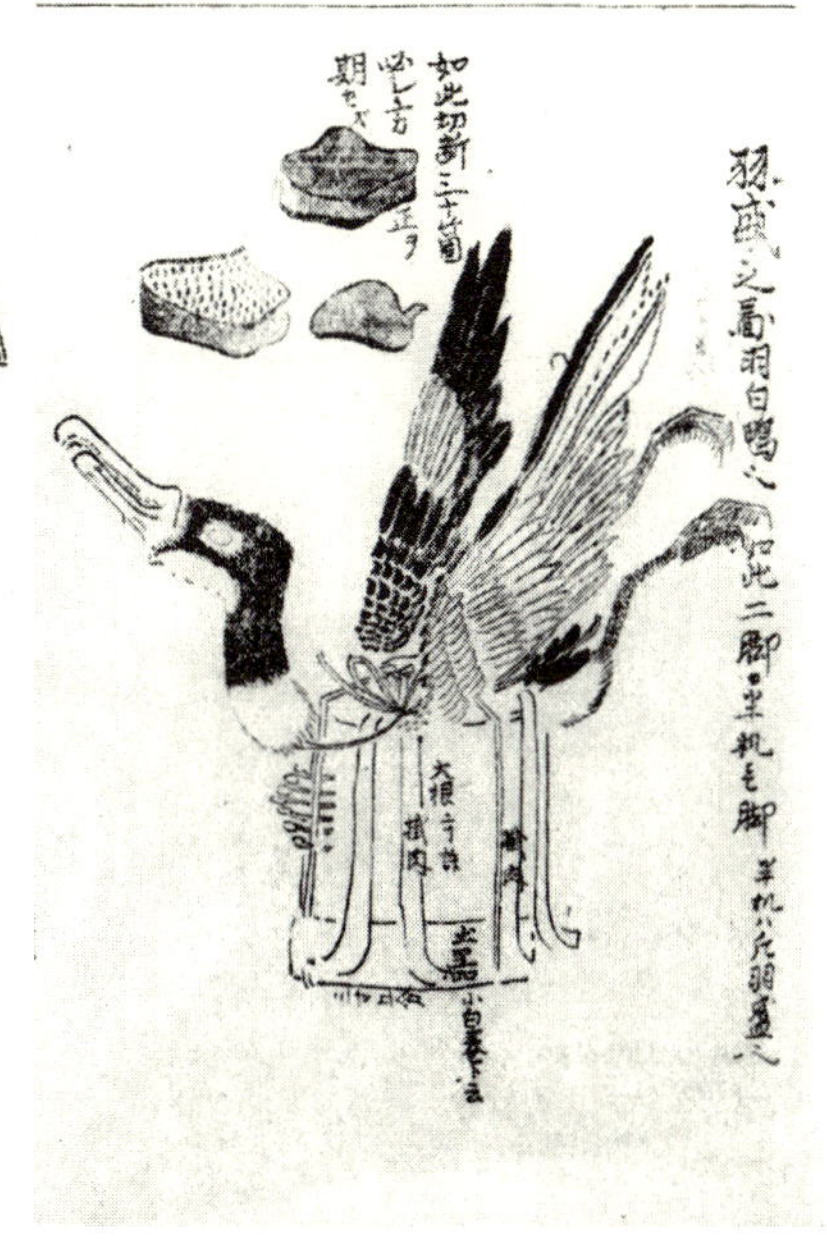

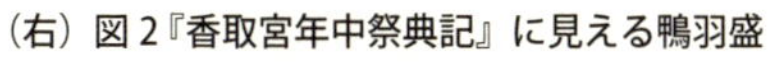

（右）図 2『香取宮年中祭典記』に見える鴨羽盛

（左）図 3『香取宮年中祭典記』に見える鳥羽盛

三　生業と神饌の関わり

では、新年迎えを意識した一連の神事の中で、晩稲の新嘗として行われていたと考えられる大饗祭、その神饌がどのような要因をもって形成されてきたのか。

先に触れた特徴の一点目は豊富な農水産物を使用している点である。これら豊富な農水産物は香取神宮周辺における社領において営まれていた農水産業によって獲得されたものであった。

まず、大饗祭という神事が行われる前提には、神社周辺において稲作が行われており、それが農産業として重要な役割を果たしていという要因が考えられる。社領における農産業の発展と安寧は、則ち神社の繁栄へと無関係ではない。そして地域における農産業に準じ、生産物の安定した供給を祈る神事が行われるのは、必然とも言える。香取神宮の経済が周辺地域の社領に依拠していたことは、明治期の祭祀改変が上知令による経済基盤の変化を一つの要因としていたことは指摘したとおりである。神饌に用いられる農産物が社領から納入されていたとして、どのような生業が社領で営まれていたのか、という点が問題になる。

中世後期における香取神宮の社領内では、早稲と夏麦による二毛作や、夏麦と秋に収穫される雑穀類の二毛作が盛んに行われてことが指摘されている[72]。これらの生産物は、社領を管理する地頭や祀職らを介して香取神宮へと貢納されていた。そのことは、先に触れた「香取社年中神事目録[73]」の「十月神招相撲御神楽御神事　六石六斗内　三石三斗織幡村役各々別在二沙汰一　三石三斗多田方役各々別在二沙汰一　同大饗御神事　六石六斗　胤幹　九箇村」とあることから、神事毎に村及び所役への負担が設定されていたことが分かる[74]。また「神崎庄所課祭禮物注文寫[75]」には「御菜ノ事ハ正月一日鮭初頭、三月初午鱒、初頭マイル七桶半ケッサノ分、三桶半セキノ分、カナイト合十一ヲケナリ」と正月元三、三月初午に用いる鱒の割り当てが決まっていた[76]。なお同史料には「小松」を始めとする地域の田畠に対して賦課されるべき供祭料の石高が示されている。このことから、神崎庄の場合、海夫という漁師や農民など様々な生業をもって人々が居住しており、彼らの営む生業による農水産物を以って神饌物が賄われていたことが分かる。[77]

天正十九年（一五九一）二月に行われた検地が行われ、同年十一月には朱印地一〇〇〇石が寄進され、中世以来の社領制度は事実上解体された。これに合わせて、各祀職へ社領の再分配及び神役の再配が行われていたことが「香取社領寺社配當帳写」から窺える。[78]社領の再編にともなって、神社と地域との関係も再構築された。「香取社網代場につき覚書案写」には、「今度当社網代場奉願候」として「元来網代場ニ而御家立掛魚神納之儀」「壱ヶ月両度□□□□□魚猟不残差上可申候、何事も如往昔」と、旧来の「網代場」の再興と、一月の漁獲二日分を「掛魚」として「神納」する旨が記されている。[79]具体的に、この「網代場」が内海のどの場所にあたるのか不明である。ただ網代場の再興と魚の神納を図った形跡が他にも見受けられる。

『大禰宜家日記』寛延元年（一七四八）閏十月には、小笠原石見守が旧社領である津宮村・大倉村・篠原村を加増されたことを見計らい、「漁獵場願」の口上を作成している。口上では「一ヶ年ニ九十余ヶ度奉執行候、右祭礼ハ勿論、毎朝ノ神供えニも魚鳥等相備申候、然者香取か海ト申ス所ニ而、往古ゟ右神供ノ魚取奉捧候処」と旧来の「香取か海」での魚鳥の漁獲を以って年中祭典や朝御饌を供えていた所以を示した上で、「大倉村神獻之為魚獵之網一張落させ候様ニ仕度奉存候」と大倉村を知行することになった小笠原石見守へ漁場の確保を願いでていたことが分かる。[80]これらの漁場では、鮭、鱒、鯉などの漁獲があり、[81]村民は「三ケ村猟場之儀ハ耕作ニ加へ渡世仕来罷在候所」[82]として、近世においても中世同様、田畠における耕作を主体として、内海における鮭・鱒・鯉の漁業を行い、生業としていたことが伺える。また魚だけではなく、鳥の狩猟と売買が佐原村で行われていたことが確認できる。[83]

以上のように、中世から近世にかけての香取神宮の社領において、稲作や畑作などの農産業と共に、内海での水産業が行われ、これらの農水産物が神社へ貢納されていた。神饌品として用いられていた米などの農産物、鴨や鮭などの水産物類は社領の生業の在り方が反映されたものと見做すことができる。と同時に、生業の在り方は香取神宮の年中祭典の在り方へも影響を及ぼしていたと考えられる。

香取神宮の年中祭典において農耕儀礼である御田植、新飯、相撲、大饗が重儀として執行されている。加え、御田植神事では、大神田、司田、犬丸田などの旧神田の名を記した花傘を立てており、祭祀料を捻出する各神田の実りを祈る旨の神事であったと考えられる。これは先に触れた旧暦十月の神田耕も同様の主旨であり、祭典において農耕に関する神事が多く行われていたことからも、農事暦を強く反映した神事が重視されていたと指摘できる。社領における生業の在り方が神事の在り方に影響を及ぼしたことで、大饗祭という農事暦に則した神事が行われ、神饌品も地域の農水産物を用いていたものと推察される。

四　盛り付け方と調理技法――本膳料理との関係について――

次に、二点目の特徴として指摘した、神饌品の盛り付けや調理方法の特徴に関して分析を行う。

大饗祭神饌の中でも最も特徴的なのは、巻行器である。一般的に行器とは、食事等を運搬する為の木製の容器である。会津田島の祇園祭では、行器に御酒・赤飯・魚を入れて神前まで運んでおり、神事や仏事でも使用されている場合がある。巻行器も御饌の器として用いられていることから、行器と名前がついているものと思われる。[84] 素材となる真菰は利根川で刈り取られたものを干して用いており、真菰や薦が盆行事などで用いられているのは周知の事実であろう。また薦以外にも、藁などを編んで器を作る例は神事・仏事に良く見られる。

香取神宮の場合、巻行器以外にも旧儀では編折敷と呼ばれる薦編みの器や、大根や胎子を納める藁苞を祭儀で用いていた。[85] 薦や菅、藁を祭器具として用いるのは、清浄性を保つという意味が含まれていると考えられる。祭りで用いられる祭器具類は古く土器や柏を皿として用いた場合が多々見受けられる。これは、清浄性を保つため、一度切りの祭器具として祭りが終われば撤去される。巻行器や編折敷もそのような観点で使用されていたものと考えられる。

また器の形状と素材が特徴的であると共に、御饌の盛り付け方と調理方法にも特徴があり、巻行器の上に山のような形で盛り付けられる。『祭典記』に載る絵図もほぼ同様に盛り付けがされていることが確認できる。盛り付けられる御飯は、茹で上げて調理されている。この調理方法は旧儀でも同様で、『祭典記』の絵図には釜で米を茹で上げ、水を撒いた筵の上に茹で上げた米を晒して冷まし、一抱えある大きな槽へと詰め込む姿が描かれている。

特殊神饌で供えられている御飯類の調理方法でよく見られるのは、蒸飯である。オコワ、強飯、赤飯が供えられている例が多い。その場合の盛り付けは、円柱状や三角錐状に固めたものが多く、中には木型に押し込めて形を調える例もある。香取神宮においても「御古波物」と言い、強飯を神饌として供える例があり、茹で上げ式の調理方法だけでは無かったことが窺える。大御食の飯を「御若飯」と表記して、「御古波物」とは区別していることから、儀礼上何らかの違いがあったものと考えられる。

次に特徴的なのは鴨羽盛である。〆た鳥を供えることは、特殊神饌に限らず行われていることだが、鴨羽盛の場合は〆た鳥を一度解体して再度、羽撃くように設える方法をとっている。

この鴨羽盛については、天正十六年の「神事雑記」正月元三神事の「キリモリ次第」に初めてその名称が見える。以降、各祭礼記に「羽盛」「鳥」と見えるがその盛り付け方については、『祭典記』にある挿絵で初めて明らかになる。また、『祭器并神饌名目考』においては、鴨羽盛について、このように記されている。[86]

○鴨羽盛カモノハモリ　元三、大饗、賀詞外大祭典に献供す、多く小鴨・タカブを用ふ、首と両羽翼と両足とを飛形の如く、臺大根の輪切を用ゆに刺立、肉を細く截掛て献る、貞丈雑記ニ云々、鴨の羽盛とは鴨の焼き鳥を小角に盛りて、頭と両足と両羽を飛形の如く置なり云々、同書ニ鶉の羽盛も見えたり、（傍線筆者）

ここでは鴨羽盛の形状について記されており、また『貞丈雑記』に記載されている羽盛と同一視している。[87] 香取の鴨羽盛では焼鳥ではなく、大根を台として高坏に置き、生の鴨肉を用い点が異なっているが、羽撃くように設えている形状は一致している。さて『貞丈雑記』を確認すると、羽盛の記述について、『式三献七五三膳部記』[88]から引用していることが分かる。

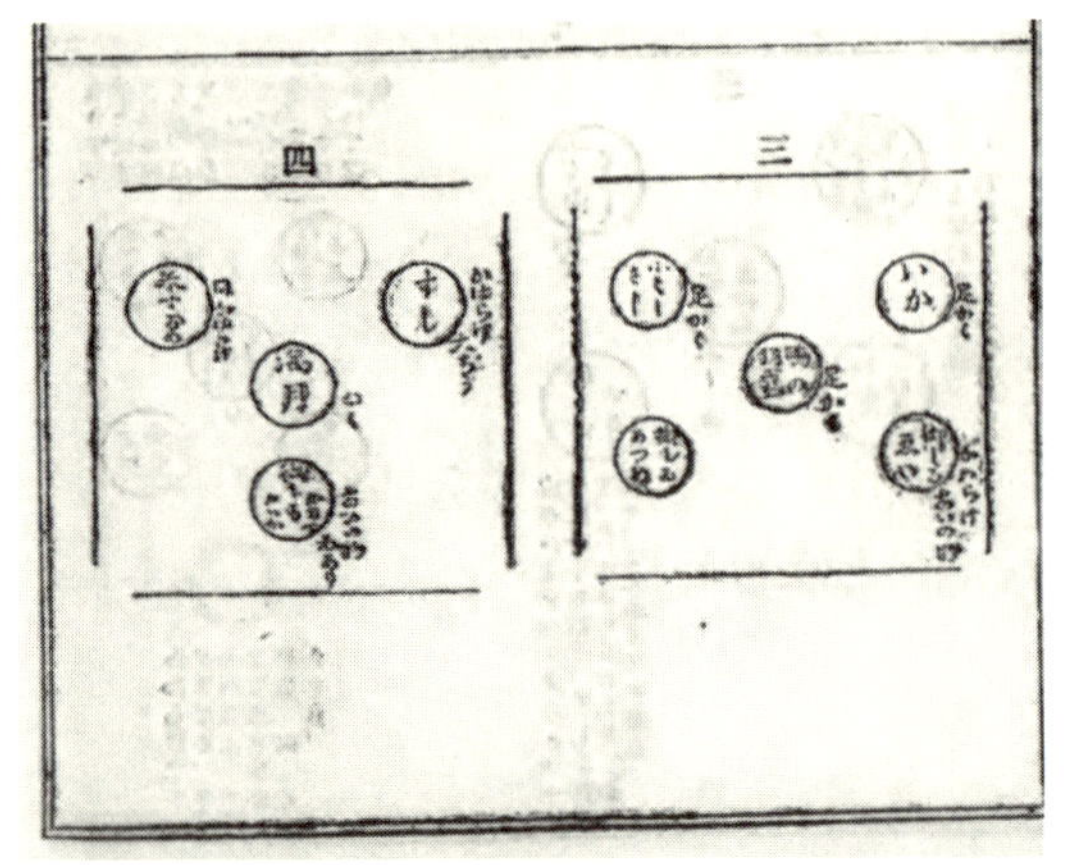

図４『式三献七五三膳部記』に見る「鴨の羽盛」

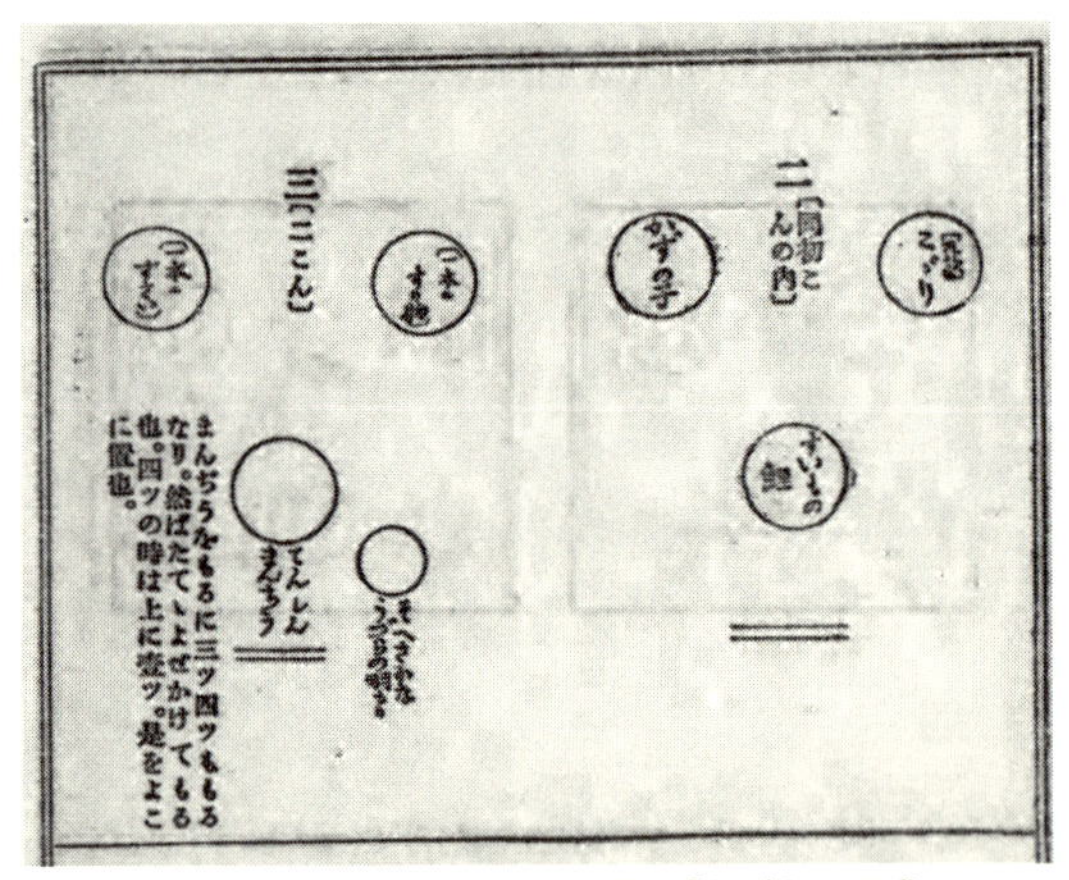

図５『式三献七五三膳部記』に見る「うづらの羽盛」

『式三献七五三膳部記』は慶長十一年（一六〇六）に書かれた本膳料理の一流派である大草流の七五三膳に関する の書物で、本膳料理の内、七五三膳についての内容が記載されている。つまり『祭器并神饌名目考』は本膳料理の一料理である羽盛との近似性を指摘していることになる。

鴨羽盛と本膳料理の羽盛、その類似性から考えれば、いずれかが影響及ぼしていであろうことは想像に難くない。その点は、「神事雑記」正月二日大庭御祭礼条に「子會羽節合」[89]、『祭典記』にある賀詞祭の直会料理として出される「雁翅翮和合」が、本膳料理の一つで、『庖丁聞書』に載る「羽節和」と符合している点から窺える。[90]また、賀詞祭で、俎板の上に雁と鯉、真魚箸と庖丁を載せて神前へと供えていた点や、「三箇度の大神事」の神饌調理で俎板と真魚箸が使用されている点を鑑みても、本膳料理が神饌・直会料理に何らかの影響を及ぼしていた可能性が示唆される。

逆に、本膳料理が宮中における大饗などの宴会での料理から発展したものと考えれば、まず神饌の調理作法の影響を受けて大饗料理や本膳料理の形式や作法が整っていたということも念頭に置く必要がある。例えば先ほど取り上げた大御饌の盛り付け方、その他大饗祭神饌に見える高く盛り付ける方法は、大饗料理などの宴で設えられる料理の盛り付け方と類似点が多い。また柏などの葉に料理を盛り付ける方法などは、本膳料理で皿に植物の葉などを敷く掻敷と関係があると考えられる。

ただ、香取神宮の神饌の場合、大御食の巻行器や御飯の調理方法などは古い形をそのままに伝えているとしても、羽盛や羽節和と言った本膳料理における料理名と調理方法、盛り付け方が近似していることを考えると、神饌の一部に本膳料理の調理作法や盛り付け方の影響があったとするのが妥当であると考える

おわりに

大饗祭神饌の特徴とその形成要因について分析と考察を行った。改めて要点を纏めると、以下の点が指摘できる。大饗祭の神饌は、稲を中心とする豊富な農水産物を神饌品として供えている点、大御食をよそうための巻行器や鴨羽盛や鳥羽盛に見られる独特の盛り付け方に特徴がある。旧来の大饗祭神饌は、現在よりも多くの数量の品目を供えており、神饌品は神事の最中に直会膳として祀職へと下賜されていた。また祭り自体も相撲神事・賀詞祭と連続性を持った祭りであった。そのような祭りや神饌の変化は、明治期における神社の経済や神職の変化に伴う改変の影響があった。

それらの点を踏まえると、旧儀の大饗祭は、一年の終わりに刈り終えた晩稲を始めとする農水産物を大量に供え、豊かな実りを感謝する晩稲を供える新嘗の祭りとして行われていた。これは、香取神宮の周辺地域＝社領の生業が稲作を中心とした農水産業であった点を反映し、農事暦に合わせた神事として成立したと考えられる。

そのような地域生業の農事暦を反映した大饗祭、その神饌の一つの特徴である、豊富な農水産物を供える背景には、内海に近接する地域にて発展した農水産業の在り方が要因の一つとして考えられる。社領における地域生業の在り方に準じる形で祭りの在り方が形成されていたことを考えれば、豊かな収穫を祈る祭りにおいて、豊富な農産物を献納する形になるのは、香取神宮と社領との関係が経済的・信仰的に密接であった故である。特に、大饗祭神饌は大祭仕様の神饌であったため、主祭神をはじめとして、摂末社の神々へも神饌を供え、祀職らが撤下した神饌を祭りの場で饗する意味もあり、神饌品目の種類、数量共に膨大なものになったと推察される。

また、もう一つの特徴である盛り付け方については、庖丁流や本膳料理の調理作法や技法、盛り付け方からの影響を受けていたことが推察される。本膳料理の影響は、神饌調理の在り方や鴨羽盛の盛り付け方、賀詞祭の直会膳として出される羽節和に見られる。逆に、巻行器を用いて御飯を供える大御食や鳥羽盛などは、香取神宮独自の神饌として古い形を伝えている可能性がある。特に巻行器や旧儀で使用されていた編折敷は、真菰や薦を用いて作成されており、他の祭りで見られる清浄性を保つための一度きりの祭器具として、独自に継承されてきたものと考えられる。

以上、大饗祭神饌は、内海に隣接する地域における農水産業と、包丁式や本膳料理の要因がその特徴の形成に影響を及ぼしたものと結論づけられる。

謝辞

二〇〇六・二〇〇八年の大饗祭の調査及び本書の写真掲載については、香取神宮より多大なるご高配を賜りました。文末では御座いますが厚く御礼申し上げます。

注

1 経津主大神又の御名を伊波比主命については、前者、経津主大神は『日本書紀』における国譲りの神話の中で鹿島神宮の御祭神である武御雷神を従えて葦原中国平定の使者として出向く神として知られる。後者、伊波比主命は春日祭祝詞に記される香取神宮の御祭神の名である。御祭神の名について『日本書紀』一書の葦原中国平定の段では、「この時齋主神を、齋之大人と號す。此の神、今、東國の檝取の地に在り」とある。御祭神の名が二つあることに関しては、不明な点が多い。これに関しては諸説あるが、神格に関しては経津主大神を軍神として捉え、伊波比主命の神格を鹿島神宮の神を祀る神として捉えることが諸説の共通した見解となっている。

2 『香取名所圖會』（香取神宮社務所編『香取群書集成』第三巻、香取神宮社務所、昭和五十五年、六二七頁）。

3 『芸術新潮』五五五号（新潮社、平成九年、一四八―一五一頁）、南里空海『神饌―神様の食事から食の原点を見つめる―』（世界文化社、平成二十三年一九三―一九七、二一八―二二五頁）、などで特殊神饌の一例として取り上げられている。

4 『日本書紀』（黒板勝美・国史大系編修会編『新訂増補国史大系　日本書紀』吉川弘文館、昭和二十六年）。

5 谷川健一編『日本の神々　神社と聖地』十一（白水社、平成元年）の香取神宮の項では、『日本書紀』『続日本後紀』では香取の神が「イハヒヌシ」と記され、『古語拾遺』では「フツヌシノミコト」とある点について、『古語拾遺』が記されたその目的と性格や、物部氏と香取神宮との関係や、祭祀を司る大禰宜家が物部小事を祖とする香取連である点を踏まえて論じられている。

6 香取神宮の内海の津・海夫の支配権と一宮制の関係については鈴木哲雄『岩田書院選書　地域の中世2　中世関東の内海世界』（岩田書院、平成十七年一三七―一六〇、一八七―二一五頁）を参照した。

7 木村礎・高島緑雄編『耕地と集落の歴史―香取社領村落の中世と近世―』（文雅堂銀行研究社、昭和四十四年）。

8 前掲注6同書、一三七―一六〇、一八七―二一五頁。

9 香取西光司家文書、六号「徳川家康寄進状写」（千葉県史料研究財団編『千葉県の歴史　資料編　中世2　県内文書』千葉県、平成九年、九五八頁）。

10 香取神宮社務所編『新修　香取神宮小史』（香取神宮社務所、平成十四年）の祭典の項目を参照した。

11 神幸祭は永徳年中（一三八一～八四）には途絶していたことが永正十三年（一五一六）書写の『香取神宮神幸祭絵巻（権検非違使家本）』の末尾から確認できる。

12 千葉県史料研究財団編『千葉県の歴史　通史編　中世』（千葉県、平成十九年、二二二―二二四頁）。

13 前掲注12同書、二二五―二二六頁。

14　前掲注10同書、三二一―三二三頁。

15　前掲注10同書、三二四頁。

16　香取田所家文書、一八号「香取社年中神事目録」（千葉県史料研究財団編『千葉県の歴史　資料編　中世2　県内文書』千葉県、平成九年、二四六頁）。

17　舊源太祝家文書、補遺「神事雑記」（千葉県史編纂審議会編『千葉縣史料 中世篇 香取文書』千葉県史編纂委員会、昭和三十二年、四八九頁）。

18　香取田所家文書、八三号「香取社祭礼帳写」（千葉県史料研究財団編『千葉県の歴史　資料編　中世2　県内文書』千葉県、平成九年、三五七頁）。

19　「五箇度の大神事」については『香取志』（竹内秀雄校註『神道大系　神社編　香取・鹿嶋』神道大系編纂会、昭和五十九年、二二七頁）「大御扉開」の項に、

　　大御扉開
　　同夜（正月元日）にあり。神宮の祭祀に正殿の御扉を開奉る事一年に五度あり。是を五箇度の大神事と稱して、九十餘度の中に冣も尊み重みして、大宮司・大禰宜両家より始て神官五十餘人末々に至迄、都て百人許預る所あり。沐浴斎戒して謹みて厳祭れり。是を大御扉開神事と云。正月元三・三月御幸・四月四日・八月新嘗・十一月四日也。

とあり、香取神宮年中祭典における重儀であった。

20　「三箇度の大神事」については前掲注19同書、二二六頁、「元三」の項に、

　　正月元三・相撲・大饗、是を三箇の大神事、神楽共云

とあることから三祭が重視されていたことが分かる。

21 『明治十八年制定香取神宮年中祭典式』（官幣大社香取神宮社務所編『香取群書集成』第二巻、三秀社、昭和十九年、二七九―三三四頁）。

22 『維新前年中祭典式稿』（官幣大社香取神宮社務所編『香取群書集成』第二巻（三秀社、昭和十九年、一―一二〇頁）。

23 前掲注21同書、二七九―二八〇頁。

24 『香取宮年中祭典記』（官幣大社香取神宮社務所編『香取群書集成』第二巻、三秀社、昭和十九年 四四九頁）「正月七日 御神符神事」の項に、祭當邸宅の門前に掲げられる札が絵で記されており、札には、

禁汚穢不浄徒入門内元三御祭當何某職

と書かれ、潔斎の生活が行われていたことが分かる。

25 前掲注24同書、「正月七日 御神符神事」の項に、

来當者、元三祭當・大饗祭當・相撲祭當・新嘗祭當也、外ニ側高社祭當十一月七日堀川命婦毎年祭也

とあり、「五箇度の大神事」に祭當が選ばれることが分かる。選ばれた祀職は、大宮司・大禰宜・権禰宜・物申祝・行事禰宜・録司代・田所・案主の花押を押した「御神符」をうけ、自宅にある假殿へと奉斎、潔斎の生活を行う。

26 香取分飯司家文書 一二一号「香取社神官等連署起請文」（千葉県史料研究財団編『千葉県の歴史 資料編 中世2 県内文書』千葉県、平成九年、四二六―四三七頁）には祭當が無尽を行っていたことが分かる。各祀職が輪番である祭當は祭りの費用負担などが大きかったため「無尽」を行うことで祭典費用の捻出を行っていた。

27 前掲注2同書、五七〇頁、「神領」の項を参照した。

28 表4に関しては、前掲注2同書、五八五頁、「舊神官家の職名附職制」、及び前掲注24同書、三九五頁、「司召御祭事」

の項を参照し、作成した。

29　前掲注2同書、五七一～五七二頁、「祭祀用途」の項、及び前掲注10同書、一三頁、「祭祀用途」の項、香取神宮社務所編『香取群書集成』第五巻（香取神宮社務所、昭和六十三年、九三七頁）「伊能穎則年譜」を参照した。

30　千葉県史編纂審議会編『千葉縣史料 近代編　明治初期一』（千葉県　昭和四十三年、一二一四頁）。

31　香取神宮社務所編『香取群書集成』第五巻（香取神宮社務所、昭和六十三年、九三七―九三八頁）。

32　前掲注31に同じ。

33　千葉県史編纂審議会編『千葉県史料　近代篇　明治初期三』（千葉県、昭和四十五年、四七九頁）に

八月八日　香取神宮例祭ニ付参向并祭式執行ヲ達ス其文に曰

大属木間瀬柔三

本月香取神宮例祭ニ付長官代トシテ参向申付候事

香取神宮一社中

本月二十日其神宮例祭代参トシテ大属木間瀬柔三差向候条祭式執行可有之此段相違達候事

とあり、神社祭式が布達して間もない時期、香取神宮の例祭日が八月二十日であることが窺える。前掲注31同書、九三八―九四〇頁によれば、この例祭日は、明治六年（一八七三）六月二十四日に定められたが、明治十四年（一八八一）十一月十九日に内務卿山田顕義より例祭日を四月十四日とする旨が達せられた。因みに旧例祭日である八月二十日は旧暦八月上子・上丑にあたり、「五箇度の大神事」の一つ、新飯神事の祭日であった。一方、四月十四日は明治八年（一八七五）より再興された神幸祭の祭日であった。

34　前掲注33同書、四八二頁に、

大属木間瀬柔三

本月二十三日香取神宮新嘗祭ニ付長官代トシテ参向申付候事

とあり、官祭である新嘗祭が執行、長官代が参向していたことが窺える。

35　新飯神事の儀礼的意義については拙稿「香取神宮新飯神事の儀礼的意義―大饗祭との比較において―」（『國學院大學大学院紀要―文学研究科―』第四十一輯、平成二十二年）にて、新飯神事が早稲を奉る儀礼であり、大饗神事が晩稲を奉る儀礼としての意義を有していたことを論じた。そのことから照らし合わせると、官祭・私祭の新嘗儀礼が重複する形となり、儀礼上は不自然な状態を生み出していたことが指摘できる。

36　『香取神宮祭祀式』（官幣大社香取神宮社務所編『香取群書集成』第二巻、三秀社、昭和十九年、二二二頁）奥書には、

明治二年己巳歳七月奉二神祇官令一吾

神宮預二祭祀一之人々依二諸家之記録一編二緝祭典一巻一以二保禮長官之表一所レ献二官一也爾二大中臣義風宇斯以二其草稿一模二寫一冊一收二庫櫃一予懇借之、頼二中臣實順兄一乞二再寫之勞一、置二蔵函一之、以永傳二子孫一云々、

分神飯司鑰取中臣泰歳

己巳歳葉月

分神飯司蔵

とあり、『香取神宮祭祀式』が神祇官提出のため、各祀職家が記録を編んで祭典記一巻としてまとめ上げたものであることが分かる。この書の体裁は、各祭典の式次第・神饌・奉仕の祀職などを簡便にまとめ上げたものである。

37　香取保禮・香取國雄『香取神宮年中御祭典儀式帳』（官幣大社香取神宮社務所編『香取群書集成』第二巻、三秀社、昭和十九年、二二五―二七五頁）解題によれば、明治四年八月に大宮司香取保禮、大禰宜香取國雄の連書にて書かれ

たもので宮谷縣か神祇官（もしくは神祇省）あてに提出したものとされる。体裁は、『香取神宮祭祀式』と同様、式次第・神饌などが列記されたもの。

38 前掲注24同書は解題によれば、明治四年頃、旧録司代家の香取豊敏が記したもので、『香取神宮祭祀式』『香取神宮年中御祭典儀式帳』とは異なり、絵図が中心となっており、往時における祭祀が如何様なものであったかよくわかる。

39 前掲注22同書は解題によれば、明治十七年、香取神宮禰宜であった伊藤泰歳によりしるされたもの。『香取宮年中祭典記』の如き絵図こそないが、『香取神宮祭祀式』『香取神宮年中御祭典儀式帳』のような祭式次第を羅列する体でもなく、祭式作法などの儀註が記されている。解題では、

本書は前述の如く明治十七年に成つたものであるが、これより曩泰歳は本宮造營の年歴・祭典の舊儀等の調査編纂に従事するところがあつた。殊に祭儀に関しては維新以後神社の改革が行はれて到底古制の如くには奉仕することが困難となつたので、古儀を調査し時の宜しきに従って新祭式を制定する要が生じたのである。（中略）恐らくかうした要求に應じて調査編述せられたものであらう。

と推察している。

40 伊藤泰歳『祭典舊儀下調書』（官幣大社香取神宮社務所編『香取群書集成』第二巻、三秀社、昭和十九年、一二一一一五五頁）は、解題によれば、明治十六、七年頃に伊藤泰歳により編述されたもの。『維新前年中祭典式稿』とはまた異なり、祭祀の由来沿革を簡単に述べている。

41 神幸祭は、明治八年（一八七五）四月十四日に再興された（前掲注31同書、九三八頁「伊能穎則年譜」）。祭りは途絶前の祭典を参考として式次第などが定められ、現在に至っている。

42 表5―1、2に関しては、香取神宮社務所編『香取群書集成』第五巻（香取神宮社務所、昭和六十三年、四四―四六

頁）に載る表を参考に筆者が手を加え作成した。

43　前掲注31同書、二六八頁。

44　「大饗祭當切封祭事」ついて前掲注22同書、七四頁には、神事当日「祭祝」（祭當）邸宅に田所ら祀職が集まり饗膳を行った後、「齋殿」（假殿）の坐に着座。祀職の酒司が酒桶の封を開いて神酒を汲み出し、それを「祭祝」が「齋殿」上床に供えると云う祭りが行われている。

45　「大饗祭當奉行寄合」について前掲注22同書、七七頁には、權禰宜らが「祭祝」邸宅に集合、三奉行（録司代・田所・案主）が「祭祝」を呼び「神献諸品」の点検、諸注意を行った後、饗膳、饗膳の後まな板を用いた儀礼が行われている。

46　「大饗祭當神招神事」については前掲注22同書、七九頁、「相撲祭當降神々事」の項に「其儀而新飯祭當降神々事に同し」とあり、その次第が記されている。別名「おみふだおろしの神事」と云い、祭當邸宅に両代官・田所・鷹長人夫らが参集した後、饗膳を囲む。その後、神饌調理をし、物申祝が降神の儀を行って後に、神饌献饌、直会を執り行っている。

47　「大饗祭當献備魚鳥切盛」について前掲注22同書、八一頁には、同日に「大御饌炊」と「献備物切盛」が祭當邸宅にて行われ、大御饌の調饌、神饌の調理が行われている。「大御饌炊」の際には、まず假炊屋に清火を鑽り、鼎の下に焚く。その後、神官らは行水して身を清め、大御饌の調饌に入る。鼎は釜ではなく鍋なので、米は茹でられていることが分かる。茹でた米は笊にて取られ、「真薦筵」の上に移され冷ました後、行器にうつされる。これを五斗五升炊ぐ。次に神饌調理は、まず調理場の鋪設として酒で清め菰を敷き、そこにまな板を置いて場所を設える。祀職の田所がまず、まな板を前にして御饌津神を奉る祝詞を述べて後、調理が始まる。

48　祀祐社については、官幣大社香取神宮社務所編『香取群書集成』第二巻（三秀社、昭和十九年、「後記」の三頁）に、
（前略）然し以上の如き神事も明治初年の改革に因って到底舊儀のままに奉仕するのが困難となり、あるいは廃絶に至る運命に在つたと聞いてゐた。それは、第一に奉仕に多くの人員を必要とし、また特別の神饌等には多額の費用を要したからであつた。祀祐社が組織されたのも是等の為であり、宮司香取保禮、禰宜伊藤泰歳翁が社員と熟議の結果、大饗祭等の祭典費は同社の指定寄付金を以て支辨することになつたのである。

とあり、祀祐社の意義とその背景事情がうかがい知れる。

49　前掲注24同書、五一三―五二二頁。

50　前掲注22同書、七〇―七一頁。

51　香取田所家文書　三四号「香取社大禰宜大中臣長房等連署吉事注文」（千葉県史料研究財団編『千葉県の歴史　資料編　中世2　県内文書』千葉県、平成九年、二八〇頁）、香取田所家文書　四二号「香取社神事覚書」（千葉県史料研究財団編『千葉県の歴史』資料編、中世2、県内文書、千葉県、平成九年、二八六頁）、以上の史料では、九月初午の神事で相撲が六番行われていたことが確認できる。

52　『祭器并神饌名目考』（香取神宮社務所『香取群書集成』第三巻、香取神宮社務所、昭和五十五年、二五六―二五七頁）には、飾嶋臺について、
　正月七日夜、十一月朔日夜の賀詞祭に、庭上の中央に蓬莱嶋臺を飾り、其の松の枝に削掛を附る
とあり、臺の据えた松の木に木の枝や紙などで模した雀や亀などを飾り付け、台の縁には大根や香の物を挿した串をさし置くとされている。

53　「鯉子和合」と「雁翅翮和合」については前掲注52同書に「鯉兒合・雁羽節合」とあり、雁については『貞丈雑記』

の記事を引いて、鳥の羽節を細かく叩き、酢を入れた湯で湯通しをしたものにワサビをかけたものとしている。『貞丈雑記』の記事は、『庖丁聞書』（塙保己一編『新校群書類従』第十五巻、内外書籍株式会社、昭和四年、八六七頁）という本膳料理の書物を引用している。

54 『香取私記』（官幣大社香取神宮社務所編『香取群書集成』第一巻、香取神宮社務所編、昭和十八年、一四六頁）。

55 土岐昌訓「祭りの種々相」（『悠久』第四号、昭和五十六年、九〇―九八頁）は、神社における祭りについて、特に例祭と特殊神事に焦点を当て、神社祭祀を概観した論考。新飯神事と大饗祭については、「三、例祭と特殊神事」において秋祭りの事例として取り上げられ、類例である大宮氷川神社の大湯祭と共に、秋祭りの古態を残す例として言及されている。

56 前掲注54同書、一四四頁。

57 前掲注16に同じ。

58 香取田所家文書 三〇号「香取社神事御穀御菜注文」（千葉県史料研究財団編『千葉県の歴史 資料編 中世2 県内文書』千葉県、平成九年、二七一頁）。

59 前掲注18同書、三五六頁。

60 香取田所家文書 八四号「香取社祭礼帳写」（千葉県史料研究財団編『千葉県の歴史 資料編 中世2 県内文書』千葉県、平成九年、三七八頁）。

61 前掲注24同書、四九一―四九六頁。

62 前掲注22同書、七〇頁。

63 香取要害家文書 二一号「佐原禰宜内分早田検注よみ帳」（千葉県史料研究財団編『千葉県の歴史 資料編 中世2 県

内文書』千葉県、平成九年、五一九頁)。

64 前掲注24同書、五二二―五二八頁。

65 倉林正次『饗宴の研究』祭祀編(桜楓社 昭和六十二年、二〇四~二一一頁)。

66 前掲注65同書、三九~四二頁。

67 前掲注65同書、四七~五二頁。

68 國學院大學日本文化研究所『日本の食とこころ そのルーツと行方』(慶友社、平成十五年)において、大御食の料理方法と東南アジア地域における米の調理方法が、湯にて米を湯がく「湯取り法」を用いる共通点が指摘されている。

69 表8は、左記を参照して作成を行った。

香取田所家文書 文書番号九三「香取社祭礼次第注文」(『千葉県の歴史 資料編 中世2 県内文書』千葉県、平成九年、三八九頁)

前掲注17同書、四八四―四八六頁

前掲注21同書、三二四―三二五頁

前掲注22同書、一四―二一、八四―八七頁

前掲注24同書、三四〇―四〇七、五一八―五二二頁

前掲注36同書、一九七―一九九頁

前掲注60同書、三七〇―三七一頁

70 前掲注54同書、一四六頁には「大饗祭の神事の事」として、

日本大小神祇出雲大社へ御寄の其歸り、當社へ御寄あつて、神楽をなさるゝ、其例なり

としている。
また、前掲注2同書、六二七頁には大饗祭の、

　東三十三ヶ國の諸神に大饗するなりと

という口碑を紹介している。

71 前掲注22同書、一五―二一頁。

72 千野原靖方『常総内海の中世・地域権力と水運の展開』（崙書房出版　平成十九年）第二章四節において、室町時代より畑地における麦と雑穀の二毛作および乾田における麦米の二毛作が行われていた事が指摘され、豊富な食糧生産が営まれていたこととともに、早田における早稲の収穫が八月に行われていたことが指摘されている。

73 前掲注16に同じ。

74 舊大禰宜家文書　二六四号「御神楽切符多田村分」（千葉県史編纂審議会編『千葉縣史料 中世篇 香取文書』千葉県史編纂委員会、昭和三十二年、一五七頁）には、相撲神事分の費用として多田村・織幡村、大饗神事分として九ヶ村が負担をしていたことが確認できる。また、香取要害家文書　一〇三号「多田村神祭物目録」（『千葉県の歴史　資料編中世2　県内文書』千葉県、平成九年、五五四―五五五頁）には、

　三石三斗御かくら物（十月神まねきの分）

　一石一斗五升てあわせ物（同神まねき）

とあり、この他には三月、四月、十一月の神物を負担していたことが確認される。

75 香取神宮文書　四二号「神崎庄所課祭禮物注文寫」（千葉県史編纂審議会編『千葉縣史料 中世篇 香取文書』千葉県史編纂委員会、昭和三十二年、三八頁）。

76　舊大禰宜家文書　一二四号「海夫注文」（千葉県史編纂審議会編『千葉縣史料 中世篇 香取文書』千葉県史編纂委員会、昭和三十二年、一一〇頁）には、「つのみやの津　中村式部知行」とあり、中村式部（胤幹）により知行されていた津であった。

77　前掲注72同書、第二章三節において、海夫らが海からの供祭料と田畑からの所当米の納入の両方が課せられていたことを指摘し、

海辺の集落に居住する人々は、海場で活動し供祭物を貢納する海夫の性格を有すると同時に、田畠を耕作する作人でもあり、いわば兼業性をもった存在であったといえる

と見解を述べている。

78　香取西光家文書　九号「香取社領寺社配當帳写」（『千葉県の歴史　資料編　中世2　県内文書』千葉県、平成九年、九六三―九六八頁）。
なお、右記の史料以前にの各祀職への社領配当については、舊大禰宜家文書　二七二号「香取神領配當帳冩」舊大禰宜家文書　二七三号「香取神領配當帳冩」（同名ではあるが内容が若干異なる）（千葉県史編纂審議会編『千葉縣史料中世篇　香取文書』千葉県史編纂委員会、昭和三十二年、一六三―一七五頁）から確認できる。今後は、近世期の社領の変化に伴う祭祀運営の変化について再検討する必要がある。

79　香取文書諸家雑集　三〇号「香取社網代場につき覚書案」（『千葉県の歴史　資料編　中世2　県内文書』千葉県、平成九年、九八二頁）。

80　『大禰宜家日記巻三』（香取神宮社務所編纂『香取群書集成』第八巻、香取神宮社務所、平成二十年、一三五頁）。

81　文書番号五四三号「享保二年五月　問屋前金・川魚値段につき津宮村ほか二か村覚書」（千葉県史料研究財団編『千葉

県の歴史　資料編　近世五　下総二』千葉県、平成十六年、二四〇―二四一頁)。

82 文書番号五四六号「享保八年七月 新規地引網漁業につき津宮村ほか二か村願書」(千葉県史料研究財団編『千葉県の歴史　資料編　近世五　下総二』千葉県、平成十六年、二四四―二四五頁)。

83 文書番号五一八号「正保四年九月 佐原村鳥売買中止につき一札」(千葉県史料研究財団編『千葉県の歴史　資料編　近世五　下総二』千葉県、平成十六年、二一九頁)

84 巻行器について前掲注19同書、二七五頁には、

元三・相撲・大饗の三箇大祭祀の時、神宮に奉神饌を盛に菰を用て器を作る。俗是巻行器と云(中略)さて飯を此器に盛て祝祭しより、遂に轉て器の名としも成り、菰を用いて巻作る故、巻行器とも云るなるべし

と語義を解している。

また、前掲注52同書、二六四頁では「巻机」として

又巻行器ともいふ、元三・相撲・大饗等の大御饌を盛る具なり、眞菰を巻いて造る

と巻机という別名が窺える。

85 編折敷について前掲注52同書、二六三頁では、

真菰を以って造り、年中大中小の祭典に、獻供の物を時に盛りたるを載せて奉る具なり

としており、前掲注24同書、三八九頁には編折敷らしき図が確認できる。

86 前掲注52同書、二六〇頁。

87 伊勢貞丈著、島田勇雄校注『貞丈雑記』二(東洋文庫、平凡社、昭和六十年、一三九頁)。

88『式三献七五三膳部記』(続群書類従完成会編『群書類従』第十九輯下、続群書類従完成会、昭和三十三年、二九一

頁）。

89 前掲注17同書、四八六頁。

90 『庖丁聞書』（塙保己一編『新校群書類従』第十五巻、内外書籍株式会社、昭和四年、八六七頁）。

第二章　彌彦神社大御膳について

はじめに

本章では彌彦神社の特殊神饌、大御膳について取り上げる。

彌彦神社は、新潟県蒲原郡にある弥彦山の麓に鎮座し、天香山命を主祭神として奉斎する神社である。この神社では、大御膳と称される年中五度の神事で供える、いわば大祭仕様の神饌を伝えている。大祭仕様の神饌である点に加え、その品目は、「御蒸」と呼ばれる御飯、「御餅」、「醴」などの多くの米を原材料として用いている特徴がある。（詳細な品目については「序」の表3を参照）また、主祭神をはじめ摂末社の神々へも神饌を供えており、主祭神と摂末社の神々とで献饌品数に大きな違いがある点も他社の神饌にはない特徴が見られる。

この大御膳については、沼部春友が明治以前における大御膳の撤饌の作法について考察し[1]、田中宣一は大御膳の特徴である主祭神と共に摂末社へ神饌が供えられる点に着目して、雑神への祀りの一事例として取り上げている[2]。

沼部が指摘する撤饌の作法は、祭りの翌日に大御膳が撤饌され、撤下された神饌は各祀職へと分配される点である。前者の神事翌日の神饌撤下については、現在行われていない作法であり、旧儀における大御膳の特徴の一つとして重要な点である。

一方、田中が指摘する雑神への祀りとは、主祭神・妃神の大御膳献饌に先立ち、神饌所の御饌津神へと箕先と呼ばれる神饌と大御膳が献饌されている点に着目し、神事を行うに際して、霊威ある神に対して神事を円滑に行う為に先に祀ってしまう意図があったのではないか、と捉えている。

沼部、田中の研究では大御膳の特徴を指摘、もしくはその特徴の意味について論じている。しかし、いずれの研究でも旧儀における大御膳の作法や特徴について十分に分析を行っているとは言いがたい面がある。先の香取神宮で行った考察でも、明治を挟んで神事次第や神饌の仕様及び作法などの変更があったように、彌彦神社でも明治以前と以後で、大御膳の献饌する回数や献饌対象となる祭神の数も大きく異なっていることが史料から確認できる。そこで、旧儀で行われていた大御膳の特徴や作法の意味について分析を加えた上で、大御膳の持つ特徴の形成に影響を及ぼした要因について解明していきたいと思う。

よって本章では、一節にて彌彦神社の概要と現在の大御膳について確認を行う。二節では現在の大御膳の特徴を踏まえた上で、江戸期の大御膳の様相と作法について『彌彦神社叢書』等の文献から確認を行い、その歴史的変遷と変化の実情を追う。三節では、主祭神と摂末社の神々の由来と大御膳の関わりについて祭神と社家との関係について確認した上で、大御膳の特徴が形成される諸要因についてまとめを行うことにする。

第一節　彌彦神社の歴史と祭儀

一　彌彦神社の概要

新潟県西蒲原郡弥彦村に鎮座する彌彦神社は、天香山命を主祭神として祀る社で、越後国一宮として有名である。

『万葉集』の「伊夜彦おのれ神さい青雲の棚引く日すら小雨そほ降る」「伊夜彦神の麓に今日らもか鹿の伏せすらむ皮服着て角附きながら」と弥彦について詠まれた歌があるように、古くから崇敬の厚い神社であったことが窺える。[3]『続日本後紀』天長十年（八三三）には「越後国蒲原郡伊夜比古神預二之名神一。以下彼郡毎レ有二旱疫一。致レ雨救レ病也」と名神に預かり、[4]『日本三代実録』貞観三年（八六一）に「越後国従五位上弥彦神」と従五位上に預かり、[5]『延喜式』巻三の臨時祭、名神祭にも「伊夜比古神社一座越後国」とあることから朝廷からの尊崇が厚かったことが窺える。

彌彦神社の創始は、「古縁起」[6]によれば元明天皇の和銅二年（七〇九）に「米水浦」――現在の三島郡寺泊町野積浜――に御祭神が現れ、後に「櫻井郷」――現在の弥彦村小桜付近――一時とどまり、後に弥彦村へ鎮座したとされる。また近世に書かれた『越後名寄』には「米水浦」へ来臨した際に、人々に漁業や製塩方法を教えたとされ、農業や漁業の神としての信仰もあったとされている。[7] これら土地の神としての信仰の他にも、弥彦山は修験道の修行場としての歴史があった。

彌彦神社の経済は、慶長十六年（一六一一）大久保長安へ提出した「御巡検へ差上候寫」にある永正十年（一五一三）の書付には「於二蒲原郡一高三千貳百八拾三石之事」とあり、中世には広大な社領を擁していたとされる。[8] なお慶長三年（一五九八）上杉景勝の会津移封以降は、慶長五年（一六〇〇）に春日山城城主の堀秀治より寄進された和田村の百石が社領となり、旧来の社領から激減していたことが窺える。[9] 慶長十六年（一六一一）の大久保長安の巡見に際して彌彦社神官らは社領の安堵を訴え、同年九月に松平重勝らから黒印地五百石の寄進を受け、[10] 慶安元年（一六八四）に徳川家光から朱印地五百石として認められることになった。[11] この五百石分の神領が現在の弥彦村周辺にあたるとされている。このように中世から近世にかけて「神領」「社領」は時代状況により大きく変化していたことが確認出来る。これらの「神領」「社領」の維持管理を行っていたのが大宮司を筆頭とする社家であった。

彌彦神社の社家について、「御巡見江差上候写」には「神職之儀ハ明神來臨已來之者共ニ而、神苗を以代々居官ニ相勤、神主義は大宮司と申、或は大神主とも申、其外神職は神官祠官次第御座候、家々之職分家業を以神役相勤申候[12]」とあり、また「彌彦宮舊傳」（以下「舊傳」とする）には「天香山命ヨリ十八代尾張姓ト称シ神系ヲ以テ神主神官尾張氏ト號シ神系續來氏ノ祖十六代宮中ニ祭氏ノ神ト申是ヨリ別レテ神官七十五氏トナルイツレノ門葉配下ト申事ナク往古ヨリ居官傳來ノ社例ナリ天文年中ノ兵亂ヨリ慶長五年迄ニ離散シテ今ハ神官二十四氏殘レリ使部壹人是ニテ二十五人ナリ[13]」とあることから、社家自体が弥彦の神と深い結び付きを持っていたことが伝えられている。

表1　彌彦神社年中祭典

月日	祭典名	備考
1月1日～3日	夜宴神事	正月元旦から3日まで、夕方6時より行われる神事で、拝殿に神職が列座し神前に神酒が献じられ、小神楽が奉納される。神酒は順番に回され、各自に配られた小角に盛った塩・大根・煎米を頂く。また元旦のみ、嶋台が拝殿中央にだされ、島台に載せられた木彫の鳥が抽籤で参拝者へ配られる。
1月7日	弓始神事	神社境内に設けられた射場で、神職らが大的へ矢を打ち込む。この弓の打ち込みの前には社殿にて七草粥が供えられ、破魔弓矢による鳴弦の式が行われている。
1月15日～16日	粥占炭置神事	毎年の農作物・漁労の豊凶と天候を占う神事。釜で炊きあげた粥を12本の葦筒を入れた粥桶に注ぎ入れ、夕刻にこの粥桶を幣殿に供え、翌朝まで神慮を伺う。この粥占と同時に、飯殿では粥を作った釜の廻りに12ヶ月に割り当てた炭を置いて密閉をし、翌朝に占いを行う。
2月1日～4日	神幸神事	主祭神、天香山命の命日にあたる2月2日を中心に行われる祭り。1日に社殿にて神輿への奉遷と小神楽を奏せられる。2日には大御膳が献饌された後、神幸行事を行い、3日・4日も同じく神幸行事が行われる。
4月1日	鎮魂祭	荒ぶる魂を鎮める為の祭りで、春と秋の二季行う。前月27日から寺泊野積浜にて、「お浜行」という潔斎行事を行い、海藻を採って、妻戸神社、桜井神社を参拝し、本社へ参拝を行う。28日からは、採ってきた藻を海水に見立て、神職らが斎戒沐浴を行う。また1日は、祓戸神社にて祭典が行われた後、浄闇の本殿にて神歌が披講され、輪玉串と呼ばれる特徴的な玉串を手に拝礼と祈祷が行われる。この祭典では大御膳が神前に献じられる。
4月18日	妻戸大神例祭	主祭神の姫神である、熟穂屋姫命の命日に行われる祭りで、特殊神饌の大御膳が献じられる祭典の1つ。大御膳が献じられた後は、舞殿で太々神楽が行われる。
7月25日	燈籠神事	日本三大燈籠祭りの一つに数えられる祭りで、燈籠が彌彦神社の周辺を巡幸する。また大御膳献饌が行われる祭典の一つでもあり、神歌楽の舞と天犬の舞が奉納される。
8月27日	相撲節会	午前9時に本殿での祭典の後に、化粧まわしをつけた力士役により手数入りが行われる。手数入りの後は、力士役を先頭に氏子等が列を組んで末社の諏訪神社へと向かい手数入りを行い、再び境内へと戻り土俵場にて手数入りを行う。
11月1日	鎮魂祭	春の鎮魂祭と同様の内容。ただし、神歌の歌詞が秋を詠じた内容に変わる。

※彌彦神社編『彌彦神社』（学生社、平成15年）を参考とした。

現在、彌彦神社で行われる年中祭典は表1にある通りで、大御膳が献じられる祭典は一年で五回――春・秋鎮魂祭、二月神幸神事、四月妻戸神社例祭、七月燈籠神事――あり、いずれも彌彦神社の御祭神に深く係る重要な祭典である。では、現在における大御膳についてその詳細を確認していく事にする。

二　大御膳の概要――調饌と献撤作法――

年中五度の祭典で献じられる大御膳は、その調饌・献撤作法いずれも共通したものとなっている。以下現代の献饌作法について確認する。

一日目　祭典当日三日前より飯殿にて神饌調理を開始。初日、「御米磨」が行われ、「餅」用に糯米一斗一升、「御蒸」用に粳米を五升、「醴」用に糯米一升が用意され、それぞれの米を磨いで水へ浸しておく。また餅取粉用として粳米一升は石臼で粉として碾き、麹用として粳米五升が用意される。

二日目　「餅」「御蒸」等の調理を行う。前日に浸しておいた米を用いる。「御蒸」は粳米を蒸籠にて蒸し上げて作る。「餅」は糯米を蒸籠にて蒸し、これを木臼にて搗きあげて作る。餅は本社の方立用として丸型の餅に小円形の餅を載せたものを作り、それ以外の餅は手の平の長さほどの棒状に作る。「醴」は糯米一升と麹で作り一晩寝かせておく。この時、鉾などを飾るために必要な紙類も同日整えておく。また「餅」を作る際に、搗きあがりの餅を高坏に盛り、「箕先」と称して飯殿神前に供える。

三日目　本社及び摂末社へ供える神饌類の盛り付けを行う。またこの時に、飯殿において飯殿の神へ神饌を献じる。

当日　各神職は飯殿に供えた醴をいただいた後、大御膳（本社・妻戸・摂末社）一台ずつ奉持し、本社神饌所へ運搬。飯殿から列を成して本社へ向かう。大御膳（本社・妻戸・摂末社）を本殿に付属する神饌所へ。仮案に据え置く。神職は本社分（本社・妻戸）の献饌を行う神職、摂末社分の献饌を行う神職に分かれて大御膳を献饌する。本社分（本社・妻戸）の大御膳は御幣殿内に献饌、摂末社分は各摂末社の社殿に献饌を行う。

以上が大御膳の調饌と献撤の概要である。まず、大御膳を構成する品目の特徴について述べてみたい。

大御膳は、本社分として主祭神と妃神（熟穂屋姫命、通称、妻戸大神）の神饌、各摂末社への神饌、飯殿神饌で構成されている。「序」にて提示した表2にあるように、「御蒸」「餅」「醴」など米を多く用いている。これは本社及び摂末社の品目が「御蒸」「餅」「醴（瓶子）」「箸」を基本構成としているためと考えられる。その基本構成に加え、本社分には「五穀」「海野菜・魚」「果物・菓子」「御餅（一行櫃）」「御蒸（一行櫃）」が副えられ、摂末社との品目に差があることが分かる。

次に大御膳の献饌は飯殿↓摂末社↓主祭神・妃神の順序で行われる。また、大御膳の調理中、飯殿において「箕先」と称して搗きたての餅を供えているほか、大御膳も本社及び摂末社より先に供えている。田中はこれを含め、摂末社への行われる大

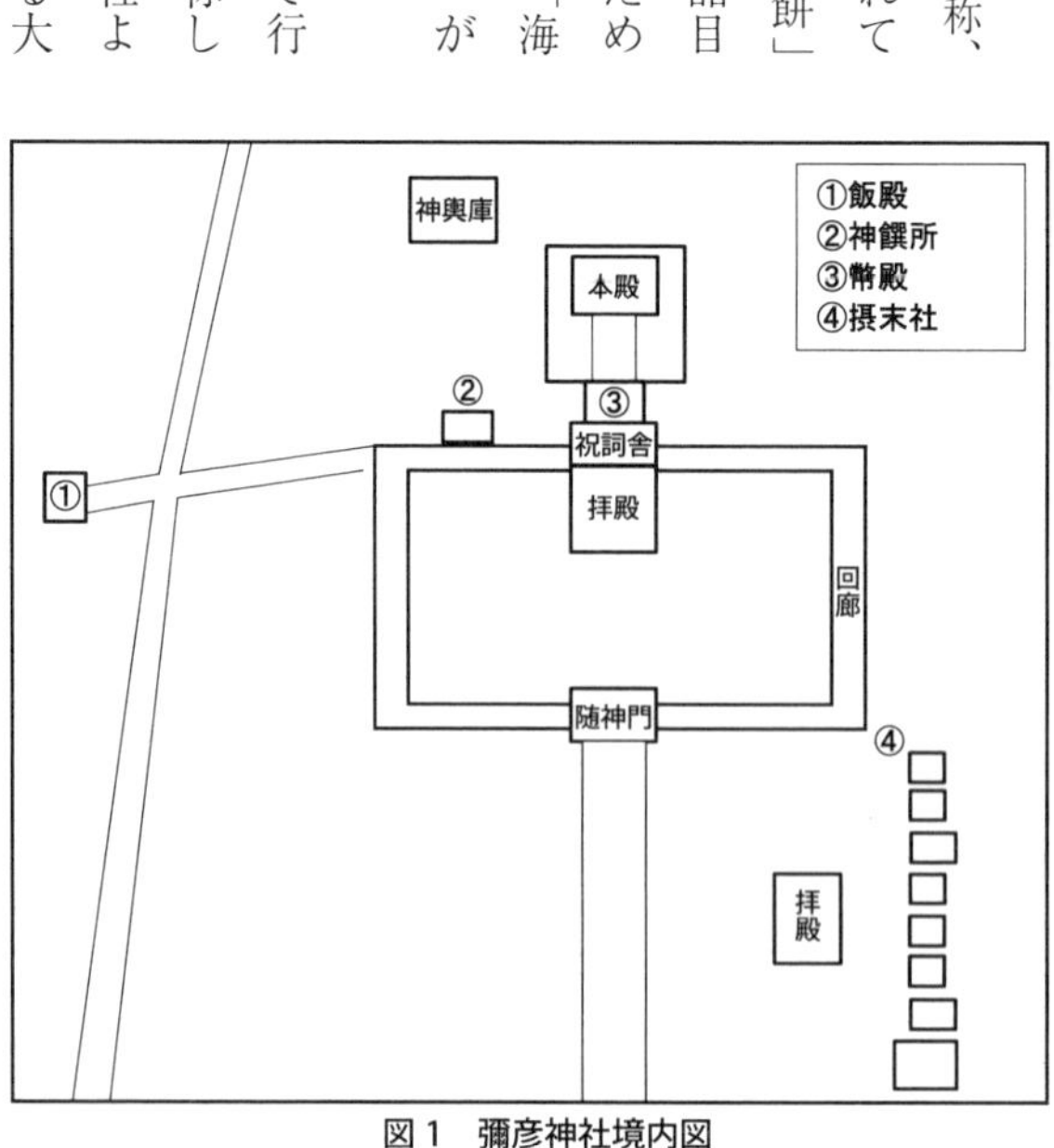

図1　彌彦神社境内図

御膳の献饌を雑神への祀るための献饌であると考えている。

以上の点を踏まえた上で、次に文献に見える大御膳の様相と作法について確認を行っていく。

三　近世期の大御膳、その概要

彌彦神社の祭祀に関係する文献を確認すると、正月朔日の「御神事」、二月の「御幸神事」、三月十七日の「小兒舞」、六月十四日の「御行幸祭」、九月十三日の「新嘗」、十二月節分の「節分祭」、十二月晦日の「御神事」の計七度の神事において大御膳が供えられていたことが窺える（表2―1、2）。なお、式部寮達「神社祭式」が制定された翌年の『明治九年国幣中社彌彦神社年中祭式』[14]では正月「元旦祭」、二月「神幸式」、春・秋「鎮魂祭」、四月「太々神楽」、六月「燈籠神事」の計六度で大御膳が献じられていたことから、明治以降に大御膳を供える祭りが変化していたことが確認できる。

次に明治以前の文献と絵図から大御膳の品目について確認する。近世期に描かれた「大御膳圖」[15]（図2）と「彌彦神社年中行事古繪巻」（以下「古繪巻」[16]とする）（図3）、「大御膳調進備方」[17]（以下「備方」とする）（図4）から近世における大御膳の様相が確認できる。

まず献饌されていた品目について確認する。「大御膳圖」によれば、「御塩・あをさ（アオサ）」、「里物」として「牛房・大こん」「きうり（木瓜）」「牛房・なすひ」「くしかき（串柿）」「かちくり・かやのみ」「山のいも・山ところ（野老）」、その他に、「散米」「四十之備餅」「御供」「御幣」、行器に納められた「餅」と「御喰入」、瓶入りの「御酒」が大二台、小二台、御瓶子入り二台が大御膳として描かれている。

次に、「古繪巻」には各品目の名称や内容は記されていないものの、配膳の位置関係が見える。図像左には「御幣」

表2—1　彌彦神社祭典比較表図

月日	『慶長十六年定式神事次第』	『弥彦社例傳記』	『彌彦社年中行事』	『御巡見様へ相認差上申候控』	『伊夜日子宮舊傳』
正月朔日	日月星三光之餝	御神事（大御膳下・泊大御膳）	神事（御膳下・大御膳）	三光之祭（大御膳）	大御代ノ御榮ヲ奉祈御神事（大御膳）
正月2日	日月星三光之餝	御神事（大御膳下）	神事	三光之祭	大御代ノ御榮ヲ奉祈御神事
正月3日	日月星三光之餝	御神事	神事（神楽乎奏ス）	三光之祭	大御代ノ御榮ヲ奉祈御神事
正月7日	怨敵退散之御祈祷	百手御的	神前乃的	百手之的	蟇目ノ御祈祷百手ノ祭禮
正月10日	御安全之御日待	御日待	御日待	御日待	（日待ノ神事）
正月11日	番匠斧立之次第	御釿立	御作事始	御釿立始御祭	
正月15日	御占神五穀成就萬物生音	御炭置神事			
正月16日		御炭置神事	炭置乃御神事	年中暦	御筒ノ神占
正月晦日			御幸祭（祭禮乃支度）		
2月1日	御神幸神事	御行幸祭	御幸祭（大御膳）	御幸祭禮	御幸ノ神事
2月2日	御神幸神事	御行幸祭（泊大御膳）	御幸祭	御幸祭禮（大御膳）	御幸ノ神事（大御膳）
2月3日	御神幸神事	御行幸祭（大御膳下）	御幸祭	御幸祭禮	御幸ノ神事
2月4日		御行幸祭	御幸祭		
2月9日			拝殿爾弖大山祇神乎祭		
3月節句		節句	節句	節句	節句ノ神事
3月15日			舞楽乃習礼	兒舞大祭禮	
3月16日		小兒舞		兒舞大祭禮	
3月17日	舞童次第之神事	小兒舞		兒舞大祭禮（大御膳）	大御膳
3月18日	舞童次第之神事	小兒舞（大御膳）	太々神楽	兒舞大祭禮	神事大々神楽
3月19日	舞童次第之神事				
3月27日	物忌之神事（長祭り）	御濱出	長祭御神事	御長祭	祓殿祭
3月28日	物忌之神事（長祭り）	宮籠	長祭御神事	御長祭	祓殿祭
3月29日	物忌之神事（長祭り）	宮籠	長祭御神事	御長祭	祓殿祭
3月晦日	物忌之神事（長祭り）	宮籠	長祭御神事	御長祭	祓殿祭
4月朔日	物忌之神事（長祭り）	御玉屋祭	長祭御神事（今宮祭禮）	御長祭	魂鎮物斎ノ神事
4月2日	物忌之神事（長祭り）	御玉屋祭	長祭御神事（草薙神乃祭禮）	御長祭	魂鎮物斎ノ神事
4月3日	物忌之神事（長祭り）	御玉屋祭	長祭御神事（船山大明神乃祭禮）	御長祭	魂鎮物斎ノ神事
4月4日	物忌之神事（長祭り）		長祭御神事（武呉大明神乃祭禮）		
4月5日	物忌之神事（長祭り）		長祭御神事（勝大明神乃祭禮）		
4月6日	物忌之神事（長祭り）		長祭御神事（乙子大明神祭禮）		
4月中之子日	赤崎大明神御神事				
4月15日	乙子大明神御祭り				
5月節句		節句	節句	節句	節句ノ神事
5月10日	御日待	御日待	御日待	御日待	（日待ノ神事）
5月11日	疫神祭				
6月朔日	御神事	御祭始	臨時乃祭禮		

※1　本表で使用した史料は以下の通り。
慶長16年（1611）『慶長十六年定式神事次第』（『彌彦神社叢書　年中行事編』彌彦神社社務所、昭和15年）。

江戸初期『彌彦社年中行事』（『彌彦神社叢書　年中行事編』彌彦神社社務所、昭和15年）。

正保年間『弥彦社例傳記』（『彌彦神社叢書　舊神主高橋家古記録編』彌彦神社社務所、昭和18年）。

享保2年（1717）『御巡見様へ相認差上申候控』（岡眞須徳『弥彦神領史話—高橋文書の拾録から—』弥彦村教育委員会、昭和60年）。

天保5年（1834）『伊夜日子宮舊傳』（『彌彦神社叢書　年中行事編』彌彦神社社務所、昭和15年）。

表2—2　彌彦神社祭典比較表

6月7日	御神事	御行幸祭	神輿御遷幸	御輿行幸	疾病退除ノ祭
6月8日	御神事	御行幸祭	神輿御遷幸	御旅所	疾病退除ノ祭
6月9日	御神事	御行幸祭	神輿御遷幸	御旅所	疾病退除ノ祭
6月10日	御神事	御行幸祭	神輿御遷幸	御旅所	疾病退除ノ祭
6月11日	御神事	御行幸祭	神輿御遷幸	御旅所	疾病退除ノ祭
6月12日	御神事	御行幸祭	神輿御遷幸	御旅所	疾病退除ノ祭
6月13日	御神事	御行幸祭	神輿御遷幸	御旅所	疾病退除ノ祭
6月14日	御神事	御行幸祭（泊御膳）	神輿御遷幸（泊御膳）	御旅所（大御膳・夜之祭燈籠揃）	疾病退除ノ祭（大御膳）
6月15日	御神事	御行幸祭（大御膳下）	神輿御遷幸	御輿還御	疾病退除ノ祭
7月7日	御寶蔵虫干	節句・虫干	節句・虫干	御宝物虫干	
7月15日					虫干シ神事
7月27日		諏訪大明神御祭禮	諏訪大明神祭禮	御神事	祈年穀神事（八所神等ヲ祭ル）
8月朔日	放生會御神事			御神事	御神事祈念穀
8月13日		御神事		大祭礼	祈念穀ノ大祭
8月14日	放生會御神事	御神事		大祭礼	祈念穀ノ大祭
8月15日	放生會御神事	御神事	流鏑馬乃御神事	大祭礼	祈念穀ノ大祭
9月8日	御取始御神事				
9月9日	節句	節句	節句	節句	節句
9月10日	御日待	御日待	御日待	御日待	（日待ノ神事）
9月13日	新嘗會御神事	新嘗（大御膳）	新嘗乃祭（大御膳）	新嘗会（大御膳）	明神新嘗ノ祭（大御膳）
10月15日	臨時之御祭り				
10月27日	物忌之神事（長祭り）	御濱出	長祭御神事	御長祭	大祓（祓殿祭）
10月28日	物忌之神事（長祭り）	宮籠	長祭御神事	御長祭	大祓（祓殿祭）
10月29日	物忌之神事（長祭り）	宮籠	長祭御神事	御長祭	大祓（祓殿祭）
10月晦日	物忌之神事（長祭り）	宮籠	長祭御神事	御長祭	大祓（祓殿祭）
11月朔日	物忌之神事（長祭り）	御玉屋祭	長祭御神事（今宮祭禮）	御長祭	魂鎮物齋ノ祭
11月2日	物忌之神事（長祭り）	御玉屋祭	長祭御神事（草薙神乃祭禮）	御長祭	魂鎮物齋ノ祭
11月3日	物忌之神事（長祭り）	御玉屋祭	長祭御神事（船山大明神乃祭禮）	御長祭	魂鎮物齋ノ祭
11月4日	物忌之神事（長祭り）		長祭御神事（武呉大明神乃祭禮）		
11月5日	物忌之神事（長祭り）		長祭御神事（勝大明神乃祭禮）		
11月6日	物忌之神事（長祭り）		長祭御神事（乙子大明神祭禮）		
11月中子日	赤崎大明神御祭り		赤崎紀明神祭礼		
11月15日	乙子大明神御祭り				
12月節分	節分御神事	節分（大御膳）	節分（大御膳）	節分（大御膳）	節分之御神事（大御膳）
12月13日	御事始御神事	御正月始	正月御事始	正月始御神事	正月事始御神事
12月15日			乙子大明神乃祭禮		
12月晦日	御神事	御神事（泊大御膳）	御神事（除夜乃御膳）	御神事（大御膳）	御神事（大御膳）

※2　『慶長十六年定式神事次第』に「月次一日十五日廿八日御安全御祈祷勤之」、『彌彦社年中行事』一月十五日条に「卯刻惣神官社参、神前爾向比先神拝、次爾中臣祓披講、次爾神拝、竟弖退下、毎月朔日十五日廿八日如此之」『伊夜日子宮舊傳』に「月次朔日十五日廿八日惣座御祈祷勤行恒例ニ候」とあり、月次で御祈祷が行われていた。

と共に「大御膳圖」に見える「御供」と同一の形状のものが大小二台、「御供」の後には「四十之備餅」と「散米」、「魚」二尾、「里物」と思われる四方が二台に、杯と思われるものが一台あり、擬宝珠状に盛られた御飯一台が片方に描かれている。図像中央には瓶入りの御酒が四台と、餅などを納めたと思われる行器二台がある。図像右には、「四十之備餅」と擬宝珠状の御飯と近似した形状の品目が各々の四方に置かれ、御飯には箸一膳が副えられている。

一方、「備方」には殿内中央に「御飯」「御餅」「御酒」「御肴」「御菓子」「五穀」「御散米」の構成が一組ずつ供えられ、壁面を囲むように「御餅」「御飯」が「上一神」から「下四神」までに供えられている。

以上、史料を用いて大御膳の様相について確認した。近世の大御膳は、現在と同じく主祭神・妃神及び摂末社の神々へと供えられる品目に近い構成で献饌されていた。ただし、「備方」に図示されているように、「上一神」をはじめとする神々へと献饌が行われている点が現在の祭儀と大きく異なっている。用いられる食材は現在と同様に御供、餅、酒に米が用いられており、「上一神」以下の祭神への献饌が行われていることから、現在よりも大量の米を使用していたことが想定される。また、塩やアオサの海産物、牛房や大根、茄子、胡瓜、榧の実、野老、山芋が農産物として供えられており、主祭神と妃神にのみこれらが供えられている点は変化が無いことが分かる。

次に神饌品の盛り付け方や祭器具について確認する。「大御膳圖」に描かれた「御供」は擬宝珠のような形状をしている。図の注記には「すけ（菅）」を周りに巻きつけていることから、現在の「方立」にあたるものと考えられる。現在の「方立」は丸餅に小餅を載せたものを御蒸の上に載せ、御蒸の廻りには竹と菅を巻きつけているから、菅を巻きつける事に盛り付ける上での意味があったと推察される。また現在の主祭神分の「方立」には平土器、妃神分には木製の高坏が用いられており、主祭神分の祭器具に変更点があった。

続いて、大御膳の献撤饌作法について確認することにする。現在は大御膳の献饌に先立ち、神饌の調饌を行う飯殿に

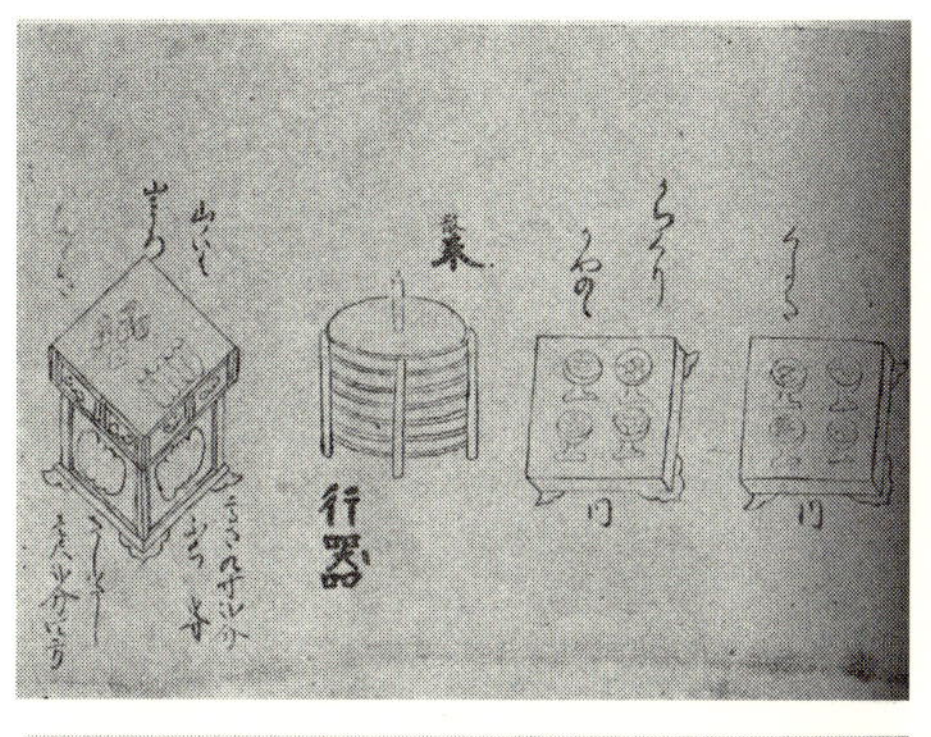

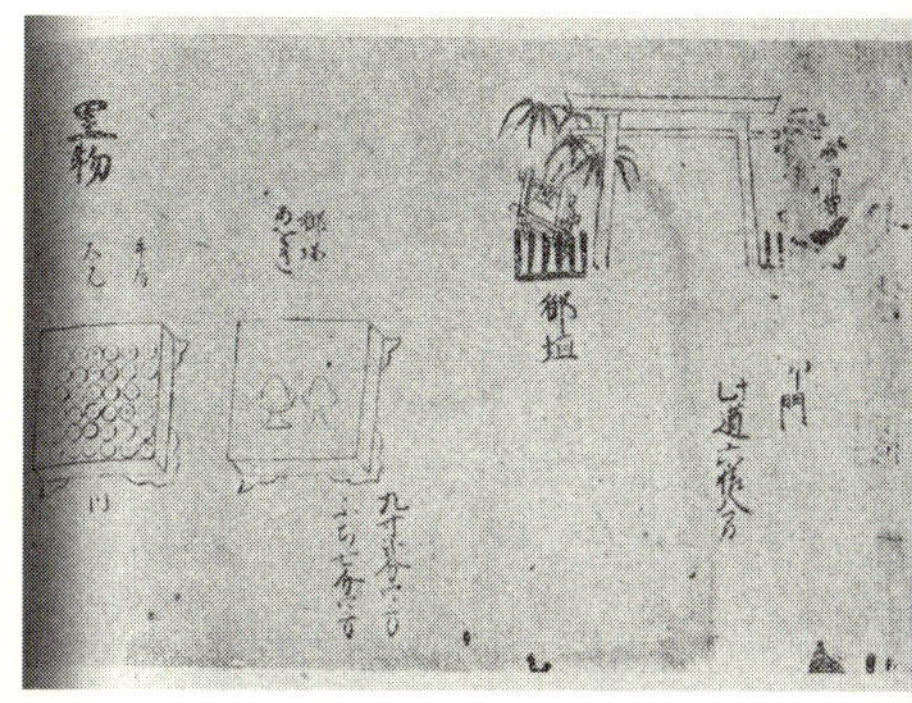

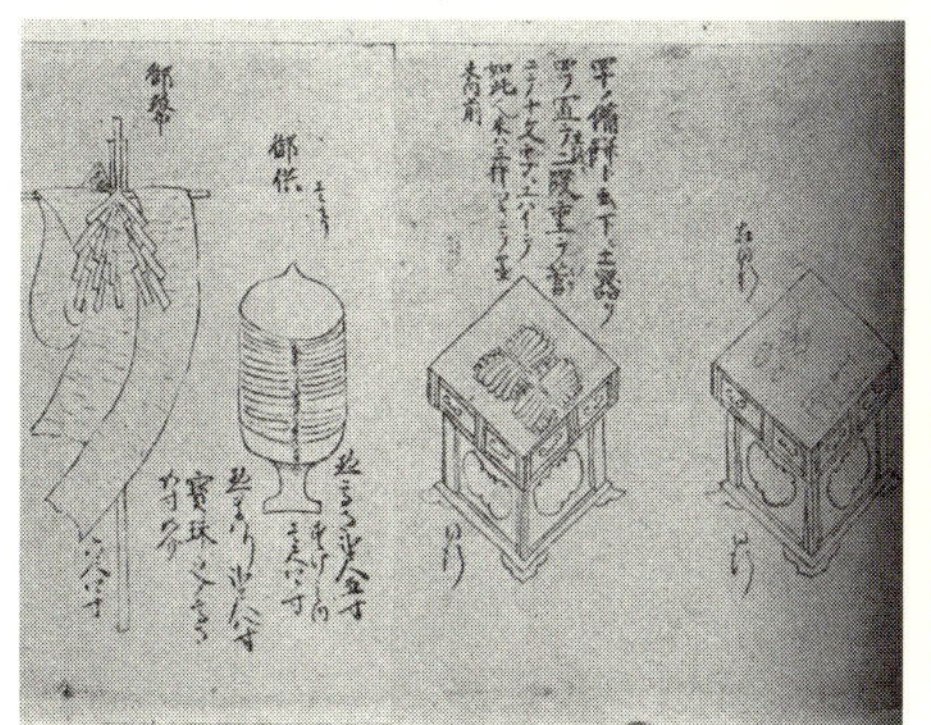

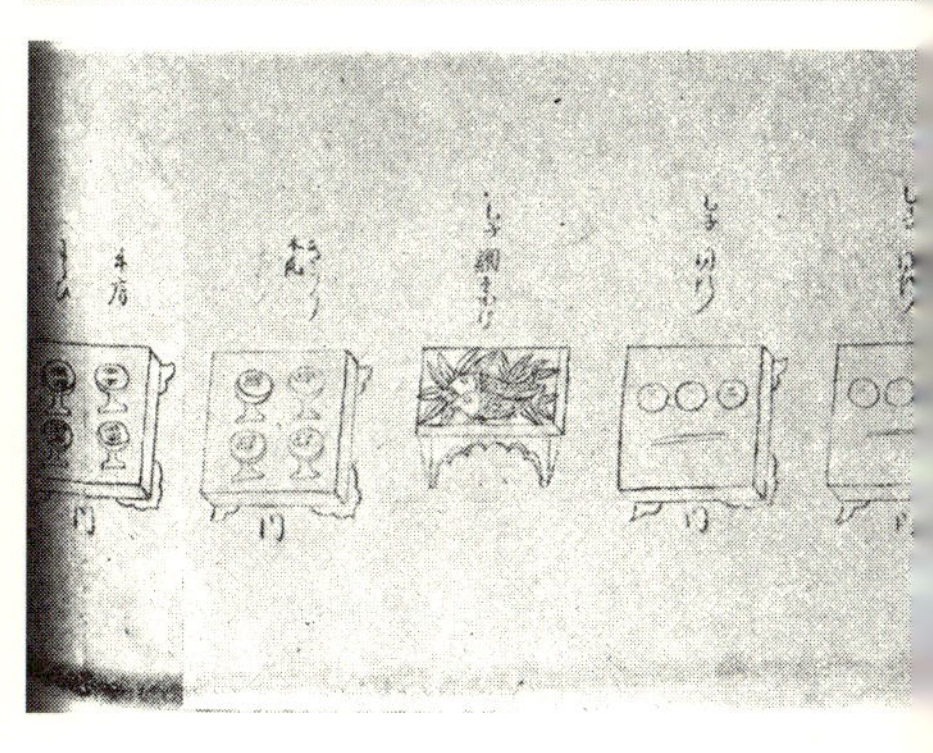

図２　大御膳圖
右上段　（中央から）御塩・あずき、牛房・大こん
右下段　（右から）もち、もち、さかな、木瓜、牛房・なすひ
左上段　（右から）くるみ、かちくり・かやのみ、散米、山のいも
左下段　（右から）四十ノ餅、四十ノ餅、御供、御幣

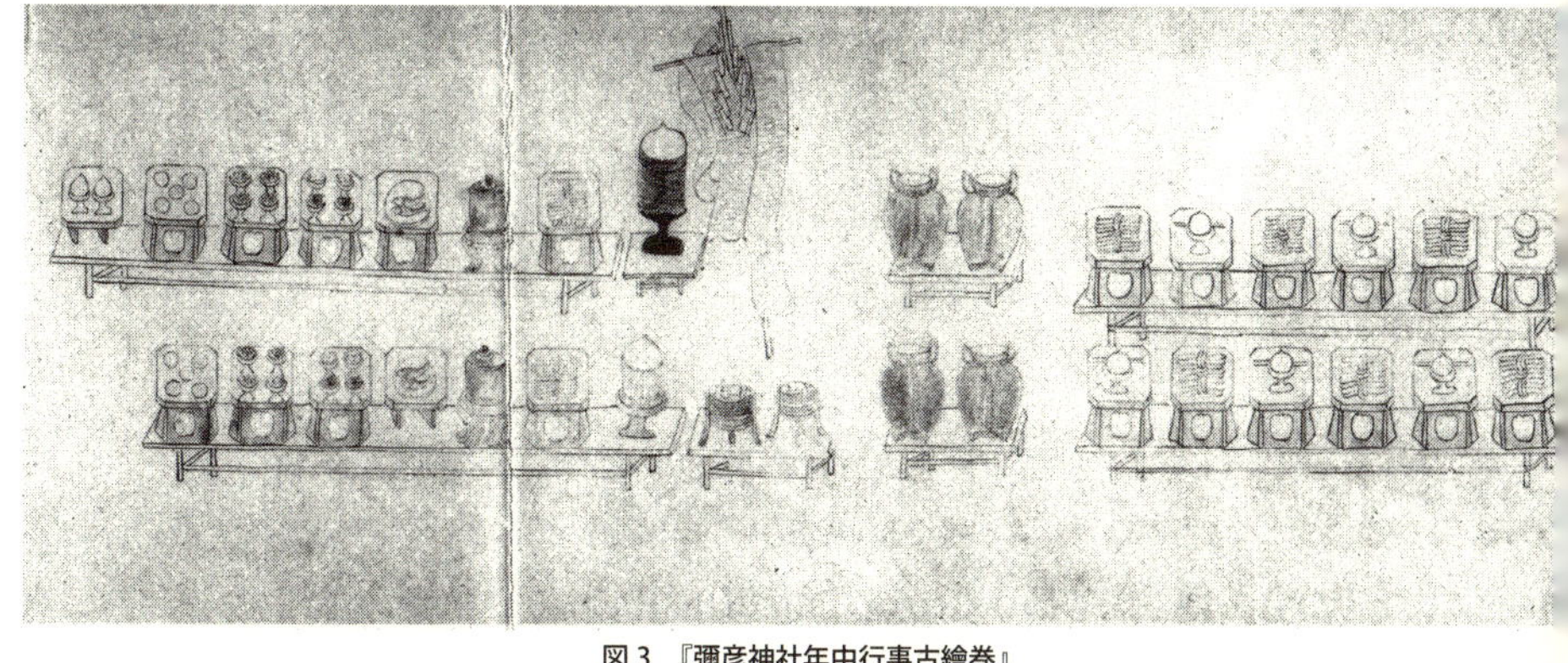

図３『彌彦神社年中行事古繪巻』

て「御蒸」「御餅」「醴」を供え、献饌前に神職が「醴」を頂戴している。「鈴木嘉内神事記[18]」（以下「神事記」とする）正月元日条には「一統揃御膳調進所へ一統詰ル、御酒頂戴仕」とあり、飯殿への神饌献供が行われているかは記事から確認できないが「御酒」を頂戴していることが分かる。

大御膳の献饌について見ると、現在は拝殿と摂末社に対して行われている大御膳献饌であるが、「備方」（図4）及び、「大御膳之節大御内之次第[19]」によると、社殿内にてコの字型に近い形で主祭神や妃神と共に「上一神」などの神々へ神饌を供えていたことが分かる。この時、摂末社への献饌も行われており、現在よりも多くの神々へ神饌を供えていたことが分かる。

「弥彦社例傳記」（以下「傳記」とする）には「正月朔日朝、装束惣勤、中臣祓、次ニ大御膳下、是ハ大晦日ニ上候御膳[20]」とあり、大晦日に献じられた大御膳が正月朔日の朝になって撤饌されている様子が窺える。同文献に依れば「大御膳下」の後には正月朔日の大御膳が供えられ、「同日七半時大御膳上、泊御膳」とあり、翌日正月二日には「大御

図4　大御膳献饌図

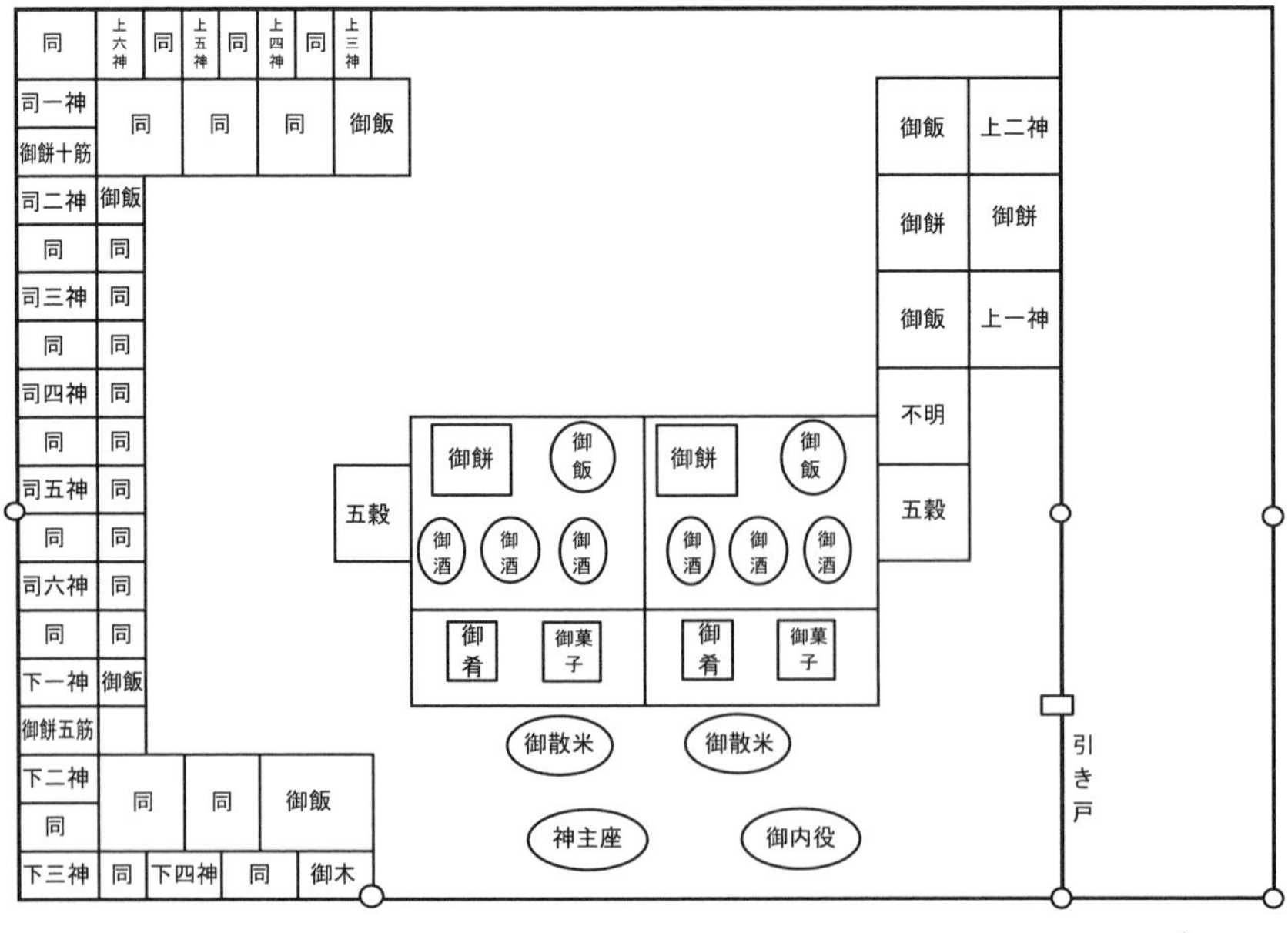

同
上六神
同
上五神
同
上四神
同
上三神
司一神
御餅十筋
同
同
同
御飯
司二神
御飯
同
同
司三神
同
同
同
司四神
同
同
同
司五神
同
同
同
司六神
同
同
同
下一神
御飯
御餅五筋
下二神
同
同
同
御飯
下三神
同
下四神
同
御木
御飯
上二神
御餅
御餅
御飯
上一神
不明
五穀
五穀
御餅
御飯
御酒
御酒
御酒
御肴
御菓子
御餅
御飯
御酒
御酒
御酒
御肴
御菓子
御散米
御散米
神主座
御内役
引き戸

膳下ル」とあることからも、[21]沼部が指摘した通り、大御膳が献じられる場合は「泊御膳」と呼ばれる、祭りの翌日になって撤饌される作法あったことが分かる。なお、撤饌された大御膳は「社家大概並家例」（以下「家例」とする）正月一日条には「家来御膳頂戴ニ可二差出一候」[22]とある他、「神事記」正月元日条にも「次大御膳下リ太鼓打、夫々下ル、例年通リ拾弐筋ツ、頂戴仕[23]」とあることから、撤饌された大御膳は各神職が受け取り持ち帰っていたことが窺える。

以上のように、飯殿での献饌作法を除き、「上一神」以下への献饌や「泊御膳」など現在は行われていない作法が確認できる。特に、「上一神」を始めとする神々への献饌には注意を払う必要がある。

四　大御膳の特徴

ここまで現在の大御膳の品目及び作法、明治以前の大御膳の様相について史料から確認を行った。大御膳が持つ特徴としては以下の点を挙げることができる。

①大祭仕様の神饌

大御膳は年中五回の祭典で献じられている。ただし近世においては年中七回の祭典で供えられていた。

②主祭神及び摂末社への献饌

主祭神・妃神及び摂末社へ大御膳が献饌される。近世においては、「上一神」などより多くの神々へ献饌を行っていた。

③米を主体とした神饌構成

神饌品を構成する品目の内、「御蒸」「御餅」「醴」が粳米、糯米を食材とする品目で構成である。また主祭神・妃神のみに農水産物が献饌されており、摂末社との献饌品目には隔たりがある。

以上の点に関して、①については、年中祭典における大御膳が献饌される神事の意味について考察を行う。②については、旧儀における摂末社及び「上一神」についての分析を行う。③については、香取神宮の考察と同じく周辺地域の生業の在り方と彌彦神社の経済基盤について確認をする。

以上の大御膳の特徴を踏まえつつ、大御膳を供える祭りの歴史的変遷について確認を行っていく。

第二節　年中祭典と大御膳の歴史的変遷

本節では明治時代の彌彦神社を取り巻く環境の変化を把握し、年中祭典と大御膳が変化した背景事情を踏まえた上で、近世期における年中祭典と大御膳の様相を文献から確認し、明治以降の祭典との比較と考察から大御膳の儀礼的意義を考えてみたい。

一　明治期における彌彦神社——上知令と社家の変化——

前章の香取神宮大饗祭の考察でも触れたように、明治期において神社が旧来有していた神領や社領と言った経済基盤、そして神社自体を運営してきた神職には多大なる変化があった。香取神宮の場合、経済基盤としていた社領が上知令により接収、社家も神職の精選補任により、その数を減らしていた。このような状況が年中祭典の変化をもたらし、神饌の台数などにも影響を及ぼしていた。では、彌彦神社の場合において経済基盤や社家への影響はどのようなものであったか。彌彦神社の場合も香取神宮の例と同様に、明治四年（一八七一）の社寺上知令により、旧来有していた経済基盤の変化が訪れることになる。

彌彦神社が有していた、境内地の社殿や関連建造物がある土地以外の朱印地及び社領は凡て上知された。この上知された土地には、彌彦神社後背にそびえる弥彦山の山林まで含まれていたとされる。この上知に対して神社側や村民・崇敬者は上知された土地――弥彦山及び山林等――の返還を請願し、明治三十五年（一九〇二）十月に至り当時の境内地に隣接する杉林などの譲渡が許され本来の彌彦神社の姿を取り戻すに至った。[24]また、彌彦神社の土地の内、社家や農家に分配されていた土地は土地所有者のものとなり、これらの土地からの上納米は免除されることになった。[25]

この社寺上知令に引き続き明治六年（一八七三）初代宮司として小池内広が任命され、本来彌彦神社を経営していた社家は旧宮司共々、新たに彌彦神社の神官となった。結局の所、香取神宮の状況は異なり旧来の社家の多くがそのまま彌彦神社に勤めることになったのである。[26]このように、香取神宮同様に、明治初頭の彌彦神社を取り巻く環境は変化していたことが窺える。明治時代における彌彦神社の状況に関して岡真須徳は、他社とくらべて社家が神社に残り、社家や農家が保有していた神領地がそのまま個人所有になった点を述べ、神社経済の基盤となる社入や人員は比較的安定していたと指摘している。[27]では、そもそも明治以前における彌彦神社の神社経済はどのような機構を有していたのか。

彌彦神社の社領については「御巡検へ差上候寫」にある永正十年（一五一三）の書付には「於₌蒲原郡₋高三千貳百八拾三石之事[28]」とあり「弥彦縁起断簡[29]」によれば、「至四方示　東限信濃河南限大河津七石曾利榎渋田橋加津毛河　西限塩海　北限赤塚角田佐鴻尻」と広大な社領を有していたと伝えられている。また文明三年（一四七一）「伊弥彦神條式」（以下「神條式[30]」とする）の「一庄内神田事」として、各神事及び燈油などの諸事に対しての割り当てが示されている。永正五年（一五〇八）の奥書を持つ「蒲原郡彌彦社領[31]」には「大宮司名職」を始めとする各職の神領の割り当てが苅数と共に記録されている。中世には広大な社領を有していた彌彦神社ではあったが、戦国時代末の上杉氏移封により上杉氏からの保護が解除されたことにより、社領は武士による押領を受け、激減したことは前節にて記したとおりである。
よって近世以降の彌彦神社の経済基盤は、慶長十六年（一六一一）に大久保長安により安堵を受けた五百石の黒印地――後に朱印地――が基盤となっている。元禄十一年（一六九八）の「越後蒲原郡彌彦神領之事」には五百石の内訳として、三百石を「神納米」、残り二百石を「惣社家地方ニ而配分」「但一人ニ付四石充」としている。また「社領配當覚」には同じく朱印地五百石の内訳として「三百石ハ　社修覆料明神に納」「弐百石ハ　神主並惣社家之者共配分」とあり、社領からの石高を神社経営に用いる分と、各神職へ配当する分の二つに分けることで経営を行っていたことが窺える。

さらに詳しく見ると、「家例」の「御蔵方之事」よれば、「年々検見勘定仕、其年之免相來候へは則蔵方役に免狀相渡之、石高取立御蔵ニ納之、」とあり、その年の石高を「御蔵」に納めた後、「御蔵ニ於配當米相渡」「其當日一同袴羽織ニテ印形持参仕御蔵ニ罷出ル」「印形相濟面々請取米引取之」とあることから、各神職は「印形」を持参して「御蔵」にて「配當米」を頂戴することになっていたことが窺える。[32] 各社領から納められた石高は、一旦「御蔵」へ納められ、各神職の「配當米」と、各神事に用いる「入料」として分配されていていた。また、一部の石高は、「年中御神事入用味噌仕込入用」の大豆や、「年中御祭禮入料」として燈明油に用いる「荏」へ交換されていた。大御膳に用いる米などもこの「御蔵役」の管理にあり、「家例」「神事記」には大御膳調進の前日に「御蔵役」から大御膳に用いる「供米」が大御膳調進を行う「飯殿役」へと渡されていることが見える。

このように彌彦神社の経済機構は、中世から戦国末にかけて「神領三千石」と称された広大な領地であり、慶長以降は安堵された黒印地――後に朱印地――五百石を経済基盤として、各神職が社領を知行しその収穫を彌彦神社へ献納することで運営されていた。社領から上納される米は一度「御蔵」へと納められ、神職の「配當米」と、神事費用の「入料」として分配されていたことが確認出来る。明治時代になり近世的な社領支配による神社運営は成立しなくなり、本来社領として各神職や農家等に分与されていた土地が個人の所有になることで従来の経済的な自立は困難となったと考えられる。上知令に伴い従来の社入の半分が地方長官より支給されたとされ、また明治七年に至り、國幣中社として一六〇〇円が官から支給されたとされる。よって中世以来奉仕を行ってきた社家も従来の経済機構とは異なる、官吏としての神官として給与を頂く形になった。

つまり、社領の管理と収穫高の献納を通じて彌彦神社の運営を担ってきた社家は、官吏の神官として彌彦神社に残ったものの、実質的には彌彦神社との結びつきが揺らいでいたものと考えられる。彌彦神社の旧社家は、明治二十三年（一八九〇）に旧社家の組合を組織し、「旧神官規約」を作成している。前章で取り上げた香取神宮の場合も祀祐社と呼ばれる旧祭典の補助を目的とした組織が設立されているが、彌彦神社の場合、彌彦神社の「固有ノ徳風ヲ涵養」すること、「現時ノ職務ヲ拡張スルモ減縮セサルコトヲ勉ム」、「旧神官ノ職制ヲ旧神官以外ノ人士ニ伝習セシムル事ヲ厳禁ス」等、「旧神官」としての伝統と習慣の維持を規約に掲げている。

このことから類推されるように、彌彦神社の祭神の末裔として神社に奉仕していた旧社家の人々は、明治維新以降の制度改革による変化の影響を受けていたことが窺える。このように彌彦神社を取り巻く環境は大きな変化を迎えていたことが確認出来るが、それらが大御膳の特徴の変化と直接的に結びつくとは思えない。では、明治以降の彌彦神社における年中祭典はどのような状態にあったのか。その点について確認を行っていくことにする。

二　明治初期の彌彦神社における年中祭典

表3—1、2は『明治二年伊夜日子年中行事[33]』（以下「年中行事」とする）、『明治九年国幣中社彌彦神社年中祭式[34]』

明治二年及び明治九年当時の彌彦神社における年中祭典を一覧としたものである。左列の明治二年の祭典はまだ社寺上知令や神職の精選補任の法令もなく、江戸期における彌彦神社の年中祭典である。一方、右列にある明治九年の祭典は、神社祭式が制定されて以降の彌彦神社における様相である。明治二年と明治九年の祭典を比較すると、節句の行事――三月・五月・七月・九月・節分――が廃されていることが分かる。と同時に神社祭式の制定によって官祭・公式祭が新たに組み込まれている。官祭の新嘗祭が年中祭典に組み込まれたことで、旧来の新嘗祭は廃され、時期も旧来の九月から十一月へ移動している。また旧来の新嘗祭が官祭の新嘗祭へ移行したことで大御膳献上は廃止、除夜祭・節分祭における大御膳献上も、祭典の廃止とともに廃絶している。しかし、本来大御膳献上が行われなかった四月・十月――明治九年では十一月――の鎮魂祭で大御膳献上が行われる形となっている。

次に大御膳自体の変化について確認する。明治九年の祭式には「一月元旦祭」の条に「大御膳色目」「摂末社色目」として神饌品目が明記されている。それによれば「神饌　壹臺　但シ玄米ヲムシテ竹ニテアミタル器ヲ臺ニ据ヘ其中ヘ米ヲ盛臺ノ四方ヲ山菅ニテ巻キ擧ル」「御鉾　壹器　羽二重ノ幡ニ扇子ヲ添ヘ八垂ヲ付ケ神饌ノ上覆ニ用ル具ナリ」「御餅　壹臺」「神酒　壹臺」「野菜　菓子　壹臺」「海藻魚　壹臺」「鹽　壹臺」「玄米　壹臺　但シ禰宜一員起テ神前ニ蒔キ散ス」とあり「以上七臺壹器」。また「摂末社神饌式目」として「神饌　壹臺」「御餅　壹臺」「神酒　壹臺」を一揃えとして「以上三臺」としている。まず注目したいのが、「大御膳色目」に記された神饌の台数である。「七臺壹器」とあり、神饌が各一台と御鉾が一器であるが、近世においては「上一神」などの神々へ供えられており、「大御膳圖」にも四方に盛り付けられた御飯と御餅が描かれていることから、何らかの変更があったと思われる。しかし、昭和十五年（一九四〇）の大御膳には現在と同様に本社別盛り御膳として供えられている「御蒸」「御餅」があることから[35]、何らかの事情で品目が省略されたものと考えられる。

表 3—1 明治期における彌彦神社の年中祭典変遷

月日	明治二年伊夜日子年中行事	明治九年国幣中社彌彦神社年中祭式
正月元日	除夜大御膳下・大御膳献上・夜宴神事	元日祭・大御膳献上・夜宴神事
正月２日	大御膳下・夜宴神事	夜宴神事
正月３日	夜宴神事	（公）元始祭
正月７日	百手御的	弓始神事
正月 10 日	日神祭	
正月 11 日	日神祭	日神神事・斧立式
正月 15 日		
正月 16 日	御炭置神事	粥占神事
正月 30 日	神輿出御	（公）孝明天皇遥拝式
2 月 1 日	神輿遷座・小御膳献上及び配膳	神幸式
2 月 2 日	大御膳献上・小御膳献上及び配膳	神幸式・大御膳献上
2 月 3 日	大御膳下・小御膳献上及び配膳	
2 月 4 日	御輿上遷宮・小御膳献上及び配膳	
3 月 3 日	桃節句神事・小御膳献上及び配膳	
2 月 11 日		（公）紀元節
2 月		（官）祈年祭
3 月 2 日		（官）例祭
3 月 2 日		（官）例祭
3 月 17 日	大々神楽・大御膳献上	
3 月 18 日	大々神楽	
3 月 19 日	大々神楽	
3 月 27 日	鎮魂物忌神事	
3 月 28 日	鎮魂物忌神事	
3 月 29 日	鎮魂物忌神事	
3 月晦日	鎮魂物忌神事	
4 月朔日	神玉屋祭	鎮魂祭・大御膳献上
4 月 2 日	神玉屋祭	鎮魂祭・大御膳献上
4 月 2 日	神玉屋祭	鎮魂祭・大御膳献上
4 月 4 日		鎮魂祭・大御膳献上
4 月 5 日		鎮魂祭・大御膳献上
4 月 6 日		鎮魂祭・大御膳献上
4 月 17 日		大々神楽・大御膳献上
4 月 18 日		大々神楽

表 3—2 明治期における彌彦神社の年中祭典変遷

5 月 5 日	菖蒲節句・小御膳献上及び配膳	（公）郷社春季祭
5 月 10 日	日神祭	
5 月 11 日	日神祭	
6 月 7 日	御輿出御・行幸・還御・御假殿入御	神輿行幸
6 月 14 日	大御膳献上・燈籠神事	燈籠神事・大御膳献上
6 月 15 日	大御膳下・御輿行幸式	神輿行幸
7 月 7 日	七夕節句神事・小御膳献上及び配膳	
7 月 27 日	諏訪大神祭・小御膳献上及び配膳	
8 月 13 日	流鏑馬神事(廃絶)	
8 月 14 日	流鏑馬神事(廃絶)	
8 月 15 日	流鏑馬神事(廃絶)	
9 月 9 日	重陽節句・小御膳献上及び配膳	（公）郷社秋季祭
9 月 10 日	日神祭	
9 月 11 日	日神祭	日神祭
9 月 13 日	新嘗祭・大御膳献上・小御膳献上及び配膳	
10 月 28 日	鎮魂物忌神事	
10 月 29 日	鎮魂物忌神事	
10 月晦日	鎮魂物忌神事	
11 月 1 日		鎮魂祭・大御膳献上
11 月 2 日		鎮魂祭・大御膳献上
11 月 2 日		鎮魂祭・大御膳献上
11 月 4 日		鎮魂祭・大御膳献上
11 月 5 日		鎮魂祭・大御膳献上
11 月 6 日		鎮魂祭・大御膳献上
11 月 23 日		（官）新嘗祭
12 月節分	節分祭・大御膳献上	
12 月 13 日	御神事始め・小御膳献上及び配膳	
12 月 29 日	大御膳献上・小御膳献上及び配膳	
12 月晦日	除夜大御膳献上	（公）除夜祭（公）大祓（公）鎮火祭・道饗祭

※１　本表で使用した『明治二年伊夜日子年中行事』『明治九年国幣中社彌彦神社年中祭式』（『弥彦神社叢書　年中行事編』彌彦神社社務所、昭和 15 年）を参照した。また表を作成する際に、『弥彦神社明治百年誌』前篇に掲載されている「明治二年　同九年　祭典神事対照」を参考にした。

※２　表下段において、（官）は官祭、（公）は公式祭を表す。無記の場合は私祭として扱われていたことを示す。

次に大御膳の献饌作法について確認すると、明治二年の時点では、近世の作法の通り大御膳の撤饌作法「泊御膳」が行われている。しかし明治九年の大御膳献上の際には、祭典の最中に大御膳の撤饌を行っていることから、「泊御膳」の作法は廃止されたものと見える[36]。

以上のように、年中祭典の節句行事はすべて廃絶、大御膳献上も幾つかは廃絶し、作法などについても変更されていることが確認できる。では何故このような祭典の改変が起きたのか。

まず大御膳を供えていた神事の内、新嘗祭や除夜祭が官祭の執行と重なっていること、節分神事がその他の節句行事と共に廃絶していることに注目したい。前者の場合、「神社祭式」に規定された祭祀があったために、やむなく廃絶となったことが考えられる。また節句行事は他の神社における年中行事でも行われていたが、明治六年の「祝日改定」により五節が廃止された影響もあり節句行事が失われてしまった場合が多い[37]。よって、彌彦神社においても五節廃止の影響を受けて、旧儀の節句行事を廃止したものと推察するのが妥当であると思われる。

加え、四月と十一月の鎮魂祭に大御膳献上が加わっている点を見落とすことは出来ない。三月二十七日から四月六日――十一月も日付は同様――に行われる鎮魂祭では、一日に拝殿で行われる摂社今山神社祭典において大御膳の献上が行われている。なお拝殿での祭典の後に、摂末社へ赴き幣帛と神饌が供えられる。二日の草薙神社、三日の船山神社、四日の武呉神社、五日勝神社、六日の乙子神社で行われる祭典においても、「以上祭典儀式神饌等總テ一日ニ同」とあることから、大御膳が献饌されていたと思われる。大御膳が鎮魂祭に組み入れられ理由は不明であるが、大御膳を供えるべき祭祀の廃止に伴い、年中祭典でも重要な祭祀であると考えられる鎮魂祭に大御膳を供えるようになったものと考えられる。

以上の如く、年中祭典並びに大御膳は神社祭式の適応と祝日改定の影響を受けて、変更が行われたものと推察される。その点に加え、彌彦神社の経済基盤は、近世の自立した経済基盤とは異なり必ずしも安定した経済状況ではなかったと推察される。となれば、香取神宮と同様に祭典の改変をせざるを得なかった実情を推察される。つまり、現在の大御膳に至る過程において、上知令や神職精撰補任、神社祭式の制定などの神社を取り巻く環境の変化が年中祭典の変化が、結果として大御膳の変化へとつながっていたと考えられるのである。

三　年中祭典における大御膳

大御膳は主祭神以下摂末社にいたるまで神饌を供える特徴があること、そして大祭仕様の神饌であることは既に述べた通りである。明治九年の時点では六回、正月元日の神事が歳旦祭に移行して後は五回に変更にされている。また「上一神」などの祭神への献饌は無くなっていたと思われる。[38] 明治期に入り各品目の盛り付けや数量も変化しているが、大祭典への献饌と主祭神・摂末社への献饌を基本要件としている点には変更が見られない。

では何故、大祭にのみ主祭神以下の祭神にまで神饌を供えるのか。田中は、先に祀るべき神を祀ることで、祭りを滞りなく行うためとの見解を示しているが、それは現在の大御膳のみの作法を分析しての見解であって、旧儀においては殿内・摂末社同時に献饌されていた点を見逃してはならない。旧儀の作法から考えれば、大事な祭りに際して、丁重に神を祀る目的で、神饌を供えていた、と考えるのが自然であろう。そこで、大御膳の持つ特徴とその形成要因を分析するためにも、近世期における大御膳を供える祭りの意義について問いなおす必要があると思われる。

正月元日

「傳記」正月元日条には、社家らが「装束惣勤」にて「中臣祓、次ニ大御膳下、是ハ大晦日ニ上候御膳」と、大晦日に献饌された大御膳を撤饌している。[39]「彌彦社年中行事」[40]（以下「行事」とする）では「惣神官致齋散齋志弖、其職爾随比装束乎著志、前夜與利参籠（中略）御内御外乃役人等波除夜乃御膳乎下介闔乎閉弖出留、鑰波神主爾有利」[41]と大晦日に参籠して元旦の大御膳撤饌に臨んでいたことが窺える。「家例」では「御社ニて太皷次第神主以下惣出仕装束也、相揃て惣勤一座、中臣祓披講、次ニ神主ゟ老官社家東西両座に御慶口上申述、次歯固之御粥御神酒頂戴、次大御膳下ル、此時太皷有り、家來御膳頂戴ニ可二差出一候、五所宮同斷、同御社當番請取、次退下」[42]とあり、「御慶口上」と「歯固之御粥御神酒頂戴」の後に大御膳を撤饌している。この「歯固是御粥御神酒」については「神事記」に「次御神酒壹返、ハカタメ白粥頂戴仕リ」[43]とあり、「傳記」「行事」には無い儀式を行っていたことが窺える。

大晦日の大御膳が撤饌されると、次に元旦の神事が行われる。「傳記」では「同日七時半時大御膳上、泊御膳、尤惣社家装束」[44]と簡便に記している。他方、「行事」には「未刻惣神官出仕志弖、其々乃席爾著幾、神拝乎勤牟、終弖御膳御供物等乎運布役人波飯殿爾往久、神主并上官二人御外乃闔大床乃方乎開機内爾入、時爾御本殿乃御膳六王子并十二代乃御供者等乎、中官與利無官爾至迄飯殿與利次第乃如久是乎運布、大床爾伺候乃者是乎請取御外乃内乃役人爾渡須、御外乃内乃役人是乎請取調揃陪弖、御内乃方乃闔乎開機悉供備陪奉留、六王子并十二代乃御供物其社々預乃祠官仁飯殿與利是乎渡須」[45]とあり、大御膳を献饌する次第が窺える。飯殿から大御膳を献饌する流れと、摂末社の「六王子」、殿内に祀られていたと考えられる「十二代」へ献饌する一連の流れが確認出来る。

大御膳献饌が終わると、「傳記」では「御祭始」として、社家勢揃いでの祝宴が行われる。着座した社家一同の前に「小角」に盛り付けられた「鹽大林（大根）煎米」が配膳される。[46]次に「御當屋」により神前へ御神酒が捧げられ、社家に対しても用意された「土器」に神酒が「三度宛」お酌される。「御當屋」により神酒のお酌が終わると、社家同士で酒をお酌しあう。この際、神主を上位として、酒を注ぐ順序が決まっている。社家一同お酌が終わると、「串柿山芋是御肴」が「大御内」より社家へと出され、これを肴として社家のお酌が行われる。三度目のお酌が終わると、次に「御神楽始」として社家の「乙女」役三名により御神楽が行われる。この御神楽が終わると、「御當屋」から「御菓子膳」「雑煮」など膳が出され、再び酒が注がれる。次に「蓬莱台」が置かれた後、膳に「梅花之様」に配置した盃が二膳用意され、再び酒の注ぎあいが行われる。この場合「誰成共思寄次第盃取組」とあることから、社家銘々で自由にお酌が出来るようになる。次第の終りには「万歳楽拝」をして、締めくくられる。

神幸祭

神幸祭について「神條式」には「二月御行供神官八人女等供奉次第、一日二日三日御神楽、此三ヶ日御神事依大宮、以囫中差府頭人、令勤行、一日後戸役　二日殿内役　三日大宮司勤之」[47]とあり、「神官」等の供奉と三日に渡る「御神楽」奉納が行われていたことが分かる。また「舊傳」に「二月朔日、二日、三日マテ御幸ノ神事トテ社第一ノ大祭禮アリ、今ハ退轉シテ略式ニ相勤申候」とあることから、神事が略式で行われていたことが窺える。[48]

では、「傳記」から神幸祭の様相を確認したい。正月二十八日の「飯殿役御濱出勤」が神幸祭の準備として始まっている。この「飯殿役」とは二月二日に献饌される大御膳の調進役の事であり、「御濱出」とは、野積浜での潔斎を指しており、大御膳調饌に際しての潔斎が行われていることが分かる。

正月晦日には「御輿両体共ニ御装束、並御飾物幣帛等切拵有」として神幸祭の準備が行われている。二月朔日朝、「装束、御輿下遷宮、惣勤六根清浄祓、終而御當有」「同日九つ時御神楽有、惣勤無、神酒頂戴、神主総社家装束ニ而出、宮籠」とあり、「御神楽」の奉納が行われていた。二月二日は「朝、装束惣勤無、六時大御膳上、但泊御膳」とあり、大御膳の献饌が終わると「同日九時惣社家装束ニ而出勤有、六根清浄祓、次御神楽、神酒頂戴惣籠」と、二月一日と同様の次第を行っている。翌日三日は「朝、装束惣勤無、大御膳下リ、御當有、精進、退下」とあり、二日に献饌された大御膳が撤饌され、「御當」による料理の振る舞いが行われている。大御膳撤下後には九時より「御神楽」の奉仕があるが、「御御幸祭有レ之時ハ、右三日之内一日勤レ之、次第古法有利」とあることから、毎年神幸祭が行われてはいなかったことが確認できる。そして、二月四日には神幸祭が終り、神輿が仕舞われる。「朝、装束、御輿上遷宮、惣勤六根清浄祓、次ニ御神楽有、神酒頂戴、次ニ御輿御装束直シ、次ニ御當國嶋左藤兵衛勤、但魚類、御祭終宮籠無レ之」とあり、二日、三日の行事に神輿の「上遷宮」と「御装束直シ」が加わった次第である。

一方「行事」での次第はどうか。正月晦日条には更に詳しく準備の様子が示してあり、「明日御幸祭爾依弖未刻與利惣神官出仕、祭禮乃支度有利」として、拝殿前の「御男体乃神輿」「御妻戸乃神輿」への飾り付けや「御籏」「榊」「長柄御傘」「御弓矢御太刀」などの殿内への飾り付けが行われている。本殿廻り及び殿内の装飾が終わると、「行宮爾御假殿乎造」が行われている。

二月朔日には「卯刻惣神官社参、御膳乎献利」と献饌が行われ「神拝」「常祭祝詞」「中臣祓披講」「巡行」の行事の後に神輿へ御霊遷しが行われる。「行宮」への御幸の後は「御酒打鮑昆布赤強飯等」の献饌や奉幣、中臣祓、神楽が行われた後に本社への還御となる。

翌二月二日・三日条は「諸式前日爾同之」とあり、二月一日の「行宮」への神幸と還御が行われ、式次第も同様のものであったと考えられる。二月四日「卯刻惣神官社参、例乃如久神拝、竟弖御祭礼乃御道具等乎、取納女、常乃如御膳乎供陪神楽乎奏志、竟弖日乃当人与利惣神官ニ配膳、事竟利各退出」と神幸祭の片付けが行われていることが分かる。

次に「家例」を確認すると、正月晦日条には「昨廿九日御蔵方役立會飯殿役に二日之大御膳米相渡、神主方に罷出米調仕ル、内ゟ何も構無レ之、昨日今日之内、老官中之内壹人二日之大御膳大御内役申付ル」とあり「右いづれも晦日無レ之時は、廿九日ニ取斗、御膳米は廿八日に相渡シ申候」とあり、大御膳に必要な米等の下行と配膳役の申し渡しが行われていた事が確認出来る。二月朔日には「朝惣出仕、装束也、拝殿ニ神前飾有レ之候へ共、いまだ遷宮勤無レ之故、面々之神拝は先ツいつも之通奥ニて相勤」とあり、神輿の神幸が行われていないことが分かる。これは翌二月二日も同じで「朝惣出仕、装束也、但し大御内かぎ、並常祭祝詞、足袋大御内ニ用候分別ニ持五所宮かぎ、右持参可レ仕事、御神前ニて惣勤等無レ之、相揃て直様大御膳上ル」とし、大御膳の献饌の後、「御當膳」の献饌が行われている。二月三日も「朝惣出仕、装束也、惣勤無レ之、大御膳下ル」とあり、泊御膳の撤饌が行われているのみで、四日も神幸祭が無いままに神社で略儀の神事が執り行われていたことが確認できる。

以上の史料から確認できるのは、近世期において神幸祭が略儀で行われていた頻度が高かったことである。つまり、「行事」が記された頃には神輿の行幸が行われ、「家例」以降は略式で神事が行われていたことが確認出来る。

御神楽

「神條式」によれば「自十七日至十九日御供御神事為神田役之大神楽々人等今卿食営以中神官勤之」とあり、中世から「御供」「大神楽」の奉納が行われていた。なお延宝八年（一六八〇）の「大々神楽」[49]によれば、「神事従二往古一隆出之久々中絶いたし依レ候、今度服忌令相極ニ付、為レ奉レ吟二神慮一取二立興行一仕候」とあり、当時中絶していたものを再興させたとある。御神楽について遡って見ると、慶長二年（一五九七）の「國上寺毎年御祈念之次第」[50]には「同十七日ヨリ彌彦於二御神前一三日ノ法花八講ノ論読アリ同十八日ニハ於二御神前一舞台仕候」「御兒四人同宿者共ニ一日十二人宛賄料五日ヨリ廿日迄酒飯」「御兒様並大衆同手明キ御太刀持御モリ長枝廿丁手鍵六丁先後陣陣舎人此外夫凡以下ノマナカナイ料」「右ノ御兒ノ小袖装束學人衆並御兒ノ馬鞍之入料」とあることから、彌彦神社の神宮寺である国上寺から「御兒」が彌彦神社へ派遣され、神楽が奉納されていたことが確認出来る。また「御巡見江差上候寫」[51]には「十七日ゟ十九日迄舞童次第之神事　古來ハ御勅使も有レ之、國中府内參詣大祭禮ニ御座候」とあり「勅使」が差遣されていたとされる。

御神楽の次第について、「傳記」によれば、準備は十六日から始まっており、「飯殿役御浜出出勤、同日御膳米相渡ス、大御内小殿内役申付、年中七度御膳飯殿役浜出之節大御内勤候者申付」とあり、大御膳に用いる米の引渡しと、「大御内小殿内役」の申し付けが行われている。この点は神幸祭の大御膳と同じである。翌十七日は「御祭礼御膳御籠」を行い、十八日に「装束、惣勤無、六ツ時大御膳上、次ニ御当、是ハ上リ御当也、同日七ツ時大御膳下ル、王子分は装束外ハ上下或ハ袴、退下、籠無、尤小児舞有レ之節ハ十五日より十八日迄ノ内両勤、次第古法有利」と、大御膳献撤と御神楽が行われている。ここでの大御膳撤饌は、正月元旦・神幸祭とは異なり、当日に大御膳を下げている。

次に「行事」三月十五日条では「卯刻惣神官社參、例乃如久神拝、竟弖舞台爾弖舞楽乃習礼、去留二月中旬与利、毎日芸古有利」と二月中旬から御神楽の稽古が行われていたことが窺える。十七日は「惣神官参籠」、翌十八日には「卯刻爾至弖舞臺乃正面爾御酒乎供陪、祓串乎取弖四方乎拂比、四隅中央爾土器爾御酒乎盛利是乎供布」と舞臺での作法が行われ「奉幣作法」「常祭祝詞」「神拝」の後、「辰刻御膳乎供陪　舞楽十六番奏須」とある。

「家例」にも「傳記」とほぼ同一の次第が記されている。三月十三日条には「今日晝ゟ兒潔斎、別火ニ上ル、神主方に來ル、夜は御社に行、昨今之内御藏方役宮使同道ニて神主方に罷出、人足ニて兒賄米大々晝飯米為レ搗、神主勝手に相渡、兒賄米は白米貳斗五升位、大々晝飯米は赤飯故餅米にて受取申候、兒賄品々は小拂方ゟ調出ス、小使壹人町ゟ日番ニて來ル」とあり、翌十四日条には「いつも今夜ゟ大々神楽ならし申付ル」とあることから、神楽の稽古自体は二月の中旬より始められており、神楽に奉仕する「兒」の潔斎が十三日から始まる流れが確認出来る。三月十五日条には「老宮中之内壹人呼、十七日御神事大御膳大御内役申付ル、同御藏方役人神主方に罷出飯殿役に大御膳米渡ス、右十七日大御膳之儀、本日は十八日有レ之候へ共、大々神楽執行ニ付十七日に引上ケ相勤」とあり、「本日」と呼ばれる御神楽の日ではなく十七日に大御膳を献饌する為に「傳記」より一日早い十五日に「大御膳米」の引渡しなどを行っている。三月十七日条に「朝惣出仕、装束也、惣勤無レ之、大御膳上ル、次御當、取曖方神主自分御當同斷也、式例之通、終て退下」とあり、同日に「八時大御膳下ル、惣出仕、大御内兩人末社方勤候もの斗装束、餘は継上下也、家來は御膳頂戴ニ可二差出一事、五所宮同斷也、二月三日同斷也、」と、「傳記」と同じく大御膳を献饌した当日に撤饌している。同日、「大々神楽御役」及び「神主」は「宮籠」を行い、翌日の「本日」に備える。十八日には「大々神楽」が行われている。

祇園会

「神條式」には「六月一日十四日十五日、御神事御供神田役」とあるのみで、祭りの内容については触れられていない。

「傳記」六月朔日条には「御祭始と申」とあり「神主方江老官並惣社家小頭庄屋寄合候而、素講御祭料惣社家百姓江割出ス」とあり祭礼の必要経費を「小頭」「庄屋」等に割り当てる行事が行われている。七日になると、神輿のお飾りと「素講」が行われ、神輿の行幸が行われる。

六月七日条には「麻上下或ハ袴、惣出仕、御輿御装束、但御輿一躰、次ニ御當屋老官之内、並庄屋より上候行器御酒、御輿御膳ニ捧ケ、惣勤六根清浄祓、次ニ神酒頂戴退下」とあり、御輿のお飾りと「御當」「庄屋」による御酒献上等が行われる。これが終わると場所を「庄屋」宅に移し「素講」が行われる。「同日四ツ時麻上下着御當屋江出、尤惣百姓ハ庄屋方に御当ニ出ル、赤飯鯖膾根葱出之古例也、加賀楽小児社家内子供御當屋より申付、御當着座、神主脇ニ着座ス、獅子舞小児百姓より出、庄屋方ニ而定置、百姓より獅子舞出シ候由、社家當屋江使者ヲ遣ス、祝儀酒盛有、終而帰、次ニ社江不レ残罷出、行幸之楽打習有」とあり、「神主」「庄屋」が並び、祭りで御神楽を舞う子供と、獅子舞を舞う子供が選出され、その後祝宴が行われている。祝宴が終わると「楽打習」と習礼が行われていることが確認出来る。同日「八ツ時、御輿行幸被レ遊候、百姓町住吉小路迄行幸、行列古法有リ」と社家百姓の供奉のもと弥彦村ある「住吉小路」まで御輿が巡行している。

六月十一日には「夜舞楽打習」として十四日に行う舞楽の習礼と十四日に献じられる大御膳の為の「飯殿役濱出」が行われる。十四日には、「九ツ時、装束、大御膳泊御膳」として大御膳献饌、「六ツ時、惣町燈籠出、獅子加賀楽御供、（中略）住吉小路迄、是より歸、神前舞臺ニ而舞楽有、終而燈籠引」と舞楽と燈籠引きが行われる。翌十五日は「朝大御膳下」の後、「八ツ時御輿御幸」と御輿の還御を行い祭りが終えられる。

次に「家例」に見える御神楽の次第は、六月朔日条に「今日老官小頭庄屋組頭神主方に罷出、當七日ゟ之御神事素講割合仕ル」、と「素講」の割り当てが行われると共に、祭りに出される燈籠について「右前後（素講の事）ゟ燈籠之用意仕ル」として「花串竹」「篠竹三百本」「花紙」「葉紙」「燈籠張紙」が用意され、此等の紙を染める染料として「すわう（蘇芳）」「明ばん（ミョウバン）」「とうごん葉」を用意して紙を染めて燈籠を拵えていたことが窺える。六月七日には「素講」が行われ「神主以下一同當屋」に集まり、「赤飯、干鯖、葱之膾」「御神酒」等が出される。お酌がひと通り終わると、「中町」から「獅子之使」一人が出て、「御當屋亭主」から「飯椀」に酒を「十六杯」賜る。またこの席には「児嘉々樂」と呼ばれる神楽を舞う子供も列席している。これら「素講」が終わると、「傳記」同様に習礼に移る。習礼が終わると、そのまま御輿の準備と渡御が行われ、御輿は「町住吉」まで渡御、十五日まで「御假屋」に飾られる。御輿の御幸が終わると、「作事ゟ燈籠を下ル」と燈籠が用意される。十一日には「飯殿役濱出」が行われると同時に、十四日「大御膳米」が「蔵方役」より「飯殿役」へと渡さる。同日、神主惣社家が「御當屋」へ参集し、「行幸拍子」「加賀楽」「獅子舞」の「ならし」が行われる。十四日には、「八上刻」に「大御膳」の献饌が行われた後、「暮六時」より「惣町中燈籠」が上り、「舞臺」にて燈籠が集まった後に「加賀楽」「獅子舞」が執行される。翌十五日は朝に「大御膳」の撤饌、八時より「御輿行幸」が行われ御輿が還御する。

新嘗祭

「舊傳」では「(九月)十三日明神新嘗ノ祭ノ有り神事」とのみで次第に関しては不明である。また、同史料では八月に「祈年穀神事」にて初穂が奉献されている。

「傳記」では九月十三日に新嘗が行われており、「泊御膳」では無いこと、「御膳料新米指上」としている。「行事」「家例」にも九月十三日に新嘗祭が行われ大御膳が献饌されていたことは記されているが、神事次第については不明である。

節分

「舊傳」では十二月条の前に「節分ノ御神事」とだけある。次第については、「行事」十二月朔日条に「今月節分爾作法有利、惣神官参籠、當人與利御膳乎献留、疫神祭、清解除共爾是乎勤牟」とあり、十二月に節分祭が行われていたことが分かる。また「家例」に「節分當日之事年内ニ有レ之、若廿九日晦日抔ニ相當り候へは、正月御飾付等不二行届一候ニ付、引上日相定勤行仕、春に元三之内ニ相當候へは、是亦年内中ニ引上相勤申候」とあることから、十二月ないし一月に節分祭が行われていたことが窺える。節分祭でも大御膳が献饌されており、「家例」はその次第について「節分之日は御社勤行之事は大御膳並御當有り、其日之七時也、大御膳之次第は年中七度之式別儀なし」とあり、大御膳の献饌が行われ、この後には御當による料理が振る舞われる。料理の振る舞いが終わると、「御社同夕大豆蒔宮使仕ル、大豆は宮枡ニて壹升神主ゟ遣ス、宮使請取ニ來ル」「御社蒔大豆御流、宮使廻勤仕相配ル、銘々少々宛頂戴仕也、」と、「大豆」が配られて豆まきが行われている。「神事記」でも大御膳献饌と御當による料理の振る舞いが行われた後「今夜節分ニ付豆まき」が行われていたことが確認できる。

大晦日

大晦日の当日の神事は簡素なもので、大御膳献上が主な行事になる。ただ、大晦日に向けての準備として二十七日に「社御煤掃」が行われている。二十九日には「大年越御支度」として、「大御内幣帛十六本、拝殿小串幣弐本、惣末社之幣帛」や「鳥居端出縄」「松飾端出縄」「三光飾幣帛梅花一枝」の用意が行われている。

「行事」では「辰下刻惣神官参集、神前乎錺利正月乃支度調倍、除夜乃御膳乎献留、先神拝、次中臣祓披講、次常祭祝詞、次神拝」とある。「家例」では、社家が神社に参集する際に刻限になると太鼓が打ち鳴らされ、「宮使」という役が各社家へ刻限を伝えていたことが窺える。「神事記」も同様で、「時分使」が各社家を廻る役であった。

当日の神事は、主に大御膳献上が行われるが、「行事」では「神前乎錺利正月乃支度調倍」とあり、翌日の準備を行ってから大御膳の献上が行われている。神前に飾られる錺物に関して「家例」十二月二十六日条に「鏡餅」「供餅」「三光飾餅」などが準備され、二十九日条に「鶴殿大床大幣三光之御飾始」とあり、この場合は二十九日に正月の飾り物を整えていたことが見える。

正月準備が調えられた社殿にて、社家により大御膳の献上が行われる。「家例」では「十二月廿九日、今夜、明晦日大御膳ニ付御神内ニ入神主並老官當役壹人宮籠仕也」とあり、「御神内」に入り大御膳を供える役目の社家はお籠りを行っていたことが分かる。また大御膳献上に関して「家例」では「席相揃て大御膳上ル、次第は七度同斷也、大御内御膳相済神主大床ヲ下ル時、又太皷有り、是は御膳濟知らせ是太皷也」とあり、「神事記」では「一統揃御膳調進所へ詰ル、御神酒頂戴仕、大御膳献上巡リ出し、御先拂國島兵五郎無官ニ付同人ヨリ頼入花井勘解由勤之、御本宮分相濟ミ草薙神社分大矢殿ゟ御頼ニ付嘉内献上致ス」「一御末社方ニ至迄相濟ミ歸社、夫ゟ御神内相濟退下、」とあり、大御膳献上の次第が見える。揃った社家は「御膳調進所」へ詰め、大御膳献上に際して「御神酒」を頂く。これは現在の大御膳献上の作法と同一である。「御神酒」を頂戴し終えると、大御膳献上に入る。この時「御先拂」が先導している。これも現在の大御膳献上と同じである。大御膳は、「御神内」分、「御末社」分があり、各社家が献饌を行っているが、殿内・摂末社の同時献饌である点は現在と大きく異なる。大御膳の献饌が終わり次第、「末社方」の社家も社殿へと帰参し、「神拝、中臣祓披講、常祭祝詞、神拝」が行われ、各社家は退下する流れになる。大御膳献饌の流れは「家例」に「次第七度同斷」とあり、「家例」「神事記」の大御膳献饌の次第も同一であることが確認出来る。大御膳の献上が終了した後について「行事」正月朔日条に「前夜與利參籠須」とあり、「家例」「神事記」でも大晦日の参籠が記載されている。この「参籠」は正月元旦神事の為に行われている。

以上、近世における大御膳の様子及び祭典について詳細を確認した。

正月元日、節分、大晦日はいずれも年の切り替えと季節の節目であり、祭りの内容も正月元旦には新年の祝賀、節分には豆まき、大晦日には諸準備を含めた神事で年越しを迎える祭りを行っていることが確認できる。これらの祭典は、他の神社においても重要視されてきた傾向が強い。このような年の節目に応じた祭りと共に重視される傾向にあるのが、疫神の祭りと農耕儀礼である。

まず祇園会についてだが、「舊傳」によれば「六月七日ヨリ十五日迄疫病退除是祭伊夜日子ノ明神祇園ノ神ヲ合セ祭」としている。「御巡見江差上候写」では五月十一日に「疫神祭」の記載が見え、祭礼月と日付が移動している。その間の祭りの変遷などは不明であるが、祭礼期間の拡充から、祭りとしての重要度が上がったと推察される。

一方、新嘗祭については、八月に「祈年穀神事」が行われている点に注目したい。「舊傳」[52]によれば「八月朔日御神事祈年穀也同十三日ヨリ十五日迄祈年穀大祭ナリ伊夜彦明神幷末社幷祈年穀ノ社二十二社國ノ中郡々ノ神等ヲ祭神戸國ノ公戸ノ人民其年ノ新穂ヲ献リ參詣群集火ノ不浄ヲ禁スルニ依テ參詣ノ輩神職家ニ參籠スル古例ナリ」（傍線筆者）とあり、「祈年穀神事」が公的な祭祀として重視されており、新穂の奉献が行われている。祭りの構造的には香取神宮に類似する例であり、まず新穂を奉献し、その後に収穫納めとしての新嘗を行う、という構造になっている。このことから、年中祭典において農耕儀礼が重要視されていたことを指摘できる。残る大御膳を供える祭りとして御神楽と神幸祭の二祭があるが、これらの祭りにも公的な性格が窺える。

「御神楽」の場合、「舊傳」によれば「人皇五十四代仁明天皇承和十年神主尾張連濱臣舞曲ノ功ニヨツテ賜之」とし、御神楽を賜ったとあるが、実際には延宝八年に神主高橋頼光によって再興された折に定まった十二の舞であった[53]。ただし、本来の御神楽は、国上寺から「御兒」つまり稚児が參じて行われていた。

次に「神幸祭」については、「神條式」の記載に「大明神御出旅所時」に必要なものとして「色々御衣宝物」役を「圀司」が、「御馬御鞍背具」役を「地頭」が勤めていたとされており[54]、やはり一宮としての公的な祭祀として行われていた形跡が見受けられる。

この他に「神條式」には、「御長祭」（鎮魂祭）に「勅使参宮」があり「同三石斗下府米（留）守所弁之」、と「留守所」による費用の所弁があったこと、[55]十月臨時祭の条に「勅使参宮、三石六斗下府米留守所所弁之」とあることから、[56]鎮魂祭、十月の臨時祭も国衙との関連性があり、しかし大御膳の献饌が行われなかった点は注意すべき点である。

以上、大御膳を供える祭祀についてその性格を確認した。大御膳が供えられる祭典は、元旦や大晦日などの節句の祭りや農耕儀礼と、一宮として行われる公的な祭祀の類に分けることが可能と考えられる。しかし、国衙が関係していた形跡のある「長祭」や「臨時祭」では、重要な意味を持つと推察せられるにも関わらず、何故か大御膳が供えられていない。では、これらの祭祀で大御膳が供えられていない理由として、何が考えられるのか。それは、大御膳の献饌の対象となる祭神が何なのか、という点であろう。

「臨時祭」についてはその詳細自体が不明であるが、「永祭」は祓殿と摂末社のみに関わる祭りで、主祭神や妃神が祀られる対象ではない。となれば、現在残っている史料から推察するに、大御膳の基本原則は、主祭神・妃神への献饌を前提とし、付随して摂末社の及び「上一神」と呼ばれる殿内の神々を祀る対象としていたものと考えるのが自然であろう。よって、この基本原則から外れる場合、公的に重要な祭典であっても大御膳を供える神事とはならなかったと推察する。

四　大御膳に見える神事の意味

以上、大御膳を献饌する神事の歴史的変遷を中心に考察を進めた。

大御膳を供える各祭りは、一般の神社でも重要祭典として位置付けられる祭りで構成されていた。主祭神の来臨をなぞる神幸祭、かつて国上寺が関係した御神楽、年末年始や節句に行われる元旦・大晦日・節分の神事、そして新穀を供える新嘗祭が旧儀における大御膳献饌の神事であり、現在の形式は明治以降に改変が加えられていた。現在の大御膳献饌の対象となっている春・秋の鎮魂祭は本来、大御膳を供える対象ではなかった。この祭祀は、主祭神・妃神を祀る神事ではなかったことが史料から確認できる。これらの点を踏まえると、彌彦神社の大祭では主祭神・妃神以下、摂末社の神々を祀ることを基本原則としていたことが指摘できる。

第三節　大御膳の特徴とその形成要因

一　近世期における大御膳献饌の次第

大御膳の特徴の一つとして、主祭神・妃神及び摂末社への献饌を行っている点を指摘した。加え、近世期においては「上一神」などの神々へも「御蒸」「御餅」を献饌していたことが史料から明らかになっている。この特徴は、大御膳の基本原則とも言え、大御膳を供える神事＝重要祭典では、主祭神を始めとして各祭神へと丁重に神饌を供えるという祀り手の考え方があったと考えられる。では、摂末社へ神饌を供えることは、田中が言う雑神への供えとして捉えて良いのだろうかという疑問が残る。

現在の大御膳の献饌順は飯殿への献撤、摂末社への献撤の後に拝殿内での献饌行事の順序である。確かに、供える順序という観点から考えると、主祭神よりも先に飯殿・摂末社へ供えているのであるから、田中の想定する雑神への供えの一事例という把握の仕方は的確と言える。

しかし、田中が事例として考察した献饌方法は、あくまで現在のものであり、明治以前は献饌した後に各社家は拝殿へ赴き、定位置へと着座し本殿での祭りへ参加している。これは「泊御膳」が無い三月御神楽、九月新嘗祭でも同様で、主祭神と摂末社に神饌は献饌されたままで拝殿列座の後、祝詞奏上が行われている。それが本来の作法であり、現在の献饌作法をそのままに古い形と捉え、雑神の祀りの事例として大御膳を位置づけることは、大御膳本来の意義を見失いかねないと考える。そこで注目したいのは、主祭神・妃神へ献饌される大御膳に含まれる、「本社別盛り御膳」である。

現在の「本社別盛り御膳」は「御蒸」「御餅」「醴」に箸を添えたものを八台、「御餅」に箸二膳を添えた三方を一台、計九台を供えている。「大御膳之節大御内之次第[57]」を見ると、近似した形式の神饌が「上一神」から「下四神」まで計十六台供えられていることが図面より確認出来る。また「大己貴命」等に対して、餅のみ供えていることから、現在の「本社別盛り御膳」は「上一神」以下の神々へ供えられていた形式とほぼ一致している。何故「本社別盛り御膳」となったのかは不明であるが、「明治二年伊夜日子年中行事」では、「本社別盛り御膳」が供えられていないことから、一時的に廃絶し、後に復興したことで現在へと継承されたものと推察される。つまり、「本社別盛り御膳」は、単なる別盛りではなく、本来は「上一神」等へ供える対象の定まった神饌であったと考えられる。

ではこれら「上一神」以下の神々を含め、どのように大御膳が供えられていたのか。また、複数の祭神へ同時に献饌する意味とは何なのか。ここで改めて、「大御膳之節大御内之次第[58]」の次第と「備方[59]」（図4）にある献饌図から大御膳献饌の次第を確認、分析を試みる。

先御膳國島御鹽臺を持、大床ニ來ル　老官御膳役に渡
御鹽受取、東之方之小机ニ居ル、
次五穀四方臺土器五ツニ盛壹膳、同受取是も東之小机ニ居ル、御鹽臺と二膳也、
同御菓子四方臺御本前長机ニ居、
同海山之品四方臺壹膳同長机ニ居ル

次御本前四方臺御餅四拾筋御本前之机ニ居ル　同壹膳同断
次鉾東之小机之脇ニ立懸置
次御妻戸五穀包臺西之小机ニ居ル、御菓子臺、海山之品臺、御本膳同断長机ニ居ル
御膳貳膳御妻戸御前机ニ並べ居ル
次供米八角臺黒塗蓋物ニ一ツ、是を長机之下御妻戸前ニ置、同玉櫃一ツ供米之長机之下ニ置
次御喰之玉櫃二ツ受取、御喰之玉櫃ハ紋付テアリ、小戸内ニ置、
次御餅之玉櫃三ツ同断
次御神酒瓶三ツ、右受取
次御手洗水受取、是ニ而相済、
次御喰之飯、御定木と申御高杯十六、並四方臺十六膳有り、是ニ盛ル、
盛り方、先シヤモシト見ル如此板ニ而拵なり、是を御手洗水ニ而流シ御玉櫃蓋を取、其板を取テ御飯を左右手前ニ少々宛はねこぼし、夫より御高杯を取、其板ニ而すくい、三度盛ならして四方臺に載上ル、壹臺毎ニ如此、右拾六膳終而次御餅、是者臺六膳有之、是ニ御餅貳拾筋宛盛ル、司六神に上ル、
次に通臺とて二膳有是之、是ニ拾筋宛盛テ中六神ニ上ル、是者上臺別ニ無是、
御高杯を載候四方臺ニ添上ル、
次下四神ハ五筋宛上ル、是モ御高杯是四方臺ニ居ル込ナリ、
大己貴命、事代主命　両躰有リ、其通臺ニ御餅拾筋盛上ル臺無様也
まず、献饌が行われている場所について確認する。引用した記述からは、「大床」「小戸内」などの場所が記載され

てはいるが、殿舎名などは不明である。「行事」正月朔日条には「神主并上官二人、御外乃圍大床乃方乎開畿内爾入、時爾御本殿乃御膳六王子并十二代乃御供物等乎」とあり、「御本殿」において大御膳献饌が行われていることが確認できる。ただし、この「御本殿」とは中殿と呼ばれる場所であると考えられる。これは本殿が「不開殿」と呼ばれ、遷宮の折にのみ御扉を開く古法があったとされていることや[60]、本殿と中殿の間には石畳があり、大御膳を献饌する際に「大床爾司候乃者」が「御外乃内乃役人」へ大御膳を渡していることから等から推察される。なお、現在の社殿は弥彦山を背にしているが、明治四十五年（一九一二）の大火以後の配置であり、それ以前においては、現在の宝物殿付近にあり、南向きに社殿が建てられていた。つまり、「備方」に描かれた図面は、上を北としており、丁度主祭神、妃神への大御膳が本殿に向けて供えられていたことになる。

次に次第を確認すると、「大床」に居る「老官」が、御膳を「御膳役」へと渡していく。献饌する順序は、「御本前〈主祭神〉」→「御妻戸〈妃神〉」→「司六神〈上六神〉」→「中六神〈司六神〉」→「下四神」→「大己貴命、事代主命」の順序で行われている。なおこの時、中殿での献饌と同時に摂末社への大御膳の献上が行われている。「行事」「家例」「神事記」からは、六王子と呼ばれる勝神社、草薙神社、乙子神社、武呉神社、船山神社、今山神社の六社と五所宮[61]への献饌が確認出来る。その他の境内社或は摂末社への献饌は行われておらず、六王子と呼ばれる主祭神に関わりのある祭神への献饌に限られていた可能性が窺える。

さて大御膳は「大床」に居る「老官」が品目を調えて、「御膳役」へと手渡され、主祭神と妻戸分の「御鹽」「五穀」「海山之品」「御餅」「御膳」の順で献饌されている。主祭神と妻戸への献饌が終わると、妻戸分の「長机前」に「供米」が置かれる。この「供米」は「古繪巻」「大御膳圖」にある「散米」と同じものであることが窺える。この「供米」「散米」についてどのように用いられたのか近世の記録では不明であるが、「明治九年国幣中社彌彦神社年中祭式」にある大御膳の品目に「玄米」とあり、「但禰宜一員起テ神前ニ蒔キ散ス」とあることから同様の所作を行っていたものと推察される。

「供米」が据えられた後、「御喰之玉櫃」二つと「御餅之玉櫃」三つが「小戸内」へ据え置かれる。玉櫃に入った飯と餅が、「司六神」（前記の「上一神」以下六柱の神を指す）の祭神へ献饌される神饌となる。主祭神と妻戸分の神饌とは異なり、「司六神」の神饌は「御膳役」によって、「高坏」と「四方」にそれぞれ盛り付けられている。御飯は「司六神」「中六神」「下四神」の各祭神へ高坏に盛り十六、御餅は「司六神」二十、「中六神」十、「下四神」五、「大巳貴命、事代主命」へ十ずつ供えている。祭神毎に盛り付ける御餅の数量が異なり、また御餅を配膳する位置も、「司六神」は御飯を載せた四方と別盛、「中六神」「下四神」は高坏に盛った御飯を載せた四方へ一緒に載せられている。これら献饌の様子を見ても分かるように、献饌される品目数が祭神毎に異なっていることが窺える。

以上が中殿における大御膳献饌の一連の流れである。現行の大御膳と異なり、中殿における大御膳献饌において、「司六神」以下の十六神などの祭神へ「御飯」「御餅」等が献饌されていたことが窺える。加え、各祭神に供えられていた「御餅」の数量に明確な差が設けられていたことも確認出来る。

以上のように中殿における大御膳献饌の次第を確認した。大御膳が、六王子等の摂末社以外の祭神にも供えられていたこと、それぞれ祭神の神饌に差異が認められることが確認できた。ここで問題となるのは、「司六神」以下の神々が祀られる意味は何なのか、また何故、「司六神」以下の祭神にまで大御膳を供えていたのか、という点にある。この点について、祀り手が大御膳の献饌対象となる祭神をどのように捉えていたのか、考察を試みたい。

二　天香山命と末裔の神々

「はじめに」で示したように、彌彦神社に祀られている祭神は、天香山命とその妃神とされる妻戸大神である。摂末社には天香山命の子孫である天五田根命（武呉神社）、天忍人命（船山神社）、天戸阿命（草薙神社）、建筒草命（今山神社）、建田背命（勝神社）、建諸隅命（乙子神社）、二十二社を奉る二十二所神社、香取や鹿嶋を始めとする八柱の神を奉る八所神社、元禄七年（一六九四）に長岡藩主の牧野氏の神霊及び大己貴命を奉る五所宮から発展した十柱神社など多くの祭神が祀られている。とりわけ、六王子と呼ばれ天香山命に縁の深い六社は大御膳の献饌対象でもある。

そもそも、彌彦神社の祭神が天香山命とされているのは吉田神道の影響があったと指摘されている。[62] また、六王子が天香山命の子孫であるという点も、近世に作成されたとされる「伊夜比古神社記」、「続縁起」、「縁起聞書」に初めて見えるもので、これらの縁起書は吉田神道の相伝を受け自ら橘神道を唱えた橘三喜の手によるものであることから、近世の彌彦神社における神仏分離運動と関連したものであると推察されている。[63]

中世に成立したとされる「古縁起[64]」では「明神」もしくは「彌彦大明神」と記されており、年代不明の「彌彦縁起断簡[65]」においても「古縁起」と同じく「明神」「彌彦大明神」とあるだけで、天香山命の名は記されていない。少なくとも彌彦神社の祭神名を天香山命とするのは江戸期の書写とされる「伊夜彦大明神御造営斧立次第記写」に「越後州神原郡伊夜比古大神ハ天香語山命齋奉留、神社奈利」とあり、「文明五年十一月十八日ヨリ斧立次第棟上乃儀式先記乎以末代為尓書写畢」と文明五年（一四七三）の記名が見える。[66]

一方、六王子についてはどうだろうか。「古縁起」では「六王子本地垂迹並ニ勧請ノ神」として「太郎王子武呉号西御前本地聖観世音」「二王子船山本地地勢至」「草苅大明神弥彦第三ノ王子也本地毘沙門天王」「四王子今宮本地文殊師利」「五王子勝本地々蔵」「乙子王子者本地ハ劫聖」とあり、「王子」とあるが彌彦大明神の子孫であることは明記されていない。[67] これは「彌彦縁起断簡」も「古縁起」とほぼ同様である。[68] 六王子が天香山命の子孫とされているのは橘三喜が記したとされる元禄元年（一六八八）「伊夜比古神社記」である。「伊夜比古神社記」では、六王子の祭神について「一嗣乃王子」武呉大明神を「天五田根命」、「二嗣乃王子」船山大明神を「天忍人命」、「三嗣乃王子」草薙大明神を「天戸國命」、「四嗣乃王子」今宮大神を「建筒草命」、「五嗣乃王子」須久留大明神を「建田背命」、「六嗣乃王子」乙子神社を「建諸隅命」としている。[69]

また、貞享元年（一六八四）書写の「国上寺記録写」には「越後蒲原郡弥彦社七座」として「第一大宮天香児山命、即天火明玉神御子也」「第二西之御前五田根命」「第三船宮天忍人命」「第四草薙宮天戸国命」「第五今宮建田背命」「第六勝社建筒草命」「第七乙子宮建諸隅命」とあり、主祭神の天香山命と共に六王子の祭神名が固まりつつあったことが窺える。[70]

さて、主祭神たる彌彦大明神の子孫として六王子が位置づけられてきた経緯を確認した。主祭神及び六王子の祭神名は「古縁起」「彌彦縁起断簡」には見受けられず、吉田神道との交流が行われて以降の慶長十六年に初めて「天香語山命」の祭神名が見える。六王子の祭神名も、橘三喜が彌彦神社へ訪れて以降、貞享から元禄の間に定まってきたことが窺える。

縁起が由緒から祭神がどのように捉えられてきたのかを確認したが、近世以降においては主祭神及び六王子が一つの系譜上に連なるものと理解されていた。中世の祭神に関する捉え方については「古縁起」「彌彦縁起断簡」以上のことは不明であるが、当時神仏習合の状態にあり、六王子以外にも「八所明神」「十所小神」「赤崎糺明神」「石動明神」「二十二所」など多くの祭神を祀り、「石動明神」「赤山大明神」など修験道と関わりの深い祭神も祀られていたとされていたことは確認できる。[71] その中でも六王子が筆頭として挙げられ、それ以外の神を「勧請ノ神」としている点から、六王子と呼ばれる祭神が古くから彌彦神社にて奉斎されてきた祭神であったと推察される。

主祭神である彌彦大明神と共に六王子が古くから奉斎され、近世に入ってからは主祭神の子孫としての系譜と祭神名が付与された。これらを行ったのは近世の彌彦神社に奉仕していた社家であり、彼らは自らの家の出自として、主祭神及び六王子の系譜に祖先神を位置づけ自らの出自としていた。この点に注目したい。

宮英二は年号不詳の「彌彦神系譜」三巻について比較を行い、彌彦神社の社家が尾張連として綴られており、その形態が『先代旧事本紀』に裏付けられている点、「彌彦神系譜」が恐らく神社の古伝を下地として改変が施されたものであったと点を推察している。[72] 各「尾張神系譜」を確認すると、具体的に先祖が充てられているのは、彌彦氏、新保氏、長橋氏、坂上氏、川内（河内）氏となる。この「彌彦神系譜」以外に、彌彦神社宮司家の系図である「中興系図下書[73]」や、神主家高橋家の系譜である「尾張連高橋氏系図[74]」などがあるが、注目したいのが安永三年（一七七四）の「尾張連神系図末流傳書[75]」（以下「末流傳書」とする）である。

この「末流傳書」に注目する理由は、各社家の氏神が列記

表4　「尾張連神系譜末流傳書」に載る系譜

氏ノ祖	氏	系譜、系図の記載	備考
尾治豊城麿	彌彦氏	豊城麿（「彌彦神系譜」）	祭戸内氏上坐神、御棚左一位坐。
尾治色止麿	長橋氏	色止麿（「彌彦神系譜」）	御棚左二位坐、宮殿上座之神四所之氏神
尾治熊勝	河内氏	熊勝（「彌彦神系譜」）	御棚左三位坐、宮殿上座三次
尾治立雄	坂上氏	立雄、立男（「彌彦神系譜」）	御棚左四位坐、宮殿上座四次
尾治磯建臣	新保氏		御棚左五位坐、宮殿上坐五次
尾張喜彦臣	藤井氏		奉戸内氏神、上六座
尾治勝雄	伊和（岩）氏		御棚右一位坐、宮殿右ノ坐ノ一
尾治滋彦	平塩氏		右御棚五位、宮殿右ノ坐五次
高橋氏大惣大夫光遠	長橋氏	光遠（「中興系図下書」）	長橋氏を改名、高橋氏を名乗る。
高橋先生光秀	高橋氏	光秀（「中興系図下書」）	酒殿神主、武呉神社神主を兼職。
三郎太夫正忠	行田氏		
藤井志介丸	樋口氏、藤塚氏、椙本氏		
不明	宇井氏、榎本氏		
鈴木氏神	鈴木氏		御棚下ノ座
石井浜名	船江氏		
黒洲金村	御幸氏		

されているからである（表4）。この内、幾つかの氏神には奉る場所が記されており、「御棚」「宮殿」に祀られていたことが窺える。また「祭戸内氏上坐神」「奉戸内氏神」とあることから、氏神として祀られていたことが確認出来る。これら氏神として祀られている名前を「彌彦神系譜」「尾張連高橋氏系図」から確認すると、彌彦氏の祖である「豊城麿」、長橋氏の祖である「色止麿」、河内氏の祖である「熊勝」などの名前が確認出来る。また長橋氏から高橋氏へ改名した高橋光遠や、酒殿神主、武呉神主を兼職したとされる高橋光秀の名前は「中興系図下書」より確認することが出来る。

つまり、「末流傅書」によれば、「戸内」において社家の祖先が氏神として祀っていたこと、その氏神は先に示した「彌彦神系譜」「中興系図下書」等に載る神々や人物であったことが窺える。社家達は、自らの出自の淵源を、『先代旧事本紀』で尾張連の始祖とされる天香山命に求め、各家の祖先を天香山命の末裔とし氏神として奉斎していたことになる。加え、「戸内」に祀られる氏神も大御膳献饌の対象として含まれていたことを考えると、大御膳献饌する対象は、主祭神・妃神及びその末裔の神々を意識していたものであったと考えられる。では「戸内」に祀られる氏神はどのように祀られていたのか。

三　氏神祭祀

「戸内」に祀られる神々は氏神として祀られていたことを「末流傅書」から確認することができた。では、どのような形で祀られていたのかを史料から確認していくことにする。

彌彦神社の社家で神社の由緒などについて問答形式にまとめた『桜井古水鏡』には「戸内」の神々について、「問中殿ノ御内ニ上六神、司六神、下四神都テ十六神坐マスハ神系尾張連十八世ノ内ニヤ。又別ニ祭ル神在ルニヤ」「答是戸内ノ十六神ト云フ。此御事ハ十八世ノ内有ベシ。又末ノ神等モ坐スナリ。是ハ神宦宗家ノ祖ニシテ氏ノ神ト云フモノナリ。祭ル所別録アル、白地ニ云ガタシ[76]」とあり、「備方」にあった「上六神」「司六神」「下四神」が「戸内ノ十六神」と呼ばれ、「神宦宗家ノ祖ニシテ氏ノ神」であったことが窺える。そこで、上・司・下（「大御膳之節大御内之次第」では司・中・下）の神がどのような基準で分けられているのか、「末流傳書」の「御棚左一位坐」「御棚右一位坐」という記載と「備方」に見える献饌図と対応させると、古い氏神の座位が高いことが分かる。つまり、「上一神」が「御棚左一位坐」、「司一神」は「御棚右一位坐」、「下四神」以下は「御棚下ノ坐」と対応していたものと考えられる。

先に触れた「行事」正月朔日条を確認すると、「本殿乃御膳六王子幷十二代乃御供物等乎、中宦與利無官爾至留迄飯殿與利次第乃如久是乎運布」と、「十二代」が大御膳を供える対象となっている。一方、「家例」十二月二十九日条に「朝飯御社ニて太鼓有り、一同罷出ル、袴羽織也、大御内役壹人ハ装束ニて出ル、是は御神内是幣帛拾六神切替等仕[77]」と「御神内」に「幣帛」を「拾六神」分切り替えるとあり、大御膳を献じる「御神内」に「拾六神」が祀られていたことが確認出来る。「行事」では「十二代」とあり、「家例」では「拾六神」とあり、中殿へ祀る神の数に違いが見られるが、その仔細については史料から窺い知ることが出来ない。

他、「伊夜比古大明神常祭祝詞」にある「小祭詞」には「掛毛畏幾伊夜彦大宮爾坐須天香兒山命妻戸大宮爾坐須女神此二柱大御前爾某々乎祈意申御子乃世繼三笠山爾坐須武呉大神福井爾坐須舟山大神美登乃山爾坐須草奈岐大神比曾爾坐須今山大神勝谷爾坐須倶留大神美都垣内椎樹本坐乙子大神此皇神等乃御前戸内乃神職我齋祭十六神遠都神乃美伊豆太々志久國乃榮乎夜乃守晝護爾護賜陪登申須[78]（傍線筆者）」とあり「戸内乃神職我齋祭十六神」が祀られていたことが確認出来る。また「小祭詞」と近似する「常祭文祝詞」には「戸内爾齋奉十六神等毛漏落留事無所食聞氏夜乃守日乃護爾幸閉玉比止恐美惶美毛申須[79]」とあり「十六神」が祀られていたことが窺える。なお「舊傳」には、「天香兒山命ヨリ十八代尾張姓ト稱シ神系ヲ以テ神主神官尾張氏ト號シ神系續來ル氏ノ祖十六代宮中ニ祭氏ノ神ト申是ヨリ別レテ神官七十五氏トナル」とあり、「氏ノ祖十六代」が天香山命を淵源として意識していたことが窺える。

以上のことから、大御膳を供える対象である、主祭神である天香山命と妃神を中心に、御子神とされる六王子、その末裔である「戸内ノ十六神」は、社家の祖先神・氏神として認識されていたことが分かる。

四　地域産業と祭神の関わり

大御膳の特徴の一つとして、米を大量に使用している点がある。前章で取り上げた香取神宮の例では、周辺地域と神社が信仰的・経済的に密接な関係にあった上、地域における農水産業が神事へ反映されていたことが米を大量に用いる特徴の要因となっていたと指摘した。では、大御膳の場合も類似した要因が想定されるのではないだろうか。その想定を踏まえ、彌彦神社周辺における農産業について考察を行うこととする。

大御膳に用いられる米は、「御蒸」「御餅」「醴」「菓子」と様々な形に調理され供えられている。また、大御膳の最小構成は「御蒸」「御餅」「醴」であることから、供える祭神が多い分、米を使用する量も増えることになる。旧儀では摂末社以外にも「上一神」の氏神への献饌分があったことから、米の使用量はさらに多かったことが考えられる[80]。また「いも」「きうり」「なすひ」などの農産物や、「鹽」「鯛」「わかめ」などの海産物も米の使用量には劣るが神饌の品目として含まれている。これら、農産物及び海産物の供給という点で考えると、農産物に関しては彌彦神社周辺の農産業、海産物に関しては弥彦山を越えた沿岸部からの供給により、食材が賄われていたことが想定される。

そこで、中世以降の彌彦神社の有する社領における農産業の実態と、海産物の供給源である沿岸部にける産業について確認していくことにする。

中世における彌彦神社が有する社領は「弥彦庄」を中心に広範囲に社領を有していたことが確認出来る。大永七年（一五二七）の「弥彦神社領検地日記」[81]には「はまの」「はら（岩室村大字原）」「ふもとの（弥彦村大字麓）」「やひこ（弥彦村）」「ふくわう寺（弥彦村大字麓小字福王寺）」「さく田」「いしふとう」「おお内かわ」「大ふもと」「いた（弥彦村大字井田）」「いわせ（岩室村大字石瀬）」「のすミ（寺泊町大字野積）」「かすた（弥彦村大字麓小字粕田）」「ね子かさわ（弥彦村大字麓小字猫ヶ沢）」などの地名が記載されており、現在の弥彦村、新潟市西蒲区岩室、同区巻から弥彦山を越えて長岡市寺泊野積まで社領として有していたことが確認出来る。また上杉氏が移封される前、天正二十年頃の「一宮弥彦御神領事[82]」として弥彦村などの村名及び石高が示されている。

これらの田畑から収納される農産物が彌彦神社における祭祀や造営などの経済的基盤となっていたことが考えられる。また、これらの社領は各社家が領有し、自らの得分及び社納分の収穫物を得ていたと考えられる。

社家がどれほどの得分を得ていたかは不明であるが、各祭典に必要な分の社領区画の概念があったようで、「神條式」に「庄内神田」その詳細が示されている。[83]ここで云う「庄内」とは弥彦庄のことを指していると考えられ、現在の弥彦村近隣に祭典料を負担する為の社領が設定されていたと推察される。これらの社領――田畑等――を各社家が領有し、領有している分の田畑から収穫される農産物は必要な祭典への経費として充てられ、その農産物や水産物が神饌の食材として用いられていたと考えられる。以上の社領の実態は、上杉氏が移封前の社領であり、二千九百石の社領を抱え、神官約七十名が社領を知行することで彌彦神社の経営をまかなっていたと推察される。

上杉氏移封後は、五百石が朱印地となり、また神官は二十五名にまで減少することになる。朱印地五百石は現在の弥彦村にあたり、社家と百姓で社領を分けていた。従前の社領とくらべ四分の一に減少していたことに加え、弥彦村の土地柄として、「腐田」「荒田」と呼ばれる田地が多く、五百石の石高とされていたものの実際にはその半分にも満たない収穫量であった為、必ずしも農産物の収穫に恵まれた状況ではなかったと考えられる。「越後國蒲原郡彌彦神領之事」によれば、五百石の内三百石は「神納米」、五斗三升入りの俵で換算して三百俵を納めていた[84]。ただし、田地による差が在るため、三百石当たりの取れ高は、作物の出来高により「上作」で百二十俵、「中作」で百俵、「下作」で六十俵位とされ、「水腐地殊ニ永荒地多分出来、上作と申者稀ニ御座候[85]」と云う文言からも窺い知れる。

このような状況でも、大御膳に用いられる多くの食材は弥彦村から納められるもので賄われていた。「家例」によれば大御膳調理に携わる役には、三日前に「大御膳米」が「御蔵方役」から渡される。「御蔵方役」は蔵に納められた「蔵米」を管理する役で、「蔵米」は社家等から納められた「神納米」のことかと考えられる。同書九月十二日条には「飯殿ヨリ宮使参り、大御膳粉米、是は兼神主方ニて米之粉用意いたし置、其外供物入用大こん貳本、山芋貳本、鹽少、瓜漬、右等之品、並牛蒡貳本、右夫々調置、宮使に相渡し遣ス、年中七度共ニ同斷也」「御菓子鯣は小拂役ゟ調出ス」「右山芋之事、惣百姓ゟ壹軒ニ付貳本宛年々出し芋と申、當秋毎に庄屋方に取立、都合して神主方に相納、年中七度御膳に用」と百姓から納められた品々が用いられていることが分かる[86]。例外で云えば水産物で、塩や魚類に関しては寺泊などから入手したものが用いられていたと考えられる。

本来は、寺泊付近も彌彦神社の社領であった。寛正六年（一四六五）の「小山清村安堵状[87]」には「間瀬　白石　高屋　三ケ村の塩之事」として彌彦神社へ塩を毎年納めていたことが見える。史料中に云う「間瀬」は新潟市西蒲原区間瀬、「白石」は長岡市寺泊白岩、「高屋」は長岡市寺泊野積高屋と考えられ、総て日本海に面した漁村であり、漁業や製塩業が中世から近世にかけて営まれていた。よって海産物に関しては沿岸部の漁村から入手することで賄われていたものと思われる。

このように、近世以降の彌彦神社周辺における農産業や流通、及び経済機構に関して確認した。中世と比較すると社領は大幅に減じていることや、弥彦村が「水腐地」と呼ばれる農耕に適さない土地が多かった為に朱印地五百石がありながら、その収穫は決して豊かなものではなかったことが確認出来る。このような土地環境において、各社家及び百姓による彌彦神社への農作物類の献納が、神社経済の基盤であった。神社に納められる米は「神納米」と称され、社家毎に納める量が決められていた。また、納められた米は祭典に必要な道具類等の購入にも充てられていたことが確認出来る。大御膳で用いる米も「神納米」から供出されており、野菜類の農作物に関しては庄屋が百姓から集めて神社に納める等していた。水産物に関しては、海濱の漁村である寺泊などから購入することでまかなっていたと推察される。

以上、大御膳に米が多く用いられている要因について、彌彦神社における中世から近世の農産業及び神社経済の仕組みに焦点をあて確認を行った。

彌彦神社の近世以前の社領は彌彦神社周辺にとどまらず広範囲に渡って存在していた。これら広範囲に散在していた社領が神社経済の基盤として機能しており、社家による知行と収穫物の納入が行われていたものと考えられる。近世においても経済機構自体にさほど変化はなかったが、社領の範囲は弥彦村五百石に限られることになり、「神納米」として納められる米も、弥彦村周辺の地形的な要因も相まって、五百石の石高に満たない収穫量であったことから、中世の頃と比べて格段に減少したものと推察される。

中世から近世にかけての農産業の主体は稲作であり、食料としてまた神社経済を支えるものとして重要な役割を果たしていたと考えられる。この事は、彌彦神社における年中祭典にも現れていると推察される。例えば、二月に行われる神幸祭は山から田へ神が来臨する祭りであるという指摘がされている。[88] また八月に行われていた祈年穀祭では、末社として祀られる二十二社や八所神社も祀るとあり、九月に行われる御取始で稲の収穫を行い、同月の新嘗祭で収穫物を献納する祭りを行っていることからも、中世から近世にかけて彌彦神社周辺の農事暦を反映する形で年中祭典が行われていたものと考えられる。このことからも、香取神宮の例と同じく彌彦神社も、神社と地域が生業・経済・信仰の面での結びつきがあり、年中祭典の在り方と大御膳の食物の在り方に影響を及ぼしたものと考えられる。

おわりに

最後に、これまでの考察をまとめることにする。

大御膳という特殊神饌は、年五度、旧儀では年七度供えられる大祭仕様の特殊神饌であった。大御膳が献饌される神事は、季節の変わり目や、農耕儀礼と言った、他社でも重用視される内容の神事であった。この大御膳の特徴は、主祭神の天香山命、妃神の妻戸大神を筆頭として摂末社の六王子、飯殿の神を献饌対象としている点であり、旧儀では「戸内ノ十六神」と呼ばれる氏神に対しても献饌を行っていた。社家は天香山命に連なる神々を対象とした氏神祭祀を行っており、大祭＝氏神祭祀という意識を前提として大御膳の構成が成立したものと考えられる。

もう一つの特徴として、多数の祭神へ献饌を行う為、神饌品目では米を食材として多く用いている点がある。大御膳で米が多く用いられている要因の一点目は、祀る対象の多さにある。「御蒸」「御餅」「醴」を基本構成としているため、必然的に米を使う量が多くなったものと考えられる。また、天香山命が彌彦へ来臨する際に土地の人々に農水産業を伝えたという伝承があることから、農水産物、特に米を主とした神饌を供えていたものと推察される。そのような祭神と農水産業の関係は、彌彦神社と周辺地域の経済的な繋がりが前提となっていた。

中世から近世において、彌彦神社の経済・祭祀を支えたのは、周辺地域の社領であり、社領における農水産業であった。彌彦神社にとって、地域における農水産業の発展と無事は、彌彦神社の発展と維持につながる。また地域住民にとっては、弥彦山への雨乞い信仰など農水産業への加護が自らの生活の安寧へとつながるもので、神社の発展と地域の発展は密接不可分なものであったことが、年中祭典の構成からも見て取れる。このような神社と地域の関係が、大御膳に用いられる食物へと反映されていたものと考える。

注

1 沼部春友「弥彦神社の燈籠神事」(『國學院雜誌』第七〇巻四号所収、後に『日本祭祀研究集成　第四巻』昭和五十二年、名著出版に改訂され掲載)において、大御膳の概略を述べる中で、『伊夜日子宮毎年神事祭礼之事』に「年中七度大御膳調進」とあること、大御膳の献饌の後に饗膳があること、大御膳の撤饌が翌日に行われ、撤饌の後に神職へ頒与されている点を指摘している。

2 田中宣一『祀りを乞う神々』(平成十七年、吉川弘文館、六六―七二頁)第一章の一「大社の祭りみる雑神への神饌」にて大御膳が事例として取り上げられている。田中は、主祭神を祭るより先に、飯殿への献饌が行われること、大御膳を飯殿から運び出す際に、飯殿の神に供えられた甘酒を神職が頂戴すること、摂末社へも神饌が供えられることを指摘し、主祭神よりも先に祭りを行う必要のある神がいると考察している。

3 武田祐吉校註『万葉集』下巻(角川書店、昭和三十年、一七四頁)。

4『続日本後紀』(黒板勝美編『新訂増補國史大系第三巻　日本後紀・続日本後紀・文徳天皇実録』國史大系刊行会、昭和九年、一四頁)。

5 黒板勝美編『新訂増補国史大系第四巻　日本三代實録』(国史大系刊行会、昭和九年、七八頁)。

6 「古縁起」（新潟県教育委員会『新潟縣文化財調査報告書　第二（文書編）　彌彦文書』新潟県教育委員会、昭和二十九年、三二頁）。

7 『越後名寄』（越後史料叢書編輯部編『越後史料叢書』第二編、文港堂、大正五年）。

8 「御巡見江差上候寫」（『彌彦神社叢書　舊神主高橋家古記録編』彌彦神社社務所、昭和十八年、六七―六八頁）。

9 「古日記（堀秀治寄進状）」（『彌彦神社叢書　舊神主高橋家古記録編』彌彦神社社務所、昭和十八年、三六頁）。

10 「古日記（松平重勝等寄進状）」（『彌彦神社叢書　舊神主高橋家古記録編』彌彦神社社務所、昭和十八年、四三頁）。

11 「古日記（諸記證文寫）」（『彌彦神社叢書　舊神主高橋家古記録編』彌彦神社社務所、昭和十八年、四五―四六頁）。

12 前掲注8同書、六八頁。

13 「伊夜日子舊傳」（彌彦神社社務所編『彌彦神社叢書』彌彦神社、昭和十二年、一六二―一六三頁）。

14 『明治九年国幣中社彌彦神社年中祭式』（彌彦神社社務所編『彌彦神社叢書　年中行事編』彌彦神社社務所、昭和十五年、三四七―三七〇頁）。

15 「大御膳圖」（『彌彦神社叢書　舊神主高橋家古記録編』彌彦神社社務所、昭和十八年）。

16 『彌彦神社年中行事古繪巻』（彌彦神社社務所編『彌彦神社叢書　年中行事編』彌彦神社社務所、昭和十五年）。

17 「大御膳調進備方」（『彌彦神社叢書　舊神主高橋家古記録編』彌彦神社社務所、昭和十八年、一二六頁）。

18 「鈴木嘉内神事記」（彌彦神社社務所編『彌彦神社叢書　年中行事編』彌彦神社社務所、昭和十五年、一七〇頁）。

19 「大御膳之節大御内之次第」（『彌彦神社叢書　舊神主高橋家古記録編』彌彦神社社務所、昭和十八年、一一七頁）。

20 「弥彦社例傳記」（『彌彦神社叢書　舊神主高橋家古記録編』彌彦神社社務所、昭和十八年、九五頁）。

21 前掲注20同書、九六頁。

22 「社家大概並家例」（彌彦神社社務所編『彌彦神社叢書　年中行事編』彌彦神社社務所、昭和十五年、五〇頁）。

23 前掲注18に同じ。

24 明治初期における弥彦神社の上地と境内地の問題については『彌彦神社明治百年史』（彌彦神社社務所　昭和六十三年）に、

　明治四年正月早くも社寺領上知の太政官布が発せられた。この時の上知については、現在社殿堂塔その他建物の在る地域を除く社寺領はほとんど総て上知せしめ、追って相当禄制を定めて廩米を以って下賜すること、前年収納はそのまま下賜すること、又領地以外、旧幕府や領主から寄附した米銭は前年限りとし、四年からは停止するなどが定められた。

と明治四年当時の実情が窺える。また、この時上知された土地の返還については『弥彦神領史話―高橋文書の拾録から―』（弥彦村教育委員会　昭和六十年）第三章を参照。

25 岡真須徳『弥彦神領史話―高橋文書の拾録から―』（弥彦村教育委員会、昭和六十年、七四―七五頁）。

26 前掲注25同書、「第三章―四　明治維新と社家」を参照。

27 前掲注25同書、一〇七―一〇八頁。

28 前掲注8に同じ。

29 「弥彦縁起断簡」（新潟県教育委員会『新潟縣文化財調査報告書　第二（文書編）彌彦文書』新潟県教育委員会、昭和二十九年、三四頁）。

30 「伊弥彦神条式」（新潟県教育委員会『新潟縣文化財調査報告書　第二（文書編）彌彦文書』新潟県教育委員会、昭和二十九年、四〇頁）。

31 「彌彦社領覚寫」(新潟県教育委員会『新潟縣文化財調査報告書　第二(文書編)　彌彦文書』新潟県教育委員会、昭和二十九年、四一―四二頁)。

32 前掲注22同書、一五八―一六四頁。

33 『明治二年伊夜日子年中行事』(彌彦神社社務所編『彌彦神社叢書　年中行事編』彌彦神社社務所、昭和十五年、二九七―三一四頁)。

34 前掲注14同書、三一五―三七〇頁。

35 『彌彦神社特殊神事』(彌彦神社社務所編『彌彦神社叢書　年中行事編』彌彦神社社務所、昭和十五年、四七七頁)。

36 「泊御膳」については前掲注33同書、二九八頁に、大御膳献供の翌日に「大御膳下ケ」と記されていることから、翌日まで大御膳を献じた状態であったことが窺い知れる。現在はその日限りで撤饌している。

37 阪本健一編『明治以降神社関係法令史料』(神社本庁明治維新百年記念事業委員会、昭和四十三年、七〇頁)。

38 前掲注14同書、三四七―三七〇頁。

39 前掲注20に同じ。

40 「彌彦社年中行事」(彌彦神社社務所編『彌彦神社叢書　年中行事編』彌彦神社社務所、昭和十五年、一―三九頁)。

41 前掲注40同書、一頁。

42 前掲注22同書、四九―五〇頁。

43 前掲注18同書、一六九頁。

44 前掲注20に同じ。

45 前掲注40同書、一―二頁。

46 前掲注20同書、九五―九六頁。
47 前掲注30に同じ。
48 「伊夜日子舊傳」（彌彦神社社務所編『彌彦神社叢書』彌彦神社、昭和十二年、一七九頁）。
49 「大々神楽」（岡眞須徳『弥彦神領史話―高橋文書の拾録から―』弥彦村教育委員会　昭和六十年、三三一―三三四頁）。
50 「國上寺毎年御祈念之次第」（彌彦神社社務所編『彌彦神社叢書　年中行事編』彌彦神社社務所、昭和十五年、三七一頁）。
51 前掲注8同書、七〇頁。
52 前掲注48同書、一八〇頁。
53 前掲注49同書、三三一頁。
54 前掲注30同書、三九頁。
55 前掲注30に同じ。
56 前掲注30同書、四一頁。
57 前掲注19に同じ。
58 前掲注19に同じ。
59 前掲注17に同じ。
60 「彌彦社造営並遷宮目録写」（新潟県教育委員会『新潟縣文化財調査報告書　第二（文書編）彌彦文書』新潟県教育委員会、昭和二十九年）。

61 五所宮は現在、十所神社と改称されている。
62 新潟県教育委員会『新潟縣文化財調査報告書　第二（文書編）彌彦文書』新潟県教育委員会、昭和二十九年、一〇一―一一一頁）。
63 前掲注62に同じ。
64 前掲注6同書、三一一―三三三頁。
65 前掲注29同書、三三三―三四頁。
66 「伊夜彦大明神御造営斧立次第記写」（『新潟県史　資料編五　中世三』新潟県、昭和五十九年、二二八頁）。
67 前掲注6同書、三三一頁。
68 前掲注29同書、三三三頁では「六王子若明神本地龍樹菩薩也」とあって「古縁起」とは記述が異なる。
69 「伊夜比古神社記」（彌彦神社社務所編『彌彦神社叢書』彌彦神社、昭和十二年）。
70 「国上寺記録写」（『新潟県史　資料編五　中世三』新潟県、昭和五十九年、二七二―二七三頁）。
71 前掲注6同書、三三一頁。
72 新潟県教育委員会『新潟縣文化財調査報告書　第二（文書編）彌彦文書』（新潟県教育委員会、昭和二十九年、一〇一―一四頁）。
73 「中興系図下書」（新潟県教育委員会『新潟縣文化財調査報告書　第二（文書編）彌彦文書』新潟県教育委員会、昭和二十九年、二六―二七頁）。
74 「尾張連高橋氏系図」（新潟県教育委員会『新潟縣文化財調査報告書　第二（文書編）彌彦文書』新潟県教育委員会、昭和二十九年、二八―三〇頁）。

75 「尾張連神系図末流傳書」（新潟県教育委員会『新潟縣文化財調査報告書　第二（文書編）彌彦文書』新潟県教育委員会、昭和二十九年、三〇―三一頁）。

76 『桜井古水鏡』（新潟県郷土叢書編集委員会編『新潟県郷土叢書』十三、歴史図書社、昭和五十三年、一頁）。

77 前掲注22同書、一二一頁。

78 「伊夜比古大明神常祭祝詞」（『彌彦神社叢書　舊神主高橋家古記録編』彌彦神社社務所、昭和十八年、九二頁）。

79 前掲注48同書、一六一頁。

80 前掲注48同書、一八〇頁では「右年中七度大御膳調進」として「右七度ニ候一度に米三俵宛并五菜料菓子料」とある。

81 「弥彦神社領検地日記」（『新潟県史　資料編五　中世三』新潟県、昭和五十九年、二三八―二四五頁）。

82 「古日記」（『彌彦神社叢書　舊神主高橋家古記録編』彌彦神社社務所、昭和十八年、二五―二九頁）。

83 前掲注30に同じ。

84 「越後國蒲原郡彌彦神領之事」（『彌彦神社叢書　舊神主高橋家古記録編』彌彦神社社務所、昭和十八年、二一七―二二二頁）。

85 「社領配當覚」（『彌彦神社叢書　舊神主高橋家古記録編』彌彦神社社務所、昭和十八年、二三三―二三八頁）。

86 前掲注22同書、一〇八―一〇九頁。

87 「小山清村安堵状」（新潟県教育委員会『新潟縣文化財調査報告書　第二（文書編）彌彦文書』新潟県教育委員会、昭和二十九年、三七頁）。

88 中野豈任「忘れられた霊場―中世心性史の試み―」（平凡社、昭和六十三年、二三二―二四六頁）。

第二部　供覧神饌に関する事例研究

第一章　北野天満宮瑞饋神輿について

はじめに

本章では、北野天満宮瑞饋祭について取り上げ、祭りに出される瑞饋神輿と呼ばれる神饌の形成要因について考えてみたい。

瑞饋祭は西之京に居住し、北野天満宮へ神人として神役奉仕を行った西京神人が、神役の余暇を持って農業を営み、その収穫物を供えるための祭りが始まりだとされている。この祭りで供えられる特殊神饌、瑞饋神輿は、神輿状の神饌という特徴を有している他、新穀蔬菜に細工を施して飾り付けている点に特徴が見いだせる。

瑞饋祭及び瑞饋神輿について言及している研究は少なく、岩井宏実[1]、櫻井敏雄[2]が特殊神饌の一事例として紹介している。また、瀬川弥太郎が瑞饋祭の歴史について西之京と西京神人と祭りの関係について概説を行っている他[3]、瑞饋祭自体の研究ではないが、貝英幸が中世の西之京の変質を論じる中で、瑞饋祭の由緒についての比較検討を行っている[4]。では、瑞饋神輿の特徴——形状と用いられる食物類——に影響を及ぼした要因を検討する為に何を分析するべきか。

第一に、瑞饋祭と瑞饋神輿の現在、そして由緒に記された内容についての比較検討と別史料による裏付けを行う必要がある。岩井らの報告や瀬川による祭りの歴史的変遷や由緒については、『北野誌』や『瑞饋神輿略記』に記された内容に従ったもので、貝により由緒の比較検討は行われているものの[5]、由緒の内容が別の史料から裏付けできるか行われていない。よって、瑞饋祭と瑞饋神輿の現在と、祭りの歴史的変遷を由緒や『北野天満宮史料』から把握を行い、瑞饋神輿の特徴について指摘する。その上で、各由緒の内容について比較し、由緒の内容、特に祭りの様相が別の史料から裏付けできるかどうかを検討する必要があると考える。

また、瑞饋祭の祀り手とされる西京神人がどのような存在であったのか、祭りとどのような関わり方をしていたのか、と言う点について検討する必要がある。貝は由緒の検討を通じて、西之京と西京神人の歴史的変遷について論じており、由緒には西京神人独自の伝承が含まれている点を示唆している。また貝とは異なる視点から、西京神人と祭りについて取り上げた三枝暁子は、近世期の西京神人について取り上げ、北野社への補任要求や、御旅所での祭祀などを行っていた点を、「酒麹業にかわる独自の祈祷・祭祀行為の獲得」として指摘している[6]。三枝が指摘した近世期は、由緒で語られる内容に従えば、瑞饋神輿が形作られた時期と一致していることからも、西京神人が近世期にどのような祭りを行っていたのか、由緒以外の史料から様相を確認する必要がある。

そもそも、西京神人は北野社に奉仕する中世以来の神人であり、七保の御供所にて神饌の調進などを行っていたとされている[7]。この七保の御供所には天神が祀られていたことから独自の信仰を有していたと考えられ、また瑞饋祭の由緒でも登場することから、西京神人にとって重要な場所であったことが考えられる。この御供所についてもその運営などを含め分析を行う必要がある。これら祭りと神饌、祀り手の歴史的変遷と信仰などを踏まえ、瑞饋神輿の特徴が形成された要因について検討を行う。

よって本章では一節で北野天満宮の概要と瑞饋祭の現在と由緒について述べる。二節では、瑞饋祭の歴史的変遷を確認するため、由緒の比較検討と『北野天満宮史料』などによる祭りの様相について分析を行う。三節では、瑞饋神輿の成立した近世期における西京神人の諸活動の分析を通じて、西京神人と祭りの展開について論じるとともに、西京神人の生業と信仰、文化について分析を行い、瑞饋神輿の特徴に影響を及ぼした要因について明らかにしたいと思う。

第一節　北野天満宮の歴史と祭儀

一　北野天満宮の概要

京都市上京区に鎮座する北野天満宮は、菅原道真を主祭神として祀る神社である。北野天満宮の鎮座は、菅原道真が逝去した後、天慶五年（九四二）七月、右京七条二坊十三町に住む多治比文子という者に右近馬場に自分を祀るようにと道真から託宣が下ったことが始まりとされる。当初、文子は自宅の近くに道真の霊をまつっていたが、天暦五年（九五一）に至り北野へ移した。文子に下った託宣より五年後の天暦元年（九四七）、近江国比良社の禰宜である神良種の子供、太郎丸に文子同様の託宣が道真から下り、良種は朝日寺の最鎮と協議して社殿を設けることになったとされる。この道真の託宣以前、延喜二十三年（九二三）の醍醐天皇の皇太子保明親王、延喜二十五年（九二五）皇太孫慶頼王の死去、同年八月の清涼殿への落雷による藤原清貫と平希世の死去があり、これらの事象が道真の怨霊によるものと考えられ、同時に道真の怨霊＝雷神と結び付けられ御霊として信仰されるようになっていた。また、道真が祀られた北野は、当時雷神が祀られる土地であったことや、道真が「火雷天神」「火雷天気毒王」と見られていたことが『道賢上人冥途記』に記されている点など、当時の道真の怨霊に対する考え方が北野天満宮の鎮座由来の背景にあったと推察される。北野の地へ鎮座して後、社殿が整備されると同時に、社家組織と社領も整備が行われた。まず社家組織についてであるが、北野別当職である曼殊院門跡は、比叡山延暦寺の僧是算が寛弘元年（一〇〇四）に北野別当職に補せられたのを始まりとして、天仁年間（一一〇八〜一一一〇）に忠尋大僧正が寺号を曼殊院と改めて以降、曼殊院と称するようになった。この曼殊院門跡下に祀官と呼ばれ法体で奉仕する家があり、松梅院・徳勝院・妙蔵院の三家が世襲で神事を行った。また祠官家とは別に曼殊院の事務職を預かる目代が北野天満宮で業務を行っていた。祠官家の下で社殿にて奉仕を行っていたものが宮仕と呼ばれる人々で、祠官家と同じく法体で世襲だった。この他に、御子職、西京神人などの神人などが北野天満宮の運営を支えていた。ちなみに、今回取り上げる瑞饋祭は西京神人の祭りとの由来がある。

神社の運営基盤となる社領に関しては、天永元年（一一一〇）に摂政の藤原忠実が備後と阿波の五烟ずつ計十烟を寄進したことが『朝野群載』に見えほか[8]、淡路国鮎原庄が貞応元年（一二二二）以前に、摂津国山道庄が文永二年（一二六五）以前、讃岐国吉田庄が北野社領として確認することが出来る。これらの社領には、常燈料所などの割当てがあり、能登国菅原庄や備前国菅原郷などが常燈料所として設定されていた。また能登国菅原庄は、造営料所・三年一請会として、後に祈祷大般若経料所として変更されている例も見られる[9]。

二　瑞饋祭の現在

次に北野天満宮における年中祭典について触れる（表1）。

北野祭は旧暦八月五日に行われていた祭りで、延元元年八月五日以降に勅祭となった。後に、永承元年に後朱雀院の皇后である藤原嬉子の国忌に当るために八月四日に改めてられることになった。北野祭では、神輿が西之京にある

表1　北野天満宮現行祭典

月日	祭祀名	備考
1月1日	歳旦祭	
1月2日	筆初祭、天満書（てんまがき）	書道の神として信仰される菅原道真を偲び、書道上達を祈願した後、絵馬所で書き初めを行う。
1月25日	初天神	25日は天満宮の御縁日（菅原道真の誕生日と薨去日は25日）にあたり、1月25日は1年の始めの縁日として参拝者が絶えず訪れる。
2月 立春前日	節分祭、追儺式	立春の前日に行われる祭りで、節分祭が本殿にて行われ、後に追儺式として北野追儺狂言と豆まきが行われる。
2月25日	梅花祭	祥月命日にあたる2月25日に行われる祭り。始まりは天仁2年（1109）に遡る。祭りでは、大飯（おおばん）、小飯（こばん）と呼ばれる蒸飯とともに梅の花をさした香立と呼ばれる神饌を副える梅花御供という特殊神饌が七保会（ななほかい）の手で調饌され供えられる。
4月 第3日曜日	文子天満宮祭日曜日の3日前神幸祭、第3日曜日還幸祭	多治比文子が菅原道真より託宣を受けた事に因んだ祭り。寛永2年（1625）に二條康道より神輿の寄進を受けて後、従来7月12日に行っていた祭りを4月7日を出御、16日を還幸とした。
4月19日	祈願絵馬焼納式	毎年4月1日から受付が始まる特別入試祈祷に先立って、昨年度に絵馬掛所に奉納された絵馬約を焚きあげし、願掛けされた人々の無病息災を祈る祭り。
6月1日	火之御子社例祭（雷除大祭）	北野天満宮創建以前より北野の地に祀られていたご祭神の祭り。雷除けや五穀豊穣を祈願し、火打ち石を用いて浄火を点け、祈祷が行われる。
6月25日	御誕辰祭、大茅の輪くぐり	菅原道真の誕生日である6月25日行われる祭りで、大茅の輪くぐりを行い無病息災を祈る。
7月7日	御手洗祭り、七夕祭	古くから天満宮で行われてる祭りで、道真公の御遺愛と伝えられる「松風の硯」や、角盥（つのだらい）・水差し・梶の葉7枚や、夏の野菜、素麺、御手洗団子がお供えされる。
8月4日	例祭（北野祭）	永延元年（987）に一条天皇が初めて勅祭を斎行された日に行われる祭り。応仁の乱による途絶以前には西京御旅所への神輿還幸や鉾の巡幸等が行われていた。
10月1日	瑞饋祭（1日神幸祭、2日献茶式、3日甲御供奉饌、4日還幸祭、5日后宴祭）	瑞饋神輿と呼ばれる特殊神饌が西之京から北野天満宮周辺を巡幸する祭り。菅原道真の太宰府左遷に随行した西京神人が、道真御自作の木像を京都へ持ち帰ってお祀りし、秋に収穫物をお供えしたことが祭りのはじまりとされる。
10月29日	余香祭、献詠歌披講式	菅原道真が右大臣の時、清涼殿にて詩を詠み、御衣を下賜されたことに因んだ祭り。旧儀の9月9日を新暦に換算して10月29日に大正8年に再興された。
11月26日	御茶壺奉献祭、口切式	御茶壺奉献祭は、12月1日に行われる献茶祭で用いる碾茶を茶壺に納めて奉献する祭りで、口切式にて茶壺の封切りが行われる。
12月1日	献茶祭	天正15年（1587）に行われた北野大茶会に因んだ祭り。御茶壺奉献祭で奉献され口切式の神事でを行った碾茶を用いた御茶が奉献される。
12月25日	終い天神	25日は天満宮の御縁日（菅原道真の誕生日と薨去日は25日）にあたり、12月25日は、1年の終わりの縁日として参拝者が絶えず訪れる。
12月31日	大祓、除夜祭、火之御子社鑽火祭、火縄授与	新年を迎えるにあたり、罪穢れを払う大祓を行い、除夜祭にて1年間の無事を報告する。火之御子社鑽火祭では鑽火により浄火をきりだして鑽火祭を行い、鑽火は縄に移され参拝者に授与される。

御旅所へと渡御を行う祭りで、後に鉾などが供奉する祭りへと変化していった。応仁の乱以降は途絶え、明治八年に入り復興し、例祭として九月四日に行われることになった。また、北野祭の神輿渡御の後に本社にて東遊びや神楽を行う臨時祭が行われていた。

北野祭の他、現行祭典及び旧儀を見ると、主祭神である菅原道真に因んだ祭りが多く行われていることが見て取れる。特に有名なのが二月二十五日に行われる梅花祭である。この梅花祭では「菜種御供」と呼ばれる特殊神饌が西京神人の手により調饌されていた。現在の梅花祭では梅花御供と呼ばれる特殊神饌が供えられており、この神饌は西京神人の末裔で結成された西ノ京七保会が潔斎の上、調饌を行っている。また瑞饋祭で行われる甲御供奉饌の甲御供も、西ノ京七保会が調饌を行っており、北野社の神人として長く奉仕してきた伝統が現代に継承されている。

さて、本章で取り上げる瑞饋祭は、十月一日から五日に行われ、天満宮の神輿の還幸・還御と西之京瑞饋神輿保存会の手に依る瑞饋神輿が巡幸する祭りである。旧来は、西京神人が菅原道真を独自に祀り、秋の収穫物を供える祭りであったものが、近世に入って木製の神輿型に収穫物を飾り付け西之京から北野天満宮界隈を練り歩く祭りになったとされている。

現在の瑞饋祭は十月一日から五日に掛けて行われている（表2）。祭りの始まりは、一日に行われる北野天満宮からの出御祭である。北野の神輿が御旅所――中京区西ノ京中保町――へ神幸して以降は、還御祭が行われる四日まで御旅所が祭りの中心となる。御旅所では二日に献茶祭、三日に西ノ京七保会による甲御供（かぶとのごく）奉饌が行われる。また、一日から御旅所には瑞饋神輿は奉安されている。

四日には還御祭と瑞饋神輿巡行が行われる（図1）。一日から御旅所に奉安されていた瑞饋神輿（写真一――五）が、北野の神輿に先駆けて御旅所を出て、北野の神輿とは別の順路で西之京から北野天満宮にかけて巡行する。北野の神輿が還御し終えた頃、瑞饋神輿は北野天満宮の東鳥居の前に到着し、神職のお祓いを受けて後、御旅所へ帰る。五日には御旅所で瑞饋神輿が解体されてる。かつては、飾り付けられていた野菜等が氏子等に頒布されていた。同日、天満宮では后宴祭が行われ祭りは終りを迎える。尚、現在曳き出されている瑞饋神輿二基——大人達が曳く大若と子供達が曳く小若——だが、最盛期で八基の瑞饋神輿が出されたとされており[10]、その内、西ノ京大将軍で担がれていた神輿型が大将軍八神社に現存している[11]。

以上が瑞饋祭の現状である。祭りの内容から見える特徴は、瑞饋神輿の存在と、御旅所を中心とした巡行、そして祭りの担い手である。ではまず、瑞饋神輿についての概要から述べてゆきたい。

瑞饋神輿の核となる神輿型について述べてゆく。四方千木形(しほうちぎがた)と呼ばれる神輿型が素の状態である。瑞饋神輿は、一般の神輿と異なり、御正体の厨子

表2　瑞饋祭現行次第

月日	時間	祭礼日程	瑞饋神輿の動き
祭礼約1か月前			西之京瑞饋神輿保存会集会所にて道具調べ（神輿型の点検）及び瑞饋御輿を飾る、各部品に用いる蔬菜や花の収穫、部品の作成が開始。
9月30日	午後1時〜午後5時		瑞饋神輿の飾り付け。（隅瓔珞・平瓔珞・真紅等の取り付け）。
10月1日	午後4時	御旅所に行列到着。着御祭執行（田舞・鈴舞奉納）。	瑞饋神輿は神輿庫にて奉安。
10月2日	午前9時	北野天満宮本社にて出御祭執行。	瑞饋神輿は神輿庫にて奉安。
	午後10時	御旅所にて、献茶祭（表千家宗匠奉仕）。	
	午後1時	天満宮本社より行列鳳輦などの行列出発。	
10月3日	午後3時	御旅所にて、西ノ京七保会による甲御供奉饌。	瑞饋神輿は神輿庫にて奉安。
10月4日	午前10時	御旅所にて、出御祭斎行。	保存会及び外部の担ぎ手により、瑞饋神輿を曳き車に乗せ、瑞饋神輿出御の準備。
	午後1時	天満宮本社鳳輦の列、出御。	12時30分、瑞饋神輿出御。天満宮本社の鳳輦とは別の道筋で巡幸。
	午後5時	天満宮本社に鳳輦の列、着御。着御祭。	瑞饋神輿、御旅所へ着御。
10月5日	午後3時	天満宮本社にて、后宴祭（八乙女による田舞奉納）。	朝より瑞饋神輿解体。

※ 2009年から2012年にかけて行った瑞饋祭の調査を元に作成した。

を納めた後に各部位を取り付けて作製される。なお、瑞饋神輿の解体後は、神輿型と一部の部品は御旅所の神輿庫に、厨子と神輿車、その他部品については保存会の会所と呼ばれる場所へ保管される。この神輿型に飾り付けられる各部位も特徴的な点が多く見受けられる。平瓔珞と呼ばれ、神輿型の四方に飾り付けられる部位は、一見すると金物で細工されている風であるが、すべて麦藁細工である。隅瓔珞は野菜に紐を通したりして組み上げられたもので、一般的な神輿に見られる瓔珞のような金物による細工ではない。真紅は千日紅と呼ばれる花を紐に通して柱に巻きつけたもので、「天満宮」の文字は白い千日紅で作られている。この他の部位も麦藁細工や野菜などを用いて飾り付けられており、特に四面上部に取り付けられる欄間（らんま）と呼ばれる部位には、年毎に有名な物語——例えば源氏物語等——の場面を野菜や乾物を用いて描いている。これらの飾り付けは、九月初旬より開始され、部位毎に担当の人間が組み上げていく。そして九月三十日には、神輿型へと各部位が取り付けられ、十月一日の祭礼初日からお披露目される。

次に祭礼中の瑞饋神輿の様子について述べる。瑞饋神輿が御

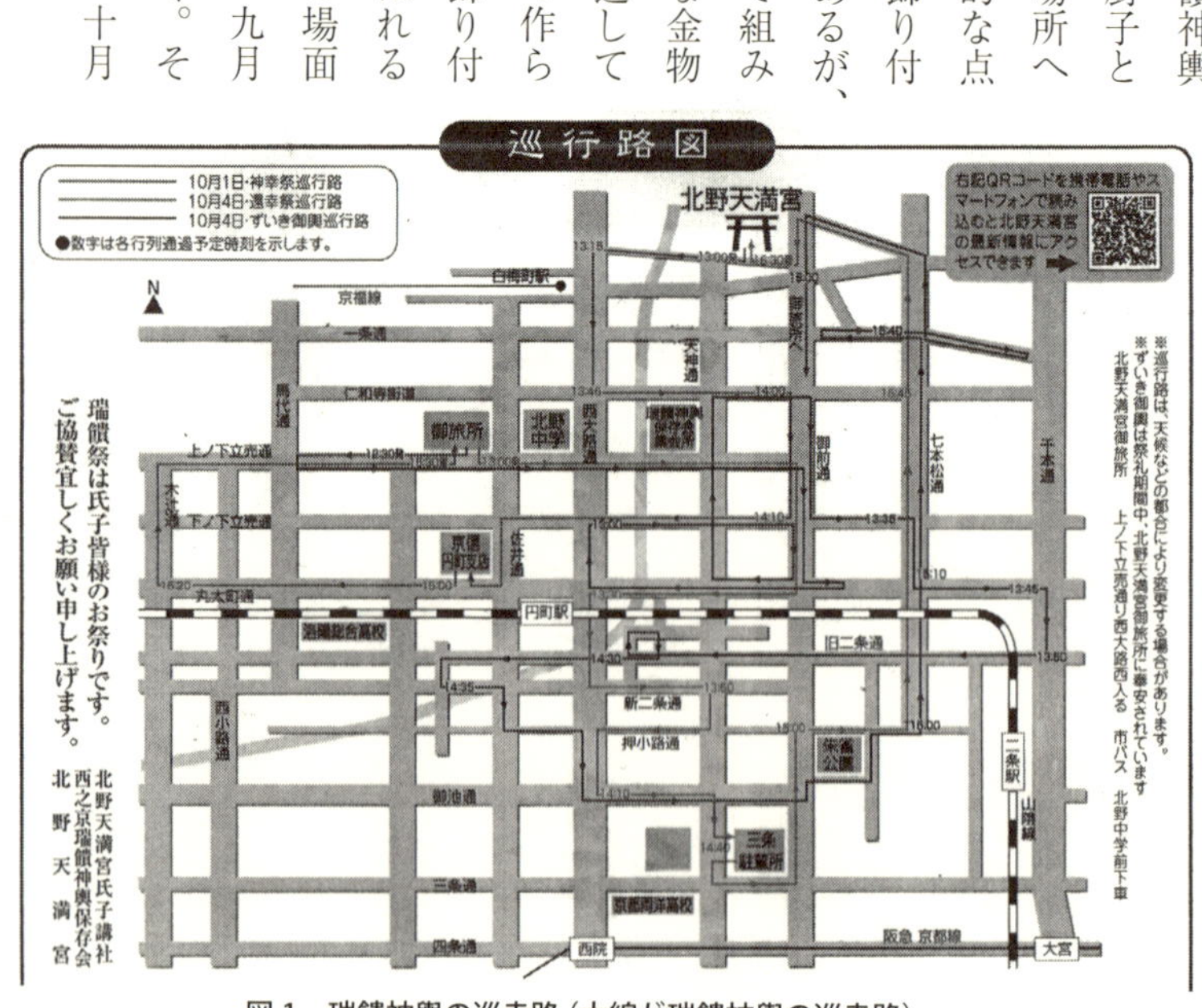

図１　瑞饋神輿の巡幸路（太線が瑞饋神輿の巡幸路）

写真１　瑞饋神輿（平成20年10月4日筆者撮影　以下の写真は筆者の撮影による）

写真３　隅瓔珞（すみようらく）

写真２　瑞饋神輿の神輿型

写真４　平瓔珞

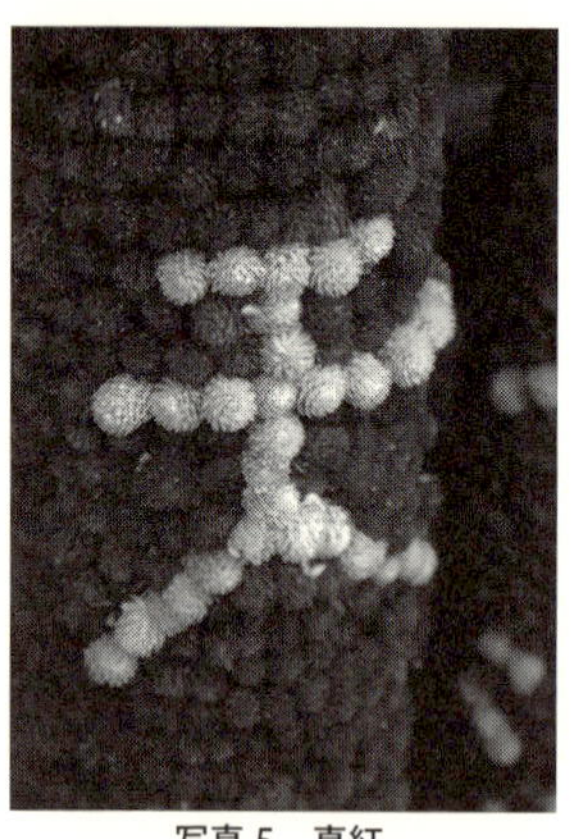
写真５　真紅

旅所に奉安されている際に、瑞饋神輿に対して何らかの神事が執り行われることはない。その一方、御旅所へ還御した北野天満宮の神輿に対しては献茶祭や甲御供奉安などの神事が行われていることから、その扱いが異なっている。このことから瑞饋神輿に対しては一般的な神輿のような扱いはされていないことが分かる。

最後に、瑞饋神輿を作成及び巡行を行っている人々について言及しておく。現在、瑞饋神輿を作成しているのは西之京瑞饋神輿保存会という組織である。会員の多くは西之京に居住する人々で、職種は様々であり、内数軒は農業を営んでおり、瑞饋神輿に用いられる野菜類の栽培を行っている。この保存会の前身となる団体は、大正時代には瑞饋神輿保存講と称し、瑞饋神輿を載せる車にその名が刻まれている。昭和初期には西ノ京青年団（西之京青年団）と言う名称を変えており、祭礼当日配布されている『瑞饋神輿略記』にその名称が見て取れる。[12]戦後は西ノ京青年会と名前を変え、現在の名称になったのは、昭和四十五年（一九七〇）である。

以上現在の瑞饋祭と瑞饋神輿について由緒を交えながら概要を示した。

神輿状の神饌である上に、芋茎をはじめ大量の蔬菜類を用いている点が神饌としての特徴である。また、祀り手に北野社に奉仕していた西京神人の末裔も含まれている点、その西京神人が北野社とは別に天神を信仰し祭りを伝承していた事も祭り自体の特徴として挙げることができよう。

三　瑞饋神輿の由緒と歴史

次に瑞饋祭の歴史について、『北野誌』と『瑞饋神輿略記』を参照し、その歴史を確認する。

瑞饋祭の始まりは、北野天満宮に属していた西京神人が、神役奉仕の余暇をもって農業を営み、その収穫物を奉献する収穫祭が、祭りの原型であったとされている。この祭りが始まって後、八月五日に北野祭が行われるようになってからは、御旅所に駐聯する神輿に祭りの神饌を奉るようになったとされる。

北野祭が応仁の乱にて、途絶するようになってからは、瑞饋祭の日程を九月四日として、神人の家毎に一台ずつ供えていた神饌を、各家二～三家合同で神饌を調饌するようになり、大永七年（一五二七）に至ると一台の大形の神饌として調饌、新穀蔬菜に草花を飾り付け、「御供槽」と呼ばれる物に盛り付け、これを二本の丸太に据えて担い奉献するようになったとされる。慶長十二年（一六〇七）に至ると、西京神人と西之京十六ヶ町の農家が協力して、葱花輦形の神輿型を造り、そこに新穀蔬菜を飾り付けて奉献するようになったとされる。よって、瑞饋神輿の原型は慶長十二年の葱花輦形に求められる。以後、神輿型の形式は、八方葱花輦形、六方鳳輦形、四方千木形へ変化し、現在の四方千木形は享和二年（一八〇二）に成立したとされている。

また瑞饋神輿は西京神人らの作成ものだけでなく、西之京十六ヶ町以外の西ノ京大将軍、上七軒、紙屋川町、西今小路、鳳瑞町、二番町——現在の上京区から中京区周辺の町——からも瑞饋神輿を作成して担ぎ出されたとされる。現在でも瑞饋神輿に用いた六方鳳輦形が大将軍八神社に保存されており、嘉永七年（一八五四）に修理したものとされているので、神輿型は地域により異なっていたと考えられる。この後、明治八年には北野祭再興に伴い、瑞饋神輿は廃止、十五年を経た明治二十三年（一八九〇）に西之京の有志らにより、十月四日の還御祭の鹵薄として再興を遂げ、現在に至っている。

以上が『北野誌』『瑞饋神輿略記』にある。瑞饋祭は本来、西京神人が行っていた収穫祭であり、祭りで供えていた収穫物が時代を経る毎に盛り付け方が変化し、瑞饋神輿という形になったとされている。由来を見る限り、瑞饋神輿は神饌が発展・展開したものとされている。では由緒以外に史料に記されている瑞饋祭の記述について見ていきたい。

慶長頃成立したとされる伝土佐光吉『十二ヶ月風俗図』[13]九月の図には瑞饋神輿と思しき神輿を舁き廻る光景が描かれている（図2）。神輿の形状が由緒の記載ものと異なるが、瑞饋神輿の成立時期と作品の成立時期が一致していることから、当時の瑞饋祭の光景であると考えられる。

次に『北野天満宮史料』[14]の『宮仕記録』元禄二年（一六八九）五月条には「禁官ヲ申五位装束上八人前こしらへ祭を渡シ可申候由、本社ニテ成不申候ハヽ、御旅所ニ而祭

図2 『十二ヶ月風俗図』にみえる瑞饋神輿

をわたし可申様ニ聞候」とあり、御旅所にて西京神人が祭礼を「わたす」つまり神輿等を舁き廻す祭礼が行われていたことが確認できる。[15]

また『宮仕記録』宝永三年（一七〇六）九月三日条には「頃日風聞ニ西京ニ祭礼ヲ催ス旨也、少キ御輿ヲ拵等之事也、」「風聞ニ御旅所へ神供ヲ備、又ハ御輿之沙汰ニ付宮遷被致等之事也」とあり、西京神人が「少キ御輿」を拵え祭礼を行っていたことが記されている。[16]この「少キ御輿」が瑞饋神輿であると考えられ、「少キ御輿」の他にも「作物之鉾五本」などが練り歩きをしていたとある。この「作物之鉾五本」は『北野誌』には「剣鉾」、『瑞饋神輿略記』には「鎊剣鉾等」が祭礼にて登場しているとからも、この記述が瑞饋祭の記述であると考えられる。[17]

『宮仕記録』以外の史料には、享和二年（一八〇二）『俳諧新季寄』の九月の季語に「ずいき祭り　北野ずいきにて神輿五柄をこしらへかきまはる也」[18]、天保三年（一八三二）『大日本年中行事大全』九月の条に「九月四日　北野芋茎祭未刻　北野祭なり。生土地より青物にて神輿を作り、北野本社の境内に舁入、西鳥井より出でて近辺を舁行。是を芋茎御輿といふ」[19]、安政六年（一八六〇）原田光風『及瓜漫筆』に「九月四日北野大将軍の祭礼には、産子の町にて芋の茎其外色々の野菜物をもて、神輿をつくり出せり、此細工絶妙にしていと奇なり、故に世に北野のずいき祭りといへり」[20]等、西京神人等が行う祭礼が芋茎や野菜を用いて作った神輿を舁き回る「ずいき祭り」として世に知られていたことが分かる。

以上、由緒や各史料から瑞饋祭の由緒と断片的な祭りの様子を確認した。これまで由緒以外では語られて来なかった瑞饋祭に関して、断片的ではあるが祭りの様子について確認できる。また、由緒以外の何れの文献においても、瑞饋神輿が神輿として認識されていたこと点は見逃し難い。祭りの由緒から考えれば、瑞饋神輿は祭りで供える特殊な盛り付け方の神饌、という本義を持っているが、形状が神輿である点、巡幸を行う点から、瑞饋祭の光景を見た人々には、野菜を飾り付けた神輿を舁き回る祭り、として認識されていたことが分かる。以上の点から、由緒が示す通りの神輿型の神饌が西之京一帯を舁きまわる祭りが行われていた事が再確認されるのである。

第二節　瑞饋祭の歴史的変遷とその様相

一　瑞饋祭の由緒とその内容

さて瑞饋祭や瑞饋神輿の由来は先に取り上げた『北野誌』や『瑞饋神輿略記』『歳事史』から確認できるが、これらの由来に関する資料的な裏付けは不確かな部分が多いことが指摘されている[21]。また、由緒に記されている瑞饋祭の由来についいは瑞饋神輿という形が成立する以前、神饌が大型化した時期――戦国末期から近世初期――の事については不明であり、瑞饋祭及び瑞饋神輿の歴史的変遷やその様相については『北野誌』等の由緒に記されている以上の事は現在の所、明らかでない部分が多い。

よって本節では瑞饋祭及び瑞饋神輿の由緒の内容の再検討と、祭りの歴史的変遷と様相について『北野天満宮史料』の『目代日記』『宮仕記録』を中心とした史料を用いて確認を行う。

表3は各由緒に示されている祭りの淵源から、明治時代の再興までをまとめたものである。どの由緒についても、九月九日が瑞饋祭の祭日で、新穀蔬菜を奉り、五穀成就の奉賽とする旨の祭りとし、その祭りを行うのは「西ノ京」に住む「社人」「社家」であることが分かる。これらの由来について『北野誌』と『歳事史』は、「社家」の末裔の所蔵する記録が典拠であることを示している。まず『北野誌』に於いては、由来の典拠について文頭に「北野舊社人川井菊太郎氏所蔵の記録に拠れば」と明示しつつ、「社人」の起源と瑞饋祭の起源について示している。一方『歳事史』

表3　瑞饋祭由来比較表

	『北野誌』	『歳時史』	『略記』
祭りの起源	北野舊社人川井菊太郎氏所藏の記録に依れば、菅公太宰府におはしける時、自から木像を作らせ給ひしを、薨去の後、同氏の祖先某之を奉じて、京都に歸り、西の京の北町に小祠を立て、鎮座せしめ、宰府の御墓所に准じて、安樂寺と稱へ奉れり、かくて奉仕の餘暇を以て、農業を營みしかば、秋の收穫の時に至り、その新穀菜蔬果蓏等に草花を飾り附け、之を獻じて、五穀成就を報賽せり、之を瑞饋祭と稱して、九月九日に行ふ例たりき、	北野神社の芋茎神輿の濫觴は頗る古く藤原時代からであるやうで、古昔は毎年九月九日に西ノ京に住んでゐた神社の社家が各自作つた新穀菜蔬果實を盛つて、これに草花を挿し神社に献じ以て五穀成就の奉賽としたのを始めとするので、之を瑞饋祭と稱した。	瑞饋神輿の濫觴は往昔毎歳九月九日西ノ京に住める北野神社の社家各自作得する処の新穀蔬菜果蓏を盛りこれに草花を挿して飾りて天満宮に献じ以て五穀成就の奉賽と為しゝにありて之を瑞饋祭と称せり。
祭りと神饌の変化	この後西の京の御旅所に、北野神輿の渡御あらせられるゝやうになりては、社家各自より新鮮なる菜蔬果蓏に草花を飾りて献ずる事となりしが、この御祭も應仁の大亂以來中絶せしより社家等更に相謀りて、従来は社家ごとに、各々神饌一臺づゝ供へしを改めて、二三家相組みて一臺の神饌を作り、最も鄭重に飾り立て、之を本社に供ふる事とせり、	その後一条天皇永延元年八月五日から北野神輿渡御の式が官幣で執行せらるゝやうになつてから、此日瑞饋祭の御供を奉つたが、應仁の亂には神輿渡御も斷絶したので、この瑞饋祭を九月四日に奉仕することなゝつた。古例では祭日には社家の家毎に神饌一臺づゝ、曲物に盛り供進する例であつたが、	其後永延元年八月五日より北野神輿渡御の式を官幣にて執行せらるゝに至りこの日に瑞饋祭の御供を奉り以て恒例としたりきさるを、応仁の兵乱に遭ひて神輿渡御式も斷絶に帰せしかば更に瑞饋祭をば九月四日に奉仕し古例祭日には社家の家毎に神饌一台つゝ曲物に盛り供進せしを改めて一台を二、三家つゝ相組て鄭重に調進することゝなり
瑞饋神輿の祖型	かくて漸々粧飾の美を増し、大永七年に至りては、一臺の大形に作り成りし、社家總掛にて、新穀菜蔬果蓏等に草花の風流を添へ、更に之等の品物を以て、人物花鳥獣類の形をも作り、最も華美なる神饌となし、二本の棒を以て之を荷ひ、献上することゝなりぬ、	改めて一臺を二三家づゝ組合ふて一臺の大形に作り社家總掛で新穀蔬菜果物に草花を挿し、又それ等のもので人物花鳥獣介の形を作つて之を御供槽に載せて二本の丸太を添へて荷なひ華麗な神饌として献じた。	爾来年を逐ひて粧飾を加へられて大永七年の頃には終に一大の大形に作り社家総掛にて新穀蔬菜果蓏に草花を挿して大に風流の美を極め且その物をもて人物花鳥獣介の形を作りこれを御供槽に載せ二本の丸太を添へて荷ひ華麗なる神饌となして献ぜり
瑞饋神輿へ	然るに當時動もすれば、山門の神輿振など行はるる時勢なりしかば、その風倣ひけるにや、慶長十二年に至りて、社家西の京の農民など聯合して、別に粗末なる葱花輦形を為り、瑞饋の音によりて芋苗英を以て屋根を葺き、飾るに例年神饌に供する品々を以てし、之を瑞饋神輿と稱へ、まづ安樂寺天満宮へ舁き込みて、社前に据ゑ、社人祝詞を奏して繼て北野神社に至り、之を廣前に据ゑ、その後西京中を振り廻る事となれり	然るに中世以来諸者の祭禮に神輿を振ること流行したので、慶長十二年に社家附近農家と協同して西ノ京堀川町にあつた北野社二之保御供所で葱華輦形を造り瑞饋の音に緣あつて芋茎を以て屋根を葺き各部の装飾には例年神饌に供する品目を以てし、これを瑞饋神輿と稱し、先づ西ノ京北町にあつた一之保御供所内鎮座天満宮の神前で清祓を修し、次で北野本社の廣前に据ゑ、後に産土なる西ノ京各町を奉舁、巡行して祭禮とした。	慶長十二年に至り亦之に倣ひ社家附近の農家等と協同して西ノ京堀川町にありし北野社二之保御供所に於て葱花輦形を造り瑞饋の音に縁りて芋苗英をもて屋根を葺き各部の装飾には例年の神饌に供する品目を以てしてこれを瑞饋神輿と称し先西ノ京北町にありし一之保御供所内鎮座天満宮の神前に於て清祓を修し次で北野本社の広前に据奉りされ後に産土なる西ノ京各町を奉舁巡行して祭礼となせり
祭りの賑わい	この儀一度行はれて後は、大将軍を始め紙屋川上七軒の各町にも、また之を造り、毎年互いに新奇を競ひ、精巧を争ひ、祭器を増餝し、劔鉾に至るまで精美を極むることゝなりぬ、	それで西ノ京の近傍の産土大将軍を始め紙屋川上七軒も之に倣つて各神輿を作り、毎年新奇を衒ひ、祭具を増補し、飾劔鉾まで同じ式に造り壮観をなすに至つた。	茲に於て西ノ京の近傍なる本社の産土大将軍を始め紙屋川上七軒亦之に倣ひて各神輿を造り毎歳新奇を衒ひ情巧を競ひ逐次祭具を増補し銹剣鉾等に至るまで亦同じ方法をもて造り頗壮観を為すに至れり
明治以降	明治８年に至り、氏子信徒の請願に依り、往古の神輿渡御式再興せらるゝと共に、この瑞饋神輿は廃する事となりぬ、然るに同23年西京の有志者相議して、瑞饋神輿の起元久しきに拘らず、今は之を廃止せられるが、かくて年を経なば製作法全く湮滅に帰せむと、更に本社に謀りて之を再興し、十月四日神輿西京より還御の時、鹵簿の後列に巡行する事とせり、翌２４年大将軍にてもまた之を再興して、以て今日の例となれり、	明治七年に瑞饋祭の趣旨を誤解して、西ノ京、大将軍、紙屋川、西今小路町の四基の御輿に始めて神座を設けて、北野本社の御分霊を移し産土各町を巡行したが、翌八年十月官に私祭の許可を受け、神輿渡御の式を再興せられ、瑞饋神輿は一たび廃すること、なつた。後十五年、瑞饋神輿の廃絶を惜しみ、明治二十三年西ノ京有志者之を再興し、毎年十月神幸鹵薄の後から巡行すること、となったのである。	明治七年に瑞饋祭の趣旨を誤解して、当時奉造せる西ノ京、大将軍、紙屋川、西今小路町の四基の御輿に始めて神座を設け北野本社の御分霊を遷し奉り以て産土各町を奉舁巡行せしが、翌八年十月官に申て私祭の許可を得て、神輿渡御の式を再興せらるゝにありてこの瑞饋神輿は廃する事となりぬその後十五年を経て中絶久しきに亘り製作の古伝も湮滅に帰せんとするをを惜しみ明治二十三年西ノ京有志者之を再興し毎歳十月神幸鹵薄の御列に伍し巡行すること、となれり

では文末に「川井菊太郎氏報告」とあり、どちらも「川井菊太郎[22]」という人物の記録及び報告が瑞饋祭の由来の典拠となっている。また『略記』は『歳事史』をベースにしたとの貝による指摘の通り、文章が殆ど同じであることが見て取れる。つまりこれら瑞饋祭の由緒は、川井菊太郎氏の所蔵とされる記録が典拠である、と指摘出来る。

しかし、同じ典拠でありながらもそれぞれ異なっている部分が存在する。それは『北野誌』にのみ西京神人――『歳事史』『略記』では「社家」――の由来が記されると共に、神人が営んでいた「安樂寺」で瑞饋祭が行われていたとしている部分が、『歳事史』『略記』とは大きく異なっている。「川井菊太郎氏所蔵の記録」を典拠としている各由緒においてこのような違いが有るのかは定かではないが、『北野誌』の記述からすれば、西京神人が「安樂寺」を営みそこで瑞饋祭を行っていた、つまり神人固有の祭りであったことを示唆していると考えられる。

次に祭りと神饌の変化について見てゆく。『北野誌』では北野祭が始まった後には瑞饋祭の神饌を北野祭にて献じることとなり、応仁元年（一四六七）に起きた応仁の乱以後は、北野祭の途絶に伴って「本社」にて神饌を献じるようになったとされている。この際に二三家で組んで一台の大型神饌を作ったという。他方、『歳時史』『略記』では、応仁の乱以降には九月四日に瑞饋祭を行うとあり、祭日の変更が記されている。ここで注目したいのは『北野誌』では「本社」に神饌を供えるとあり、『歳事史』『略記』では「瑞饋祭」とあって記述が異なっている点である。『北野誌』で言う「本社」とは、恐らく北野天満宮のことを指していると思われるが不明と言わざるをえない。また『歳事史』『略記』で言う「瑞饋祭」であれば、西京神人が独自に祭りを行っていた可能性もある。以上のことを念頭に置きながら、由緒に言う北野祭における神饌と北野祭途絶後における北野社での神饌について史料から確認を試みる。

まず北野祭において供えられていた神饌について確認を試みる。瑞饋祭の神饌を供えたとされているが、つまりは北野祭の神饌を西之京及び西京神人が献納していたと推察される。そこで史料を確認すると、『古記録』に所収されている「三年一請会引付」応永四年（一三九七）七月廿日条に「以両公人西京大宿禰如先々来朔日餝神供早々可調進之由大宿禰合触了」[23]とあり、北野祭において八月朔日に供える「餝神供」が「西京」にて「調進」されていたことが窺える。

また『社家日記』嘉吉三年（一四四三）十一月十六日条には「一、自明後日十八日西京神人等長日可備麹神供云々」[24]とあり、十一月に延引した北野祭の執行の際に「麹神供」を西京神人が調進していたことが記されている。以上、『北野天満宮史料』が示すように、応仁の乱直前の北野祭において、西京神人が神供を調進していたことが確認できる。ただし、どのような神饌であったのかは不明である。

次に、応仁の乱以降に北野社に供えられていたとされる神饌について見てゆく。この点について『目代日記』を見ると、長享二年（一四八八）以降、月毎の一の付く日には「御供」、三月三日・五月五日・九月九日には「饌供」、二月二十五日には「御鉢御供」が「西京」から北野社へ献納されていることが確認できる。[25]記録上、応仁の乱以後「西京」から北野社に対して「御供」「饌供」「御鉢御供」を奉献していたようである。

この記録以降も「饌供」について『社家日記』永正八年（一五一一）の記録に、三月三日に「御節句赤飯十膳酒五提」九月九日に「赤飯十三膳」「栗ノ折一合」「酒五提」とあり、赤飯や栗等が献納されていることが分かる。[26]しかし、由緒で記されているような大型神饌について、それを特定出来るような記事は確認できない。また『歳事史』『略記』に載る九月四日と言う祭日と瑞饋祭に関しても、応仁の乱から慶長に至るまで『北野天満宮史料』の中から九月四日に祭りが行われていたことを確認することはできない。

では瑞饋神輿の成立以降の記述（表3）について確認を進めていく。

まず各由緒とも慶長十二年（一六〇七）に、瑞饋神輿が出来上ったとされる。しかし『北野天満宮史料』の慶長年間の記録を確認しても、九月四日という祭日や瑞饋神輿と関係するような記述は見当たらない。ただし、『北野天満宮史料』以外に瑞饋祭の痕跡が見受けられる。先に図2にて呈示した通り、慶長年間に描かれたとされる伝土佐光吉『十二ヶ月風俗図』九月の図に神輿に草花を指して街中を舁き回る光景が描かれており、これが瑞饋神輿であるとされている。[27]また、延宝四年（一六七六）の『日次紀事』九月四日条に「北野祭」として記事が載っている。[28]『日次紀事』に見える北野祭について『宮仕記録』を確認すると、この時代に北野社では九月四日に神事が行われていないことから、「北野祭」として載せられている祭りが実は北野社が行っていた祭りではない可能性が高いことが指摘出来る。加え、九月四日という祭日は由緒が示す瑞饋祭の祭礼日と重なっているから『日次紀事』の「北野祭」とは実際には北野社周辺で行われていた祭り、恐らく西之京における瑞饋祭のことを示している可能性があることを指摘出来る。なお時代は下るが享保二年（一七一七）の『諸国年中行事』にも九月四日に「北野殿まつり」と記されており、[29]この記事も瑞饋祭のことを示しているものと推察される。

次に『北野誌』の由緒によれば、瑞饋神輿は「安樂寺天満宮」へ一旦運ばれ、その後に北野天満宮の広前に据えられた後に西之京を巡行するとされている。ここで言う「安樂寺天満宮」とは「同氏の祖先某」が祀った「安樂寺」のことを指している。一方『歳事史』『略記』には「一之保御供所内鎮座天満宮」と記されているが、これも『北野誌』の「安樂寺」を指している。[30]ここで「安樂寺」が西京神人の始まりに起因する場所として、また瑞饋祭に関連する場所として由来に登場していることは見逃すことができない点である。また『歳時史』『略記』にのみ記される瑞饋神輿の奉造場所とされる「北野社二之保御供所」も、やはり西京神人と関連する場所である。因みに「北野社二之保御供所」について『北野誌』によれば、「北野社二之保御供所」は別名を「東光寺」とし、西京神人が建てたものであるとされている。[31]この「東光寺」は西京神人が永享期から北野社に対して神饌を奉献していた事に関連しており、先に触れた貝の論稿においても考察が試みられている[32]。具体的には文禄三年（一五九四）「東光寺御供覚帳」に、二月二十五日の「御鉢御供」、三月三日・九月九日の「饌供」についてその概要が示されている[33]。しかし、「東光寺御供覚帳」には瑞饋祭に関連する記載は無く、また他の史料にも瑞饋祭と「北野社二之保御供所」の関係を表す記事も無い為、今の所不明と言わざるを得ない。

瑞饋祭の広がりについて由緒では西ノ京大将軍、紙屋川町、上七軒などが瑞饋神輿を奉造するようになり、その新奇を競いあったとされる。また「剣鉾」「錺剣鉾」も祭礼に出ていたとある。この祭りの賑わいについては、享和二年（一八〇二）『俳諧新季寄』九月の季語として「ずいき祭り」とあり「北野ずいきにて神輿五柄をこしらへかきまはる也」として「ずいき」でこしらえられた「御輿五丙」が昇き回っていることが分かる[34]。次いで天保三年（一八三二）『大日本年中行事大全』九月の条に「九月四日　北野芋茎祭未刻　北野祭なり。生土地より青物にて神輿を作り、北野本社の境内に舁入、西鳥井より出でて近辺を舁行。是を芋茎御輿といふ[35]」とある。また安政六年（一八六〇）『及瓜漫筆』の内、「京師の遊覧」と題された文には「九月四日北野大将軍の祭礼には、産子の町にて芋の茎其外色々の野菜物をもて、神輿をつくり出せり、此細工絶妙にしていと奇なり、故に世に北野のずいき祭りといへり[36]」と記されていることからも、当時の祭りの様子が窺える。

この様に盛り上がりを見せた瑞饋祭も、明治に入り廃止されることとなる。廃止直前の明治七年（一八七四）には「祭りの趣旨を誤解して」「御輿に神座を設け」「分霊を移し」とあり、瑞饋神輿に北野社の御分霊が遷されたことが『歳事史』『略記』には記されている。何故『北野誌』にこの一文が無いのかは定かではないが、この文言からすれば、明治七年以前には一度も御霊が載せられていなかった、とも考えられる。だが、瑞饋神輿が天神を奉斎する御供所で奉造されていること、現在も瑞饋神輿に御正体が奉斎されていることを考えれば、明治七年以前より、瑞饋神輿は神饌としてのみならず神輿として御霊を奉斎していたものと考えるのが自然であろう。この後、明治八年（一八七五）に北野祭が再興され、瑞饋神輿は廃止された。しかし、西之京の有志の者により明治二十三年（一八九〇）より北野祭の神幸行列の鹵薄として復活を遂げたとある。[37] 現在の瑞饋祭における瑞饋神輿の巡行は、この明治二十三年における再興を期に整えられたものであると考えられる。つまりそれ以前においては、北野社の神輿渡御は無く、瑞饋神輿が単独で巡行を行っていたと推察される。

以上、由緒の比較と裏付けを行った。祭りの創始から中世にかけての様相は史料的な裏付けが困難であること、これまで不明瞭であった近世期における祭りの様相が断片的ではあるが、由緒以外の史料から明らかになってきたといえる。では、『宮仕記録』の記事から、更に具体的な祭りの様相について確認する。

二　近世期における瑞饋祭

まず、『宮仕記録』元禄五年（一六九二）九月四日条にこのような記事があることに注目したい。[38]（以下、全て傍線は筆者に依る）

一、四日晴、風説云、西京御旅所ニ湯奉備、神人装束ニて出居候由也、神前に高盛神供奉備、上下着用之者両人番と見へて相勤之躰と也

記事からは神人が「西京御旅所」にて「神前」に「高盛神供」を供えていることが分かる。この「高盛神供」がどのようなものかは不明であるが、御旅所で御供を供えるというのは、この記事以前にも見うけられる。『宮仕記録』元禄二年（一六八九）五月十二日にはこのようにある。[39]

近年御旅所を種々取持祭之時節などニハ神供ヲ上ケ神楽ヲ上ケ取はやし、神人共罷出にきハヽしき躰を仕由に

候、ケ様之事に候間、神人補任ヲ頂戴いたし御旅所ニ而或禰宜神主之様なる事をこしらへ御旅所一取立可申之所存んに候ハんかと被存候、然ル時ニ当社へ社参仕候とても神敵之者御旅所ニ而神役勤候ヲ其侭置かたき事ニ候、此段ハ以之外成間敷儀ニ候、御旅所を取立候へハ北野二ヶ所ニ成申候

この記事から読み取れるのは、九月四日の記事と同じように神人たちが「御旅所」にて祭りを執り行っているということである。祭りの時期については記事から読み取ることは出来ないが、「神供ヲ上げ神楽ヲ上げ取はやし」とあり、このような祭りが「近年」、「御旅所」で行われていたとしている。続いて、『宮仕記録』元禄二年（一六八九）五月十七日の記事に、[40]

今度、禁官ヲ申五位之装束上八人前こしらへ祭を渡シ可申由、本社ニテ成不申候ハ、御旅所ニ而祭をわたし可申様ニ聞候、参河守なと、云名を可被下望、五位を申候、とても社家と云事成申間敷候、

とあり、「本社」つまりは北野社で行えない場合は、「御旅所」で行うとしている。やはりここでも「御旅所」で神人が祭りを行おうとしているのだが、問題は「渡シ」という単語である。ここでの「渡シ」は「祭」に掛かる言葉であるから、神輿や鉾などの渡御をするという意味の「渡シ」であると考えられる。ではどのような祭りが行われていたのか。この「祭を渡シ」という具体的な内容は宝永期以降の記事から明らかになる。まず『宮仕記録』宝永三年（一七〇六）九月三日にこのような記事がある。[41]

一、西京上大将軍下大将軍作物之鉾五本釣灯笠鉾警護等相添、始テ昼七ツ時分ニ当社へ参ル、四日同前、昼から夜ニ入マテ段々来ル事珍敷旨也、尤社中へ入も有、

一、頃日風聞ニ西京ニ祭礼ヲ催ス旨也、少キ御輿ヲ拵等之事也、此旨松梅院へも内意申入候処、其沙汰不承旨也、

一、三日、経堂之前迄大鼓ヲかたけさせ、此所にて打也、此所ニ即刻桜ノ造花居台下知之者上下大小にて、竹杖ニ而十

人斗相添小大鼓鐘ヲすり候、役人ハ小児笛吹等神前庭上へ来りそれから東ノ鳥井ヲ出、松梅院へ行也、但松梅院ノ玄関ハ戸ヲ閉被置、左近・善右衛門等護摩堂ノ縁から立のひ見之由也、松梅院護摩堂ニ被居事末ニ委シ、寄進物ニ付テ也、扨何事無之下大将軍へ帰也、其外弐ツ三ツ夜半過マテニ来ル、ねり物有之、桜之外ハ松梅院門内へ不入ラ也、
一、申刻松梅院甚五左衛門草履取召連西京ノ方へ被行、其跡から左近・善右衛門上下ニ而行、辛櫃日用持行也、風聞ニ御旅所へ神供ヲ備、又ハ御輿之沙汰ニ付宮遷被致等之事也、此義不得其意事ニ付松梅院へ内意尋之所、木辻加屋から寄進物有之、朔日ニト被定之処、用事ニ付及延引今日之由也、

次いで『宮仕記録』の宝永三年（一七〇六）九月四日の記事に、[42]

一、四日、及晩西京から大太鼓二ツ打来ル、大鼓打小児黒羽織ノ大人両人見物ニ交り相添也、灯篭五ツ来ル、是ハ祇園御輿洗之時拵候ヲ、六月廿五日大坂ノ祭へかし、其後西京へかり候躰也、其形ハ長六七尺上ヲ祭礼ノ如鉾ニ□一つ一つ横様かさり等有之、黒羽織ほうかふりノ者竹杖ニ而十人小大鞁すり鐘笛等、是ハ南門から庭上ニ来り、御社一廻して東鳥井ヲ出テ、七間茶屋ノ前ニ建置侍、秉燭向七間茶屋之屋ねへ上り火をともし、扨松梅院玄関之前迄行、それより出テ帰也、大太鞁ハ東ノ鳥井ヲ出テ、小児なくさミ打ニ拍子猥ニ而ニ帰躰也、其後丹波半左衛門咄ニ云、松梅院一乗寺へ被参候節、右之仕形申被上也、是ハ重而之為と存被申上旨也、就夫様子委可尋之処、半左大躰之咄故達而不問之、

とあって、「西京」から北野社にかけての地域で祭りが行われていることが分かる。これ以降も『宮仕記録』正徳二年（一七一二）九月四日の記事に、[43]

四日雨　一、西京当年者神事之囃物無之

『宮仕記録』正徳三年（一七一三）九月四日の記事に、[44]

四日晴時々時雨、一、西京祭ねり物出ス由也、大将軍村下横町鉾引山東ノ鳥井之辺まて来ル

とある。以上の記事から「西京」から大将軍にかけて継続的に祭礼が行われていたことが分かる。

まずは祭礼の内容を整理しておく。宝永三年の記事には、「西京上大将軍下大将軍作物之鉾五本釣灯笠鉾警護等相添」とあり、「作物之鉾五本」「釣灯笠鉾」が北野社へ向かっていることが分かる。また「風聞ニ西京ニ祭礼ヲ催ス旨也、少キ御輿ヲ拵等之事也、此旨松梅院へも内意申入候処、其沙汰不承旨也」とあり、「少キ御輿」が登場している。他にも「桜ノ造花居台」や太鼓や鐘を鳴らすなどの「ねり物」が北野社まで練り歩いてきていることが分かる。正徳三年の記事でも「大将軍村下横町鉾引山東ノ鳥井之辺まて来ル」あり、「鉾」や「引山」と言った練物が北野社まで練り歩いていたことが分かる。

ここで今一度、『北野誌』等の由緒の内容を振り返ってみると、まず宝永三年の記事にある「少キ御輿」とあるのが当時の瑞饋神輿のことかと考えられる。これは九月四日という祭礼の日付と共に、「西京」という地域での祭礼であったという記述から推察される。加え、瑞饋神輿以外にも「剣鉾」及び「鎊剣鉾」が祭りに出されていることが確認出来るが、この「剣鉾」と言うのは宝永三年の記事の「作物之鉾五本」、正徳三年の「鉾」にあたると推察される。

ここで注意すべきは、この祭礼について北野社の祀官である松梅院は「此旨松梅院へも内意申入候処、其沙汰不承旨也」としている点である。このことは宝永の記事に「風聞ニ」「風説ニ」とあることからも窺えるように、北野社としてはこの祭りに関知していなかったと推察される。従って「風聞ニ」「風説ニ」とある後の記事内容は必ず「御旅所」もしくは「西京」での祭礼のことなのである。逆に、境内まで練り歩く練物については、その構成や様子がつぶさに記されていることから、北野社は関与せず傍観している状態であったことが窺えるのである。以上の記事から、『宮仕記録』の記事に見える「西京」の祭礼は北野社とは無関係に行われていた独自性の強い祭礼であることが指摘

出来る。また祭礼の内容と北野社と祭礼の関わり方から見て、『宮仕記録』の元禄年間から正徳年間に散見される九月三日・四日の祭礼の記事は、由緒で記されている瑞饋祭についての記述である可能性が高いと指摘出来る。

以上、元禄年間から正徳年間の記事から「西京」における祭礼の様相を確認した。記事に見たとおり、九月四日には西京神人によって御旅所では神供が供えられていた。また「西京」から北野社周辺にて「少キ御輿」をはじめ「作物之鉾」や「引山」が渡される「ねり物」が出るような祭りが行われていたことが分かる。

この祭礼の期日及び内容は、各由緒が示す九月四日の瑞饋祭にて瑞饋神輿や「鎊剣鉾」が「西京」から北野へと巡行したという内容と合致する。またこの祭礼は、北野社とは無関係に祭礼が執り行われている点からも、由緒が記す西京神人が行っていたとされる瑞饋祭であった可能性が高い。

ただし、瑞饋神輿の具体的に形状などを確認できるのは、『俳諧新季寄』や『大日本年中行事大全』『及瓜漫筆』の記事までしか遡ることは出来ない。また由来に記載されていた「一之保御供所内鎮座天満宮」「北野社一之保御供所」と祭りの関係に関しては『北野天満宮史料』に記載が無い為、「西京」の祭礼において御供所がどのような役割を果たしていたのかについては現在のところ不明である。

三　瑞饋祭の様相

これまで由緒のみ記述で不明瞭な部分があった瑞饋祭の歴史的変遷とその様相について幾つか分かったことを改めてまとめることにすると以下のようになる。

1、『北野誌』をはじめとする各由緒は、西京神人の末裔である「川井菊太郎」の記録及び報告が典拠となっている。各由緒に異同はあるが、ほぼ同一の内容を記述しているのは、典拠が同一である為であると考えられる。

また瑞饋祭の由来に西京神人や西之京という地域が必ず記載されているのも、祭り自体が西京神人と西之京に住む人々を主体として行われていたためと考えられる。

2、瑞饋祭の創始については、及び中世期における瑞饋祭の様については由緒の内容を裏付けられる史料は管見の限り確認できなかった。なお、西京神人の北野祭神饌の調進、北野祭が途絶以降の北野社へ「御供」「饌供」の献納が行われていた事は『北野天満宮史料』から確認できる。

3、瑞饋神輿が成立したとされる慶長以降は各史料から断片的ではるが祭りの様相が明らかになってくる。慶長年間に成立したとされる『十二ヶ月風俗図』に描かれている瑞饋神輿や『日次紀事』の九月四日に行われる「北野祭」ついての記事等、断片的ではあるが祭りが行われていたことが確認される。『宮仕記録』の記事には「西京」で九月四日で行われる祭りにおいて、「少キ御輿」や「鉾」「引山」と言った「ねり物」が出ていたことが確認できる。断片的な記事ではあるが、由緒に記されている瑞饋祭の様相と近似していることから、これらの記事内容が瑞饋祭の様相を記した記事であると思われる。

以上、これまで明らかにされていなかった瑞饋祭の歴史的変遷と様相、特に近世期における祭礼の様相について極めて断片的ではあるが由緒以外の史料から提示することが出来た。また、『北野天満宮史料』の記事から西京という場において祭りが展開されており、なおかつ祭りには西京神人が関係していたことも確認された。

さて、次に問題となるのが、神人として北野社に奉仕をしていた西京神人が何故独自に祭りを始めたのか、という点である。また、由緒に登場する、「一之保御供所内鎮座天満宮」「北野社二之保御供所」についても、どのような役割を果たしていたのか不明瞭な点が多い。次節ではこの二点について分析を試みることにする。

第三節　瑞饋神輿に見える信仰と生業

一　西京神人と神役負担

西京神人が何故祭りを行っていたか、また由緒にある御供所とはどのようなものであったのか。その点を分析する前に、西京神人について明らかになっている点について先学の研究を参考としながら確認しておきたい。
西京神人は、麹座神人（こうじざじにん）として麹役の免除特権を背景に、麹の独占販売を行いその利益を北野社に納めていた[45]。また各種の神役負担を行う人々でもあった[46]。その神役負担の一つとして、北野祭における、「馬上七騎」「保々鉾」の担当、「麹神供」の調進を行っていた。

北野祭の祭礼負担は、本来幕府によって行われていたが、嘉慶元年（一三八七）の「足利義満下知状」に「北野宮神人等西京申麹役事」として「所詮當社祭礼神事以下、不達彼神人等之訴者、惣及乱之間、一向奉如神慮、以別儀、永一円所付社家也、此上者、洛中辺土等無為分可有遵行也、将亦於師郡者、各別可相計也、何及异儀哉、者為備亀鏡下知如件」として、祭礼神事の違乱を理由として西京神人の麹役の免除を行っている[47]。本来、北野祭は官祭であり幕府により資金が提供される仕組みであったが、中世に入りその体制は崩れ、天満宮による祭礼費用の負担が行われていた。西之京も例外ではなく、幕府による西京神人への麹役免除は、麹販売の収入を北野社へと納める形になる為、室町幕府は間接的に北野社へ祭礼費用負担を名目とした免税措置を行っていたことが指摘されている[48]。

次に注目したいのは「保々鉾」である。この「保々鉾」については「鎌倉期以前の北野祭関係史料に見えないことから、南北朝以降に、北野祭に新たに加わった要素」と指摘されており[49]、西之京の七保を「すでに鎌倉期に西京に神供備進のために設定されていたいくつかの『保』の中から、祭礼役負担の単位として新たに七つの保を編成することによって成立」したものであり、これらの祭礼負担の単位として再編成された七保は、北野社と室町幕府による西京神人の新しい支配構造の成立を示していると指摘されている[50]。

ここで登場する「馬上七騎」「保々鉾」について、京都の祭礼に見える鉾について実態と考察を行った本多健一は、三枝の論考を引きつつ「当時の鉾が特別視されていたことは確かだが、その形態は不明である」とし、文安三年（一四四六）の『社家日記』を最後に中世の鉾に関する記述が途絶えていることを指摘している。また、「保々鉾」と直接関係は無いが、慶長十二年（一六〇七）に行われた北野社の遷宮に際して、二本の鉾が調進されている事、広島県の耕三寺博物館に室町時代作・北野天満宮伝来の二本の鉾があることに触れている[51]。

「保々鉾」の形態が不明である点はさておき、西京神人が何故「鉾」を出す形で神役奉仕を務めるようになったのかという疑問が残る。そこで「保々鉾」について「三年一請会引付」を見ると、康応元年（一三八九）七月三十日条に「西京神人并大宿神人等長具足停止事、以雑色自侍所相触了、同加与丁兵士事年預許へ同停止事相触候」とあり、同年八月三日条に「一日神幸、毎事無為、如恒例西京神人等弓矢長刀鑓等悉停止、帯太刀計」との記述が確認される[52]。このことから、西京神人が「長具足」「弓矢」「長刀」「鑓」などを身につけることを停止せられていたことが確認される。また「神輿入洛可為来廿四日之由相触候歟、当社加与丁西京神人等事、任先規可申沙汰之由」として従来から「加与丁」として供奉することになっていることが確認できる。つまり、西京神人は神輿の駕輿丁として、また神輿の警固役として奉仕を行っていたことが分かる。そして明徳二年（一三九一）には「其後一御鉾参之後神輿神幸、保々御鉾如先々参、大蔵省御幣禅尋申之、毎事無為無事珎重々、」として「一御鉾」と「保々御鉾」が祭りに参列している。となれば、西京神人は、武装して祭りへ供奉することを停止された上で、新たに「保々鉾」の神役を負担する形で祭礼に供奉する形式となったものと考えられる。

これら祭礼費用の負担と「保々鉾」の供奉の他に、神事・祭礼における神饌調進を神役として行っていた。三年一請会では「麹神供」を調進しているほか[53]、各月の一の付く日には「御供」「御神供」を、三月、五月、九月の節句には「饌供」を、菅原道真の忌日である二月二十五日には「御鉢御供」を調進していることが『社家日記』にて確認できる。この他に、公事の柴や木などの納入、車（車輪）の納入など多岐に渡る神役負担を西京神人が担っていたことが分かる。

麹販売による得利など西之京における生業を背景として様々な神役を務めた西京神人であったが、麹販売の独占が経済的な混乱を招くことになった。室町幕府は状況を鑑みて麺販売の独占許可の取り消しを行い、西京神人はこれに反対して北野社に閉籠し、文安の麹騒動が起きる。

文安の麹騒動以降も麹販売は継続せられたと見られるものの、翌年の北野祭では「当年祭礼云社中式毎事不足、西京為躰云無力、可有如何之由存之処、為　公方去年神事無之間、無勿躰被思食之間、何様にも目出可遵行候由被仰出也、然之間、西京馬上七騎ヲ、五騎ハ略定分にて、弐騎可奔走之由被仰出之間、西京地下人等御請申訖、珍重ゝゝ」とあり、本来祭礼に供奉する「馬上七騎」を「二騎」に減じて出すこと形となっていることからも、麹騒動の影響を免れえるものではなかったことが窺える。祭礼に供奉する「馬上七騎」の省略は、西京神人が生業の中心としていた麹販売の衰微を示すものである[54]。この麹販売の衰退は、麹販売の得利による神役負担のという北野社との関係が有名無実なものとなったことを示し、またその変化として神人の武家被官化が起こっていた[55]。この神人の武家被官化と西之京に対する武家の押領を背景として、従来の神役負担の一環として行われていた「御供」「饌供」の献納が停滞を見せ始め、一部が段銭による代納が行われるようになり、北野社と西京神人の従来の支配関係は変質を余儀なくされていた。[56]

その崩れかけていた関係性を新たに構築したのは西京神人側からの「補任」「社参」の要求であった。豊臣秀吉の京都改造に伴い、北野社の社領に対する支配構造は変化を余儀なくされ、領主として境内支配等を行うことができなくなっていた。[57]と同時に、西京神人は神役奉仕を専らとすることで公儀から神人身分が保証されるようになり、地子や役夫の免除も認められることになった。[58]

この公儀の神人身分の保証に加えて、慶長以降になると西京神人は自ら北野社へ「補任」と「社参」の要求を行い、補任料支払いによる「補任」によって北野社からの身分保証を得ようとした。この補任の仕組みは従来、北野社の宮仕や巫女の文子に適応された仕組みであった。この「補任」による身分の確定を得た神人は、自ら装束を着し、北野社への社参と祭りでの奉仕を行い、西京御旅所での祭礼を行うようになる。また御供所の経営を行い、あたかも神職然とした行動が見受けられるようになるのである。[59]

このように中世における西京神人は、神役奉仕と麹販売による利益の納入をもって、北野社へ奉仕する人々であった。それが文安の麹騒動を経て後、慶長の頃から「補任」や「社参」を要求しはじめ、装束を着し、独自に祭礼を行うなど「神職」の如く振る舞うようなっていたことがこれまで研究で指摘されている。

以上、先学の研究を踏まえながら中世期から戦国期にかけての西京神人の神役負担と近世期における西京神人と北野社の関係性の変化について触れた。注意すべきは西京神人が「補任」や「社参」を要求し始めた時期と、瑞饋神輿が成立したとさている年代が慶長年間である点である。もちろん偶然の一致と見ることもできるが、近世以降の西京神人らの「補任」や「社参」、祭礼を自ら行うようになっていたという指摘も含めて考えると、瑞饋神輿成立の要因には近世以降の西京神人の変化が背景にあるものと推察される。

ていたことが確認される。その変化は、豊臣秀吉が行った検地の影響もあり変化に拍車がかかっていたことが指摘されている[60]。

二　近世期における西京神人

文安の麹騒動以降、西京神人と北野社の関係は、麹業の衰退や応仁の乱などの時代状況も相まって、大きく変化し

この時代、既に北野祭は廃絶しており、中世から続く神役は節句における神饌の調進などが中心となっていたと考えられる。文禄元年（一五九二）、慶長九年（一六〇四）に為政者による身分確定が行われたものの、西京神人と北野社の関係は、西之京に在住し神饌調進という神役を負担するのみで、麹業の得利も麹販売の特権の喪失に伴い神役負担を行えるほどの得利を得られるものではなかったと推察される。故に、西京神人は為政者に依る身分確定のみで、地子銭や役夫の免除という特権を得ていたことになり、中世の頃と比べても神人身分は不安定だったものと考えられる。その為に、西京神人は北野社に対して「社参」「社頭出仕」の要求を行うようになっていく。

『社家日記』慶長三年（一五九八）十二月二十七日条に「一、西京神人來春ゟ社參仕度由申、当坊偏頼申候、時所司代葛西太兵衛肝煎也、太兵殿ゟも当坊へ案内也、弥重之由返答申」とあり、所司代葛西太兵衛の後押しを得て来年の春から北野社への社参をの許可を願い出ている[61]。翌年の一月四日にも「西京孫兵へ礼来、二十疋持参也、西京神人共当坊を頼、社頭へ出仕ノ事申」と「社頭出仕」の願いを申し出ている[62]。西京神人が「社参」「社頭出仕」を頼みに行った「当坊」とは、『社家日記』を記した松梅院と考えられる。この西京神人の願い出は、正月十四日になり「竹門様へ談合ニ小畠遣、甚四郎と相談申歸也」として「竹門跡」である曼殊院門跡へ相談に赴き[63]、同月二十四日には「惣神人中ゟ廿貫文上候」として「神判料」三十貫文を払うことが西京神人へ申し伝えられ、西京神人も同意してい

る。[64]この時点では三十貫文の「神判料」を支払うことで「社参」が認められているが、同年八月五日には「西京神人年寄衆振舞ニ当坊へ來、次ノ間迄よひ申、各はかま・かたきぬニて來、鳥目百疋十人より持來、神人衆申ハ当坊様を奉頼社参仕様ニと侘言仕、」とあることから、一月の時点での「社参」は一時的に許可が下りたものと推測される。[65]

西京神人の「社参」「社頭出仕」と時を同じくして、慶長七年（一六〇二）に西京神人らが「社人連氏」と呼ばれる連署を作成している。[66]これらは、「一保」「宋町保」「堀川保」「中保」「大将軍保」の五保で書かれた連署を継いだもので、各保の神人の姓名と花押が入っている。このような連署が慶長七年を境にして神人の中で作成されている。

特に注目したいのは、保毎に連署が作成されている点である。従来の保は、北野社側が西京神人を把握するために必要な区画単位であり、再編されたと考えられる七保は北野祭の鉾を奉仕するための編成単位であった。その保を西京神人らが自ら保名を掲げて連署を記すことは、従来の麹座神人のような商工業者として神役を負担する神人から、保による連帯をもって神人の神役を専らとする神人へとその性格を変化させていたことが窺える。このことは、先に述べた北野天満宮での「社参」「社頭出仕」とも関係していると見られ、従来の神饌調進などの神役奉仕以上の奉仕を得ようとする姿として捉えることができる。

これら慶長の頃より始まる「社参」「社頭出仕」の要求、連署の作成と言う西京神人の新たな動きは、北野天満宮に神人身分を確定するための補任要求へと発展する。補任について明確な動きがあったのが元禄二年（一六八九）に神人補任の要求が行われ、物議を醸していることが『宮仕記録』の記述と「西京神人御補任一件留書」[67]「西京神人御補任之事」[68]による明らかになる。西京神人は、「神人装束着用候様ノ御補任」を「御寺務」へ訴え、「目代」へも申し出を行ったものの、曼殊院門跡の「坊官」と「宮仕」は西京神人を「神敵」であり、近年は「御旅所」に拝殿を造立し「我意ニ任新法共ヲ企可申覚悟」があるとしてこれに反対した。西京神人は、慶長十二年（一六〇七）年の北野天満宮遷宮の際に補任を請けたと主張、結局装束着用での出仕は許可されなかったが、神人七十五人が補任されたとある。しかし、元禄三年（一六九〇）には西京神人へ「装束御許容」が申し渡され、二月二十五日の祭りに際して神人らは装束を着用して社参をしていることから、社内での西京神人への扱いに温度差があったことが窺える。このような形で西京神人は、装束着用と神人補任の先例を作りだすことで、北野社の神人としての身分を確かなものとしていったことが窺える。

この神人身分の確保と神役の創出に加え、西京神人は独自の活動を行うようになる。先に補任の件で触れた通り、西京神人は「御旅所」に拝殿を建てる等の北野社と関係無く活動をしていたことが分かる。また、前節で触れた「御旅所」における祭礼も西京神人の独自の活動にあたるものと考えられる。この「御旅所」での祭りに際して西京神人は、「装束ニて出居候」とあり、装束を着用して祭礼を行っている。この装束着用に関して三枝は「西京神人の祭祀が『神職』による祭祀であることを視覚的に裏付ける役割を果たした」と指摘している[69]。西京神人がどのような装束で祭りに臨んだのかは、『北野天満宮史料』からは不明であるが、社参に際しては「上下」を着用しており、『拾遺都名所図会』に描かれる二月二十五日の菜種御供の絵図では、直垂や烏帽子を身につけた者や笏を携えているものが居ることから、現在の神職の如き出で立ちで「御旅所」で祭りを行ってたものと推察される[70]。

このように「御旅所」で「装束」を身につけて祭りを行っていた西京神人は、明らかに中世とは異なる独自の活動を行っていたことが見て取れる。では西之京の「御供所」は何を意味するのか。次に西京神人が有していたとされている御供所について、文献史料から分析を試みる。

三　西京神人と御供所

由緒に記載される、「一之保御供所内鎮座天満宮」「北野社二之保御供所」が瑞饋祭において登場しており、また「神人連署」に「一保」等のかつての「保」が神人の連帯において重要な意味を持っていた点については触れたとおりである。ここでは「保」と「御供所」について掘り下げ、「御供所」が果たす意味と役割について分析と考察を行う。

まず「西京神人御補任之事」には五保の名称が記されており、「阿弥陀寺保　采女町保也」「安楽寺保　一ノ保也」「東光寺保　堀川保也」「長宝寺保　大将軍也」「新長谷寺保　中保也」と各保には寺名が冠されていることが分かる。また補任の際に北野社へ提出した書類にも、この寺名を冠した保名が記載されている。西京神人の神役は中世から近世を通じて節句や二月二十五日の神饌の調進であったことから、由緒にある「御供所」とは、北野社へ奉納するための神饌を調饌するための施設であることが推察される。既にこの「御供所」については川井銀之介[71]と、三枝[72]による御供所の位置推定がなされているので、それらを参考に「御供所」の歴史を表としてまとめた（表4）。また近世の絵図を確認すると、元禄十三年（一七〇〇）の『寛永年間洛中洛外図』に六つの「御供所」の位置が確認出来る（図3）。

川井によれば、各保の「御供所」はそれぞれに観音等を祀っていたとされる[73]。特に安楽寺には菅原道真が祀られていたとされている事、由緒では瑞饋祭自体が菅原道真公を祀る収穫の祭りが始まりであること、近世以降に成立したとされる瑞饋神輿をかつぎ込む場所として登場していることからも、「御供所」の中でも「一保」の「御供所」は特別な位置づけにあったと考えて差し支えないだろう。

また図4は『本郷家文書』元禄八年（一六九五）「乍恐願候観音堂引直シ建次御訴訟書[74]」に記された新長谷寺の図面で、手前に「観音堂」中央に「天神御供所」があり、その背後に三棟の施設が付随している。図5は『本郷家文書』宝暦八年（一七五八）「繕普請御頼書[75]」に描かれた安楽寺の図面で、図面上部に「神前」と記された家屋があり、恐らく「御供所」の設備と安楽寺が一体となっていたものと推察される。このように寺院名を持った保として近世には「御供所」として機能し、同じ敷地内に寺院としての設備があったことが図面から見て取れる。

さらに「安楽寺天満宮」の由来と所蔵する神宝類について記した、「安楽寺安置天満宮御自作御神像并靈寶略御傳記」に、安楽寺の由来について「勅命を以って長安の西八町四面の地を設させ給ひて、神宮寺七ヶ寺を建立ましまし七保と号け給ふ。しかのミならず右大臣に還任なさせ給ひ、殊に左遷の宣命を焼捨させ給ひて、此安楽寺に御自作の神像を神輿にめさせ奉り、御存生の行粧をなし奉らせ遷座ましまし給ふにより、當寺を太宰府に準挙せられ安楽寺と号させ給ふ」とあることからも、菅原道真を独自に祀る寺として西京神人らにとって重要な意味を持っていたことが窺える[76]。

つまる所、西京神人が営む「御供所」とは、神役としての神饌調進を行う施設であり、各保の信仰の場所でもあり、西京神人が北野社のご祭神たる菅原道真公と密接なつながりを示す働きがあったものと推察される。

以上、近世期における西京神人の様相について、『北野天満宮史料』と『本郷家文書』を中心に分析と考察を行った。

近世期における西京神人は、神人身分の確定と神役の拡充を行い、「保」毎に連帯を行うことで、西京神人としての存続を図っていたことが、「社参」「社頭出仕」の要求や、「御旅所」での祭り、寺名を持つ「御供所」の運営などの諸活動から窺い知ることが出来る。本来、麹業の得利による神役負担が、西京神人と北野社の関係を結ぶ重要な事象であったが、麹業の衰退は神人の武家被官化などを招くことになった。結果、西京神人は節句御供の調進と公事の薪や柴などの納入が主な神役となり、その存続が危ぶまれることになった。その為に、神人自ら「社参」「社頭出仕」を行うように働きかけることで、「神人補任」による身分の確定をし、さらには「御旅所」の祭祀や「御供所」の運

表4　七保御供所の変遷

	『古文書』『古記録』『目代記録』『社家日記』等	『本郷家文書』慶長7年「社人連氏」	『古文書』慶長9年「板倉勝重下知状」	『本郷家文書』元禄2年「社人連氏」	『目代記録』元禄2年「西京神人御補任之事」
安楽寺	一保（弘安6年）	一保	安楽寺	一之保	安楽寺保（一之保）
東光寺	九月九日保（永享3年）	堀川保	東光寺	新保	東光寺保（堀川保）
	薬師堂保（長享2年）				
	東光寺（永禄4年）				
長宝寺	大将軍保（明応9年）	大将軍保		大将軍保	長宝寺保（大将軍保）
新長谷寺	中保（弘安6年）	中保	麗衣堂	中保	新長谷寺保（中保）
満願寺	満願寺（天正7年）				
阿弥陀寺	宇女町保（明応2年）	宋町保	阿弥陀寺	宋町保	阿弥陀寺保（采女町保）
成願寺	木辻保（正応3年）				
	五月五日保（永享3年）				

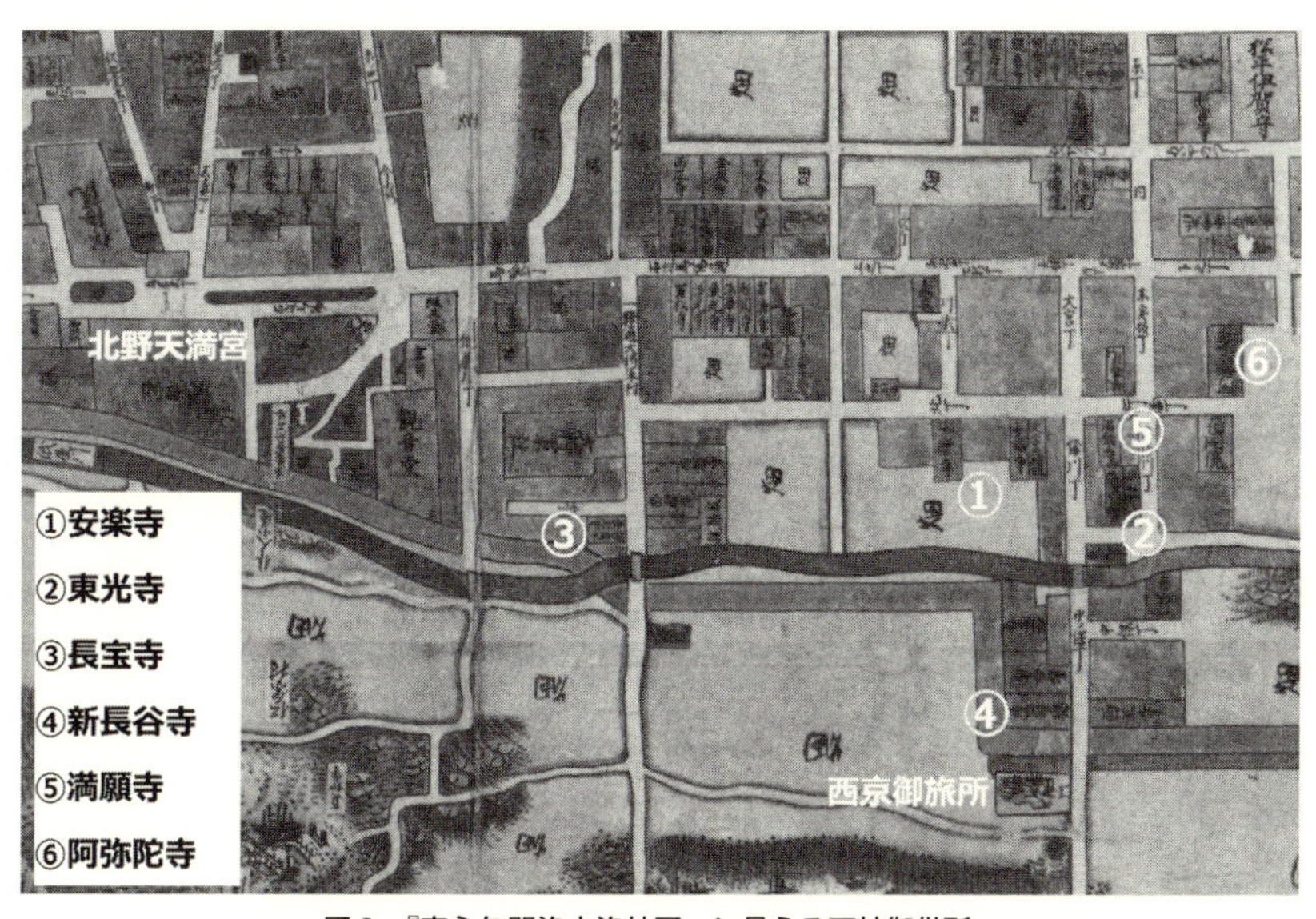

図3　『寛永年間洛中洛外図』に見える天神御供所

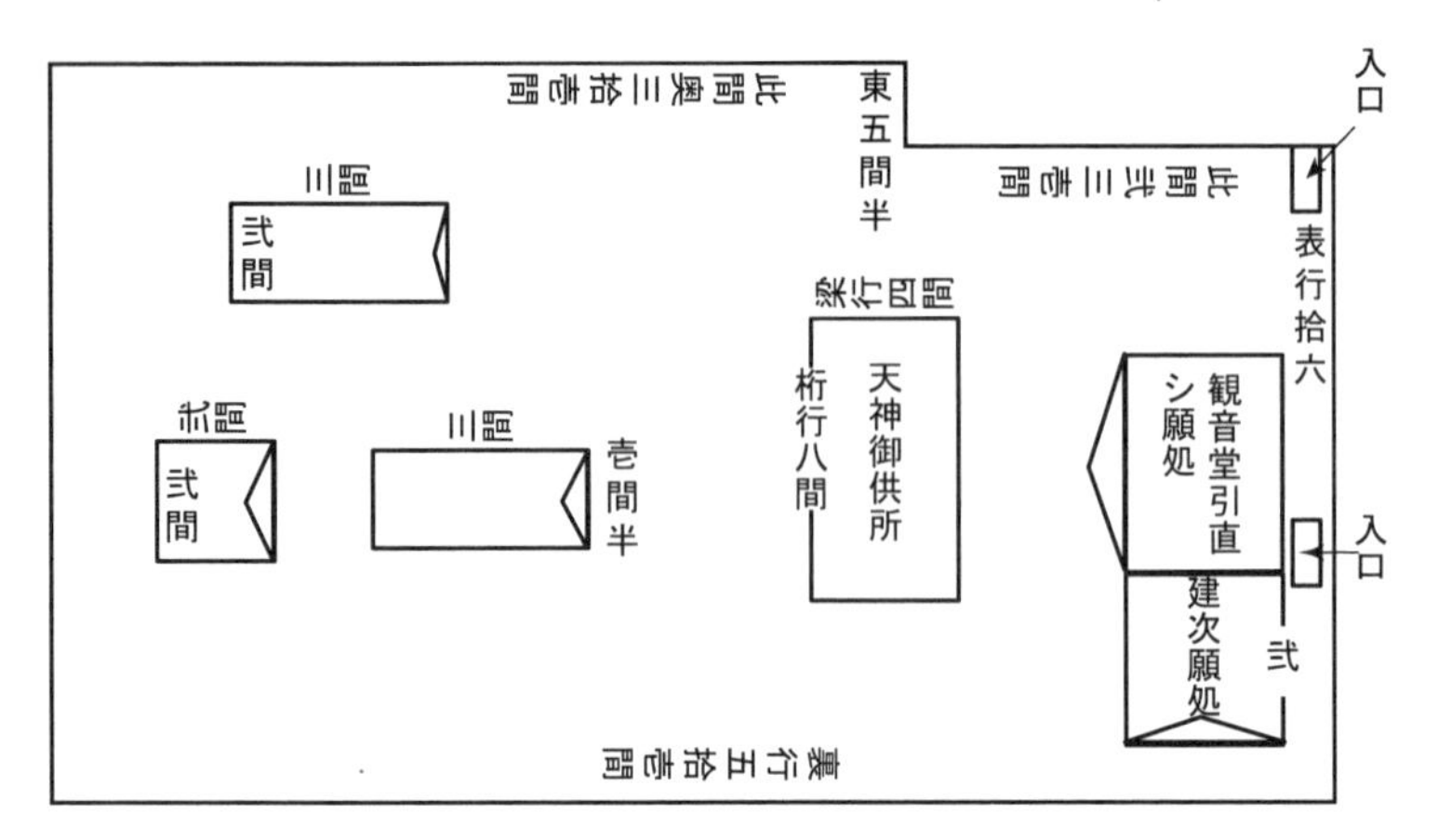

図４　元禄８年当時の新長谷寺

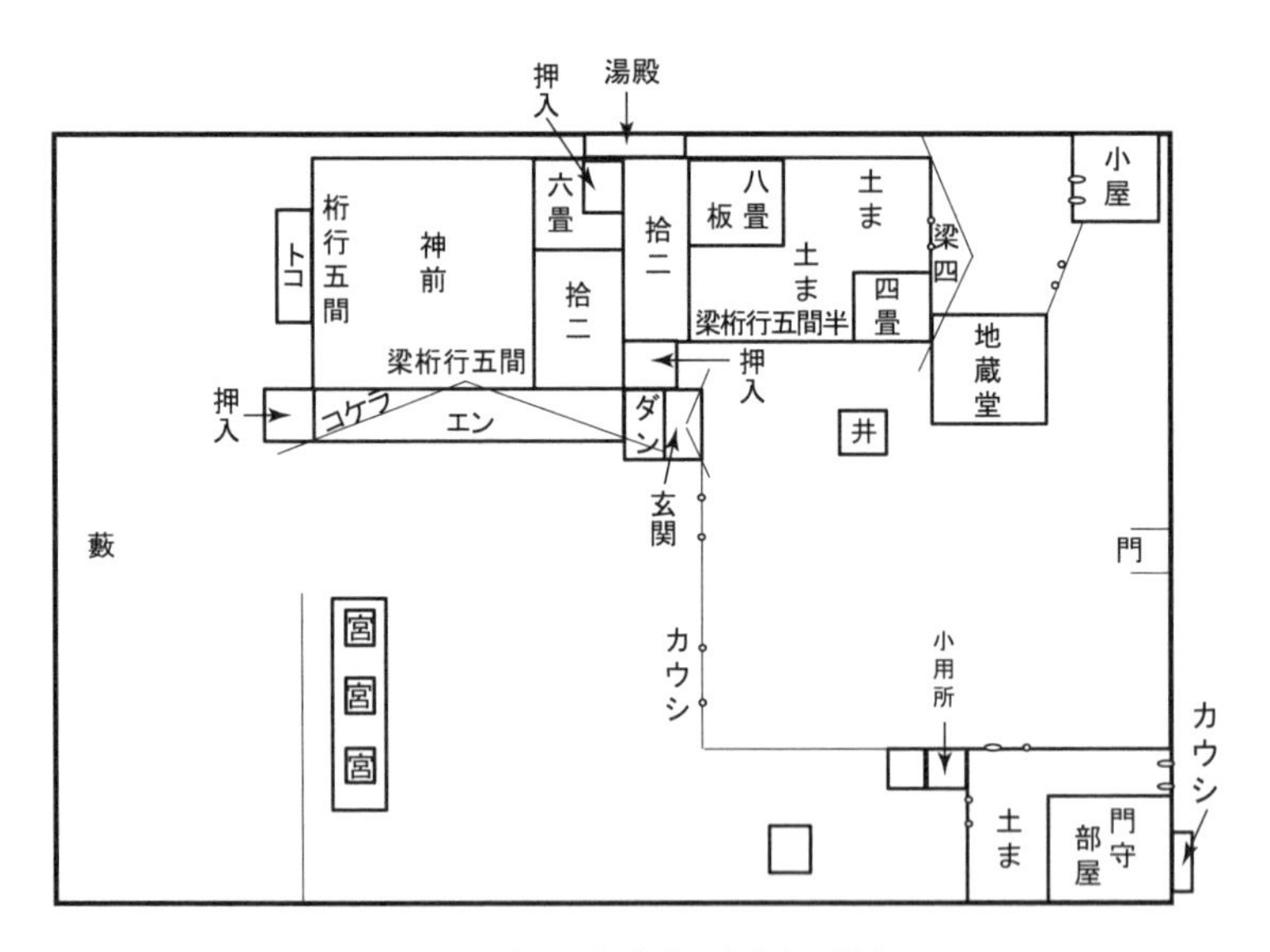

図５　宝暦８年当時の安楽寺天満宮

営により、自らが北野社の神人であり、ご祭神との由緒が深いものであると位置づけることで、祭祀者として新たな位置づけを打ち出していったと推察される。とりわけ、瑞饋祭はそのような西京神人の近世期における活動で重要な意味を果たしていたと考えられる。

四　瑞饋神輿の特徴とその形成要因

瑞饋祭は、近世期の西京神人の持っていたであろう独自の信仰や活動の結果として展開したものであった。その点を踏まえると、瑞饋神輿という特殊神饌自体が、単なる奇抜な神輿状の神饌と言うだけでなく、西京神人や西之京に住む人々の生業の在り方や信仰・文化の価値観をよく表しているものと捉え直す必要がある。そのことを踏まえて、瑞饋神輿の特徴――形状と食材――に影響を及ぼした要因について論じてみたい。

さて、西京神人が独自の信仰を背景として、祈祷や札配りだけでなく祭礼まで行った背景には、自らの生活を支える生業が信仰の背景にあったと考えるのは妥当であろう。この点は第一部で取り上げた香取や彌彦と同様で、地域や地勢などの複雑な条件によりその関係は様々ではあるが、生業と信仰とは密接不可分な関係にあったといえる。西京神人の場合は、西之京という土地に居住し、その土地の地勢に合わせ農産業を生業として、神人としての神役奉仕や副次的に麹製造と販売などを行っていたと思われる。

西京神人の神役奉仕は二月二十五日や節句の神事で供える神饌献納がの主体であり、麹製造による得利による北野祭への鉾などの供出という形式は、中世以降における室町幕府の神人支配の新たな構造によって生み出されたものである。そもそも麹製造の背景には、米などの農産物生産に基づき副次的な麹製造と販売を行ったと考えられ、西京神人や西之京の人々の根本的な生業としては、西之京という土地を利用した農業が想定されるのである。

中世期における西之京の農業についての史料は皆無に等しく、御供米と神饌品の貢納を行っていたことなどから稲作を中心とした農業が行われていたことが推察される。また近世においては、溜池による灌漑を行い、米をはじめ、豆類や芋類、茄子などの蔬菜類や、茶葉、綿などを栽培していたことが窺える[77]。ただ、近世の瑞饋神輿にどのような農産物が用いられていたのかは定かではないが、現在の瑞饋神輿に麦藁細工や瓜類が用いられている点、現在の西之京の農業から類推するならば、米と麦の二毛作と間作として夏・秋には瓜類や茄子、唐辛子などの蔬菜類の栽培が盛んに行われていたと考えられる。香取や彌彦の事例とは異なり、農産物の生産者＝祀り手であることからも、瑞饋神輿に用いられる食物に、祀り手の生業の在り方が如実に影響を及ぼしていたものと推察される。

では次に、神輿状の神饌という形式へと展開した要因について考察したい。由緒によれば、各社家毎に供えていた神饌を纏め、御供槽に納めて担ぎ棒二本で担った形式が瑞饋神輿成立直前の形式であったとされている。神饌類を桶などに纏めて納め神前へ献じる例は、大阪の住吉神社で行われる一夜女官神事に近い[78]。また、滋賀県の川道神社のオコナイでは担ぎ棒を使って巨大な鏡餅を神前まで運ぶ例も見られる。瑞饋神輿への展開以前の御供槽に神饌品を納める方法は住吉神社の例に近く、担ぎ棒を用いていている点は川道神社の運搬方式に近似している。いずれの事例も神饌を頭上運搬する例であり、由緒にある運搬方法はこれら頭上運搬の例に含まれると考えられる。そして、この献饌及び運搬の方式が神輿の形式に近似しているからこそ、瑞饋神輿という神輿の形状へと変化したのだと考えられる。

また注目しておきたいのは、御供槽に神饌類を盛り付ける際に飾り付けられたとされる人物花鳥獣花類である。この人物花鳥獣類がどのような形や素材で作成されたのかは不明であるが、現在の瑞饋神輿に飾り付けられる欄間に近い形ものかと推察される。瑞饋神輿の欄間は、蔬菜などを用いて有名な物語の一場面を再現している。このように食物などを用いて人や物を形作ることは、香取神宮で供えられている嶋臺のような飾り物にも見られる。香取神宮の場合、木の枝などを用いて鶴や亀の縁起物を作り飾り付けており、嶋臺のように祝宴などで出される飾り物には、そのような細工を施した鳥などが飾られている。このようなものを、風流や風流作りものと呼ぶ。由緒にある人物花鳥獣類や欄間もこの風流の類に属するものと思われる。

例えば、『看聞日記』応永二十三年（一四一六）三月七日条に風流作りものとして「大黒天」を「精進物」つまり野菜類で作っている例が記されている[79]。この大黒天を評して「形勢真大黒不相替」とあって、大黒天そっくりであった様子が窺い知れる。瑞饋神輿の場合も、見方を変えれば神饌品で作り上げた風流作りものの神輿ともいえる[80]。現在の瑞饋神輿は平瓔珞や隅瓔珞、芋茎で葺く屋根の造形や、麦わら細工を施した各部の輝きは、祭りの意味を知らない人間からすれば神輿そのものに見えほどの造形である。恐らく、近世期の種々の記録にあるように神輿が練り歩く祭りとして認識される程に、瑞饋神輿は神輿としての造形に近似していたものと推察される。

そのように考えると、御供槽を担ぎ棒で担う形式の時点で、既に風流作りものに見られるような文化に影響を受けて、神饌の盛り付け方や飾りとして取り込んでいたものと推察される。その飾り付け方の発展・展開として、神饌品そのものを細工して神輿のように飾り付けるという盛り付け方へと展開したものと推察される。

おわりに

最後に一連の分析と考察をまとめることにする。

瑞饋神輿の特徴は芋茎を始めとする新穀蔬菜を神輿型へ盛り付ける形式にある。また、瑞饋祭の祀り手が、北野社に属し神饌調進などの神役奉仕を行っていた西京神人であり、彼らが独自の信仰を以って瑞饋祭を行っていたとする伝承に特徴がある。由緒にあるとおり、西京神人の伝承及び近世以前の瑞饋祭については、史料的に裏付けることは出来ないが、近世期に瑞饋神輿が存在し西之京を練り歩いていたこと、西京神人らが関わっていたことなどが『宮仕記録』などの史料から確認することができる。

瑞饋神輿が成立したとされる慶長十二年の前後から、西京神人は、「社参」「社頭出仕」の要求を北野社に行うことで神人身分の確定と神役の存続を図り始める。「社参」「社頭出仕」の要求が叶い、「装束」着用の許可が得られた事により、社殿における奉幣や献饌を行うまでに拡充されていった。その一方で、独自の信仰を背景として、七保御供所の経営や、札配り、「少キ御輿」「作物之鉾」を出す祭りを行う、祀り手であったことが史料から確認できる。

以上のように西京神人らの近世期における変化と同期する形で瑞饋祭は成立しており、西京神人らが中世以来、西ノ京を基盤として営んできた農産業とそれを基盤とした神人独自の天神信仰を背景にしている。また瑞饋神輿が神輿としての形を取ったことについては御供槽を二本棒で担う形から風流作りものの技法や発想を取り入れて発展・展開したと指摘することができる。加え、西之京に住む住人達が祀り手として参画することによって初めて瑞饋神輿が成立したことを考慮に加えれば、西京神人以外の祀り手達についての生業と信仰について解明する必要があり、この点については研究不足である故、今後の研究課題としたい。

最後に、瑞饋神輿を神輿の形としたその意図について、一つの見解を述べてみたい。西京神人が独自に天神信仰を背景とした祭りを展開していた点、「御旅所」や「御供所」での祭りを重用視していた点を踏まえると、瑞饋神輿が神饌であると同時に、御霊を宿した神輿であったのだと推察せざるを得ない。特殊神饌として本研究では扱っているが、現在でも御正体が納められた瑞饋神輿に対してすれ違う人々が手を合わせている光景から、神饌以上のものとして瑞饋神輿が扱われていることから拝察するなら、神輿という形状は祀り手にとってごく自然な信仰の表象であったと考える。

風流の文化をも取り込んで神輿状の神饌という形へと至ったと考えられる瑞饋神輿が、神輿という形状をとったことは、天神の御神霊を奉斎する上でもごく自然の成り立ちであると考えられる。そして、やはりその背景には、祀り手たる西京神人と西之京に住む人々の生業と信仰があったと考えるのである。

謝辞

二〇〇八〜二〇一四年にかけて行った瑞饋祭の研究調査に際して、北野天満宮の皆様、西之京瑞饋神輿保存会の鵜殿忠秋氏、佐伯昌和氏、西ノ京七保会の川井清人氏から多大なるご高配を賜りました。また京都府総合資料館の辻真澄様には、所蔵資料の閲覧及び掲載許可などの申請に際してご協力を賜りました。文末ではございますが、以上の皆様に厚く深く感謝申し上げます。

注

1　岩井宏実・日和祐樹『神饌』（同朋舎出版、昭和五十六年、一三三―一三四頁）岩井はこの瑞饋神輿について、「このように瑞饋神輿は本来神饌品の変形であり、神輿と称してはいるが、神霊をこれに移すことなく、神幸祭にも列外供奉として後部に巡幸する」と説明している。

2　櫻井敏雄「神輿の構造と形態」（『悠久』第七十四号、平成十年、一四―三四頁）櫻井は神輿について「御輿は神輿とも書き、遷宮または祭礼のとき神霊を奉安して新宮あるいは御旅所に移すときに用いる輿」とし「神輿は神霊が本社から他所に渡御する際の乗り物と定義することができよう」と定義した上で、瑞饋神輿について「特殊な形態としては、北野天満宮や御上神社の瑞饋（ずいき）神輿があるが、神輿と称しても神霊を移して奉ることはなく、屋根は芋茎で葺き収穫した作物・草花で色とりどりに飾り付け神輿状とし神饌とするものである」とし、瑞饋神輿を「神輿状の神饌」としている。

3 瀬川弥太郎『瑞饋神輿』(私家版、昭和五十七年)。

4 貝英幸「中世末期村落の変質と祭礼―西京を中心に―」(『京都民俗』二〇・二一、平成十七年、七一―九一頁)、貝は中世における西之京の変容を論じる中で、瑞饋祭の由緒の比較検討を行い、瑞饋祭にかかわる伝承や祭礼の認識について分析している。その中で、西之京の御供所に関する記述の違いに注目して、これまでの西之京七保に対する理解を再検討した上で、『北野天満宮史料』の『目代日記』の記事に見える、西京から北野天満宮へ献納されていた「御供」「饌供」の変化について分析を通じて、瑞饋祭の由緒の無批判な理解と踏襲により西京七保に対する誤った理解が起こっていたこと、応仁・文明の乱以降、御供献納の仕組みなどの変化が見られること指摘している。

5 前掲注4に同じ。

6 三枝暁子「神人」(吉田伸之編『寺社をささえる人々』吉川弘文館、平成十九年)、後に同氏著書『比叡山と室町幕府寺社と武家の京都支配』(東京大学出版会、平成二十一年)、に「北野社西京七保神人の成立とその活動」と題して所収。

7 北野神社社務所編『北野誌』首巻(國學院大学出版部、明治四十二年、一一一―一一三頁)。

8 黒板勝美・國史大系編修會編『新訂増補国史大系　第二十九巻上　朝野群載』(吉川弘文館、昭和三十九年、一七五―一七六頁)。

9 竹内秀雄『天満宮』(吉川弘文館、平成八年、一〇二頁)。

10 江馬務『日本歳事史』京都の部(内外出版株式会社、大正十一年、一一一四六九―四七三頁)。

11 前掲注3に同じ。

12 西ノ京青年団『瑞饋神輿略記』（昭和三年）。

13 伝土佐光吉『十二ヶ月風俗図』は現在山口蓬春記念館に収蔵されている重要文財である。図版は『国宝・重要文化財大全』二（毎日新聞社、平成十一年）に掲載されているものを用いた。

14 『北野天満宮史料』は『古記録』『目代日記』『社家日記』『遷宮記録』等、現在北野天満宮に所蔵されている史料を翻刻、収録したものである。この内、『目代日記』（北野天満宮、昭和五十年）は北野社を支配した曼殊院の事務職である目代が記録したもので、『宮仕記録』（続一―続五、北野天満宮、平成八年―平成二十二年）は祀官三家と呼ばれる松梅院・徳勝院・妙蔵院の下で神殿の奉仕等に従事した祀官である宮仕が記録したものである。

15 北野天満宮史料刊行会『宮仕記録』続一（北野天満宮、平成八年、五四頁）。

16 北野天満宮史料刊行会『宮仕記録』続三（北野天満宮、平成十一年、三五五頁）。

17 「鋳剣鉾等」について前掲注12では、「鋳剣鉾等に至るまで亦同じ方法をもて造り」とあり、「同じ方法」とは瑞饋神輿と同じく新穀蔬菜などを用いて飾り付けをしたものと考えられる。

18 菅沼奇淵『俳諧新季寄』（享和二年）。

19 速水春暁斎著　儀礼文化研究所編『大日本年中行事大全』（桜楓社、昭和五十四年、一八二頁）。

20 三田村鳶魚編『未刊随筆百種』第五巻（中央公論社、昭和五十二年、二一〇頁）。

21 前掲注4に同じ。

22 由緒の典拠となる記録や報告を行った川井菊太郎なる人物は『偲び草』（私家版、昭和十六年）によれば、西京神人の末裔である川井家の生まれで、明治六年（一八七三）に上地令に伴い北野天満宮へ奉遷された安楽寺天満宮の旧跡の保存や、瑞饋祭での甲御供奉饌の再興、瑞饋神輿の再興などに尽力した人物である。また西京神人の伝承をまとめた『梅香随筆』、本稿で用いた『瑞饋神輿略記』、その続編と思われる『続瑞饋神輿略記』、現在二月二十五日に行われている梅花祭で供えられる梅花御供の調理図案と思われる『北野天満宮梅花御供調理之圖』などを記している。

23 「三年一請会引付」（北野天満宮史料刊行会『古記録』北野天満宮、昭和五十五年、一七〇頁）。

24 史料纂集『北野社家日記』第七（平成十三年、続群書類従完成会、四六頁）。

25 北野天満宮史料刊行会『目代日記』（昭和五十年、北野天満宮、一―三〇頁）。

26 前掲注24同書、二五一―二五三頁。

27 『十二ヶ月風俗図』は一月から十二月までの各季節における風物―年中行事や祭礼を描いた折本仕立てのもので、この図の一つに瑞饋神輿を担ぐ風景が描写されている。（笠理沙「山口蓬春館蔵《十二ヶ月風俗図》―その図様の検討と制作目的について」山口蓬春記念館研究紀要二号、山口蓬春記念館、平成十三年、三一―四五頁）笠は論稿にて『十二ヶ月風俗図』の図様について検討を行い、九月の瑞饋神輿の図像は「農作物を飾り豊穣祈願をその起源とする瑞饋神輿の様相と、《十二ヶ月風俗図》に描かれた神輿の有するある種洗練された趣が、余りにかけ離れているということである」と図像が瑞饋神輿であることに疑問を投げかけている。そこで他の祭礼図との比較とから、九月に貴船狭小神輿と呼ばれる行事が行われていた点に着目、また北野天満宮にも貴布禰社が祀られていることが『北野宮寺縁起取要』に記載されていることを指摘し、『十二ヶ月風俗図』に描かれた光景を「同じ北野神社でもずいき祭りではなく、同社内の貴布禰神社の祭礼と考えることができるのである」と結論づけている。しかしながら、『北野天満宮史料』の中世から近世にかけての記事を確認しても、北野天満宮に祀られている貴布禰社の祭礼に関しては記載が無く、神輿が伝来していたという事実も確認されない。よって、従来言われてきた通り、『十二ヶ月風俗図』の九月の風物は瑞饋神輿とするのが妥当であると考えられる。

28 『日次紀事』(『新修京都叢書』第二巻(光彩社、昭和四十二年、三五九頁)。

29 操巵子『諸国年中行事』(享保二年)。

30 前掲注7同書、一一〇—一一二頁。

31 前掲注7同書、一一〇—一一二頁。なお、安楽寺・東光寺以外にも他に五つの御供所(三保=長宝寺、四保=新長谷寺、五保=満願寺、六保=阿弥陀寺、七保=成願寺)があったとされている。

32 前掲注4に同じ。

33 「東光寺御供覚帳」(北野天満宮史料刊行会『古文書』北野天満宮、昭和五十三年)東光寺をはじめとして御供の負担料や御供の寸法などが記載されたもので、文書内の年号を見ると文禄三年(一五九四)、慶長十一年(一六〇六)、寛永三年(一六二五)、寛永八年(一六三一)、寛永十一年(一六三四)、寛永十四年(一六三七)、寛永十八年(一六四一)と近世初期の御供に関連したものを集めたものであることが分かる。主に御供の割り当てや寸法の記載が中心で、割り当ての内に「一保(市保)」の文字が見えることから、安楽寺天満宮との関係も考えられる。また御供の負担割り当てに「川井但馬守家勝」など西京神人の名前も窺える。

34 前掲注18に同じ。

35 前掲注19に同じ。

36 前掲注20に同じ。

37 前掲注3同書、一九頁。当時、瑞饋神輿再興に尽力した人物の内に川井菊太郎の名前が入っている。

38 前掲注15同書、二九三頁。

39 前掲注15同書、五三頁。
40 前掲注15同書、五四頁。
41 前掲注16同書、三五五―三五六頁。
42 前掲注16同書、三五六頁。
43 北野天満宮史料刊行会『宮仕記録』続四（北野天満宮、平成十九年、三六四頁）。
44 前掲注43同書、四五五頁。
45 小野晃嗣「北野麹座に就きて」（『日本中世商業史の研究』法政大学出版、平成元年）。
小野は、麹販売による利益を北野社へ収めていた麹座の実態を指摘している。この中で西京神人の特権として「造酒正より一般酒屋ならびに麹売に対して課せられるべき酒麹役の免除」について指摘しおり、すなわち西京神人による麹販売の独占特権があったことを指摘している。加え、座としての居住制限が課せられていたことも指摘している。
46 網野善彦「西の京と北野社」（『日本中世都市の世界』筑摩書房、平成八年）網野は西之京とそこに生きた人々、つまりは西京神人と北野社の関係について論じ、どのような変貌を遂げていったのか論じている。その中で西之京が「節料木」を始め酒や索餅、串柿などを北野社へ納入していたことについて指摘している。
47 「足利義満下知状」（北野天満宮史料刊行会編『古記録』北野天満宮、昭和五十五年、四頁）。
48 前掲注6に同じ。
49 前掲注6に同じ。
50 前掲注6に同じ。
51 本多健一「中世京都の祭礼における鉾の変容―比較祭礼文化史の為の基礎的考察―」（『芸能史研究』一八九号、平成二十二年、一―一五頁）。

52 「三年一請会引付」（北野天満宮史料刊行会編『古記録』北野天満宮、昭和五十三年、一三九頁）。

53 「三年一請会記録」（北野天満宮史料刊行会編『古記録』北野天満宮、昭和五十三年、二二五頁）。

54 前掲注6同書にて、麹座の衰微について三枝は、天文十四年（一五四五）に発行された「西塔院執行代折紙」により麹座が延暦寺西塔の保護を受けていたものの「近年有名無実」とあり、麹座が衰退をしていたこと、永禄四年（一五六一）に「室町幕府奉行人連署奉書」により「北野宮社人　西京諸住中」宛に麹業の独占が認可されていたことを最後に、幕府からの麹業独占の認可された形跡が見られない事を指摘した上で、「文安の麹騒動による麹専売権の喪失、応仁・文明の乱による西之京の一部焼失、さらには織豊期における楽市楽座の施行等々が、西京の麹業を衰退させていったと考えられる」と指摘している。

55 前掲注6同書にて、西京神人の武家被官化について三枝は、北野天満宮による住宅検断が「保」を纏める「沙汰人」により阻止されていた例を挙げ、「戦国期の『七保』神人は、北野社への所役を果たしつつも次第に『沙汰人』や『保長』などの統率者を中心に、武家との結びつきを強めていた」とし、西京神人が北野天満宮の支配から逃れて独自の動きを見せていたことを指摘している

56 前掲注4に同じ。貝は、瑞饋祭の母体となる西之京の村落の変質を論じる中で、応仁の乱以後における御供の献納について検討を試みており、「西京より御供・饌供の貢納は、永正年間を画期として、御供貢納が徐々に衰退し、半ば饌供のみの貢納が維持される自体になっていった」こと、この貢納衰退の背景には「御供・饌供への半済適用や武家の所領奪取にともなう貢納者の変化が大きく影響していた」ことを指摘している。

57 三枝暁子「秀吉の京都改造と北野社」（『立命館文學』六〇五号、平成二十年、一一〇―一二六頁）。三枝は秀吉によ

る京都改造の意味について「北野社領における検地展開過程から明らかにするとともに、それがどのように近世へと引き継がれたのか」を明らかにする為に、「検地を通じた『洛外』北野社領の『洛中化』の過程」について分析を行っている。考察の過程において、秀吉が天正十三年（一五八五）から天正十九年（一五九一）にかけて行った北野社領への検地によって「屋地子徴収に基づく北野社の『境内』支配権を否定」が行われたと指摘、また御土居形成に伴う所領等の接　収などの代替措置として「替地」が与えられていたことが指摘されている。

58　前掲注6に同じ。三枝は「西京七保の成立と展開」に注目しながら「西京神人が近世においても存続していく事実に着目し、神人の近世化がどのようにはかられたのか」を分析している。この分析において文禄元年（一五九二）に西京神人が公儀から人夫役の負担及び地子役免除がされていることに注目し「秀吉による『神人』身分の確定を意味する」と指摘、加えて西京神人に「神供領」の替りの地が与えられていることからも、御土居による西之京の切断等に伴う西之京という地域にも西京神人同様に変化が訪れていたことを示唆している。

59　前掲注6に同じ。慶長三年（一五九八）より西京神人が「補任」「社参」を要求するようになり、一時的に「社参」が認められている。また元禄二年（一六八九）には西京神人の補任についての訴訟の内容に注目し、神人が「装束」着用の許可を得ようとしている点、中世に見られなかった「神供備進」を行いその折に「奉幣」を行っている点に注目し、御旅所取りたて」という神人独自に祭礼を行っていたことを含めた神人の一連の行動について、「『補任』と『神供役』を通じて北野社と結びつきながら、『装束』を着用して奉幣を行い、御旅所を経営して独自の祭祀を行う、新たな『神人』像、すなわち神職としての近世神人の成立であるといえよう」と評している。

60　前掲注6に同じ。三枝は、文禄元年（一五九二）に京都所司代前田玄以から「西京七保神人中」宛に下された判物によって、神役を専らとした上で、夫役の免除・地子銭の免除を行う、神人身分の確定が行われていたことを指摘し、慶長九年（一六〇四）京都所司代板倉勝重のから「七保社人」へ宛てた判物を挙げ、江戸幕府へ政権が以降してからもこの身分確定が行われていたこと指摘している。また、文禄元年の神人身分確定と同時に、天正十九年（一五九一）に行われた御土居建設による西京分断によって損なわれた「神供領」の「替地」として「西院村二九石四斗四升」が文禄元年（一五九二）に「西京神人沙汰人中」宛として下されていることから、西之京という神人の住む土地にも大きな変化が訪れていたことが指摘されている。

61 北野天満宮史料刊行会『社家日記』第五（北野天満宮、昭和四十八年、七一頁）。

62 前掲注61同書、八一頁。

63 前掲注61同書、九三頁。

64 前掲注61同書、九九頁。

65 前掲注61同書、一六二頁。

66 文書番号一「社人連氏」（『本郷家文書』京都府立総合資料館藏）。

67 「西京神人御補任一件留書」（北野天満宮史料刊行会編『目代記録』北野天満宮、昭和五十九年、三〇五—三三八頁）。

68 「西京神人御補任之事」（北野天満宮史料刊行会編『目代記録』北野天満宮、昭和五十九年、三三九—三五一頁）。

69 前掲注6に同じ。

70 『拾遺都名所図会』（『新修京都叢書』第十二巻（光彩社、昭和四十二年、二二一—二二三頁）。

71 川井銀之助「北野天満宮と七保御供所攷（上・下）」（『史蹟と美術』五輯四一・四十号、昭和九年）西京神人と七保の御供所について、神饌備進のあり方や御供所の所在について論じている。なお、著者である川井銀之助は、先に触れた川井菊太郎の子孫であり、論文においては未確認の文書が散見されているため、西京神人が独自に継承してきた史料が存在するものと推測される。

72 前掲注6に同じ。

73 前掲注71に同じ。

74 文書番号一二八「乍恐願候観音堂引直シ建次御訴訟書」(『本郷家文書』京都府立総合資料館藏)。

75 文書番号一四八「繕普請御頼書」(『本郷家文書』京都府立総合資料館藏)。

76 文書番号三七三「安楽寺安置天満宮御自作御神像并靈寶略御傳記」(『本郷家文書』京都府立総合資料館藏)。本史料と同一の史料が『略縁起集成』第二巻(勉誠出版、平成八年、三八―四一頁)に掲載されており、こちらには本文の前に

抑當寺の霊場揚焉しといへども、七保の寺院各微禄にして、既に神殿の大破補ふべからさるに至る事数ゝなり。然る所信心の輩、講中と号し力を合せ修理を加へ奉る事久し。今神殿大破に及べり。依之志願有輩、聊の寄付物にかゝはらずその姓名を記し捧給ハゝ、於神前朝夕息災延命の祈念となし、願心に應じ大小の御守是を授くべし多少に依らず寄付し給ハゝ、万代無窮の忠勤他有るべからず、諸願成就の基なしめんことを希ものなり。

北野天満宮

享和二年壬戌年二月　社人中

各保寺院が逼迫した状況にある一文が載せられている部分が異なる。またこの記載から、これら史料が刷り物として配布されていたこと、安楽寺天満宮の御神宝とされる像などの開帳が行われていたことが推察される。

77 『史料京都の歴史9　中京区』(平凡社、昭和六十年、四五七―四五八頁)「西京村文書」嘉永四年十月十四日乍レ恐奉レ願口上書、及び同書(四六〇―四六一頁)「西京村文書」明治二年十月乍レ恐奉レ願口上書には、干魃による稲作や畑

作への被害について触れられている。また、同書（四六七―四六八頁）「京都府地誌」には西ノ京村の地味として「東部ノ土ハ肥美ニシテ黒色、稲粱ニ宜シ。西部ハ瘦土ニシテ蘩ク桑茶ニ適ス。灌漑、三分ハ堀川ヲ引キ、七分ハ溜池ニ頼ル」とあり、「物産」として「豆類」「瓜類」「芋」「烏芋」「葉茶」「葉藍」「綿」「竹」が生産され、京阪及び大津、丹波へと出荷されていたとされる。

78　前掲注1同書、六七―七二頁。

79　太田藤四郎『看聞御記』上（続群書類従完成会、昭和五年、八―一一頁）。

80　熊倉功夫「食の美学」（『講座食の文化　第二巻　日本の食事文化』農山漁村文化協会、平成十一年、二九一―三一三頁）。熊倉は、『看聞日記』の記事を引き、瑞饋神輿をこの風流物の一種ではないかと指摘している。

第二章　御上神社若宮相撲神事のずいき御輿について

はじめに

本章では、御上神社で行われている若宮相撲神事で献じられているずいき御輿について考察を行う。若宮相撲神事は、摂社若宮社の祭りで、相撲神事の名称の如く、子供達による神事相撲が執り行われている。考察の対象とするずいき御輿は、昼の祭りにて各宮座により献じられており、「御菓子盛台」と呼ばれる木製の台に青い芋茎を飾り付け、柿などの果物を盛り付けた特異な形状の神饌である。このずいき御輿は、「菓子」「御菓子盛」称されており、盛り付けられた柿などの果物が主体であると推察される。[1]

若宮相撲神事については、肥後和男[2]をはじめ、真野純子[3]、高牧實[4]、東條寛[5]らが御上神社の祭祀組織に関する研究を進めている。また、山口昌男は相撲が行われる神事の一事例として[6]、岩井宏実は神饌の一事例として取り上げている。特に研究が盛んな祭祀組織の研究について東條は、若宮相撲神事の祭祀組織と春祭りの祭祀組織、二つの祭祀組織が併存している事に注目し、「中世後期に古代以来の権威を主張する神主家と社家層と経済的に上昇しつつあった名主層の対立を、それぞれ隷属する者を取り込んだ形で座を作りながら、同じように頭人役を負担することによって祭祀の場における一種の平等性を持たせて緩和させる意義を持っていた」と指摘している。

多くの研究が御上神社の祭祀組織について取り扱っているものの、若宮相撲神事の儀礼的意義や歴史的変遷、神事におけるずいき御輿の神事における意味、御上神社周辺の農産業と神事との関わりについては検討されていない部分が多い。

そこで、本章では若宮相撲神事の儀礼的意義や歴史的変遷、これまでに指摘されてきた祭祀組織と神事の関係性を踏まえ、ずいき御輿の特徴とその成立要因について行うことにする。まず第一節において、御上神社の創始と神仏習合関係、年中祭典について分析する。第二節では若宮相撲の現在と歴史的変遷について確認し、現在のずいき御輿へと至る経緯を中心に分析を行う。第三節では若宮相撲神事の年中祭典における位置付けと意義について分析を行った上で、ずいき御輿にて芋茎を供える意味と現在の形状へと展開した要因について解明することとする。

第一節　御上神社の歴史と祭儀

一　御上神社の創始と神仏習合

御上神社は滋賀県野洲市に鎮座する社で、本殿から見て左前方に三上山を有する古社である。『古事記』では「近つ淡海の御上祝がもちいつく、天之御影神の女息長水依比売を娶して」とあり、「御上祝」が奉斎する「天之御影神」を祀る社が、御上神社の源流にあたると考えられる。『新抄格勅符抄』所引の大同元年（八〇六）「大同元年牒」には「御上神　二戸　近江国」とあり封戸二戸があったことが確認できる。[7] 御上神社は朝廷からの尊崇も厚く、『日本三代実録』によれば貞観七年（八六五）に従四位下、[8] 貞観十七年（八七五）に従三位を賜っている。[9] また『類聚三代格』寛平九年（八九七）六月二十三日官符に「応レ試三度金勝寺年分者二人一事」として「一人奉三為甲賀郡飯道名神。坂田郡山津照名神一、一人奉三為野洲郡三上。兵主両名神二」とあり、滋賀県栗東市にある金勝寺への年分度者の記載に三上の名が見え、金勝寺の鎮守社とされていることから、仏教寺院との関わりが窺える。[10]『類聚三代格』に「三上」が

「名神」とある点については、『延喜式』巻三の臨時祭、名神祭二百八十五座の内の「御上神社一座」と記載されていることからも確認できる。[11]

このように朝廷からの尊崇も厚く、天台宗寺院である金勝寺の鎮守としての位置づけにあった御上神社は、平安時代においても神仏習合色の濃い神社であったとみられる。『日本霊異記』下巻第二十四にある「依レ妨二修行人一得二猴一縁」には、「近江国野洲郡部内御上嶺有二神社一 名曰二陁我大神一 奉二レ封六戸一 社辺有レ堂」と記述があり、「堂」があったとされている。[12] この点について黒田龍二は祀られている神が「陁我大神」とされていることを疑問視しつつも「平安初期以前の御上神社の話と考えて良かろう」としている。[13] 中世期の御上神社の神仏習合の実態を示す資料は少なく、黒田は嘉吉元年（一四四一）『興福寺官務牒疏』をあげ、「社僧二人」がいた事が窺えること、野洲郡三上郷にある東光教寺について「三上神法楽之精舎」とあることから、御上神社に関係する寺院が同郷に存在していたことを提示している。

しかし、近年の研究において『興福寺官務牒疏』が偽書である可能性が指摘されていること等から、中世における御上神社の神仏習合の様相は不明な点が多く在ると言わざるを得ない。[14] ただ、明応二年（一四九三）の奥書がある「御上神社勧進帳」[15] には「江刕三上大明神社壇竝廻廊以下為レ遂二修造一、奉丁勸二道俗一十萬巻之般若心経讀誦欲丙備乙財施法施之法楽甲事」とあり、社殿修造の為に般若心経の読誦を行う旨が記されている。またこの勧進帳は「山門西塔院北谷観行院教運法印之作、清書者京都東山定法寺殿」とあることからこの時代には天台宗系の寺院――比叡山延暦寺――があり、何らかの関係があったことが窺える。

近世に描かれた『三上古跡図』に三上山周辺に「大記院」「千間庵」「東光寺薬師」などの寺院跡があったことから、御上神社と関係のある寺院が三上山山麓付近に点在していたことが確認できる。[16] 金勝寺の鎮守としての位置づけがあった平安時代、そして中世以降の比叡山延暦寺と、関係する寺院が変化していたことが史料から窺えるが、祭神の本地仏も変化が見える。「御上神社勧進帳」には「三上大明神」の本地を「正西安養之教主」とし、阿彌陀如来としている。また「三上大明神之事」では「三上大明神」の本地仏を「阿彌陀共彌勒共不動共云也」とし、「當社ノ御正躰ニ阿彌陀、彌勒、不動三尊有リ」とあって、中世末から近世にかけて本地仏も様々に変化していたことが窺える。なお、「三上大明神年中行事幷社務勤行略記」（以下「勤行略記」とする）によれば、正月九日には「修正」として神前での「仁王経読誦」、三月十五日の「御影向日」には「近郷の法印等を請して於神前法華八講」、六月二番の申日には「御納涼」として「於神前大般若を転読」などの儀礼が行われていたことが確認出来る。[17] このように平安時代以降の史料からは御上神社が天台宗系の寺院との関わりがあったことが確認出来る。

二　神領としての三上山と野洲川

御上神社の経済基盤は、神社近辺周辺にある田畑や三上山であったことが正和元年（一三一二）の「三上社神領山河等事」と題する案文から窺える。この史料では「三上山者自二養老年中一為二大明神之領一社務一圓、知行無二相違一者也然者御炊屋毎日三ヶ日柴木煎事、従二往古一無二退転一仍神山神田之絵圖里坪別神有レ之」とあり、三上山周辺を社領として管理していたであろうことが分かる。具体的にどのような形で管理を行っていたかは不明だが、三上山から「柴木」を刈り、「神田」から米などの農産物を献納する、一般的な社領支配の形式をとっていたと推測される。御上神社の場合、「神領山河等」と在るように河川を社領として含めていた点が他の神社と若干異なっている。[18]

一、野洲河事、南北随レ流可レ為二神領一也、

野洲河下

一、供祭簗事南河留田下簗也、
公用漆貫五百文毎日長日御贄無二懈怠一被二沙汰一者也、鹿嶋開發保町同前
野洲河下
一、北河井口數郷簗之事、公用五貫文長日御贄等有二違亂之輩一者、任二先例一雖レ為二何時一、破却者也
野洲河下
一、狩上簗之事、公用漆貫文長日御贄無二懈怠一被二沙汰一者也、但此簗者自二往古一中瀬三間者あくる者也、万一
背祀之例有二異議之輩一者、可レ處二罪過一者也
野洲河下
一、北河数郷秋簗之事、公用壹貫文御贄鯇五喉、九月九日社頭備二御供一、
野洲河下
一、北河保町事、雖レ致二新儀一無レ志儀也停止畢
野洲河下
一、南河同前
一、乙窪同つら東簗之事春秋公用壹貫五百文、長日御贄無二懈怠一被二其沙汰一者也
野洲河下
一、比江簗此事、春秋公用八百文、長日御贄等被二其沙汰一者也
一、三宅春簗之事公用壹貫文、長日御贄四十喉、五月五日以前被二其沙汰一者也
一、三上庄上河中河衆公用五百文、御贄五喉、被二其沙汰一者也、又河狩□なんとも出也

右此條、自二養老年中一所二定置一也、末代守レ掟可二知行一者也、往古之支證等一代一帳書しるし置者也、仍定置
所如レ件

正和元年貳月五日

三上社家

政□

琵琶湖に流れ出る野洲川に各地域で設置する「簗」「魣」による水産物を、地域毎に御上神社へ納める仕組みとなっていたことが分かる。具体的には「魣」は季節を問わず定置され、「簗」は春と秋の二季に設置されており、「南河」は「留田」「鹿嶋」「開發」、「北河」は「井口数郷」「乙窪」「此江」「三宅」、「上河下河」は「三上」の地域から、御上神社へ「長日御贄」「九月九日社頭備二御供一」が献納されていた。「御贄」がどのようなものかは不明であるが、「魣」「簗」で漁獲される川魚類が献納されていたと推察される。ただ「九月九日社頭」分に関しては「鯇」とされており、これは若宮相撲神事で供えられるアメノウオと同一であることから、ビワマスの献納は古くから行われていたことが確認出来る。

この野洲川における簗漁による水産物の献納は、神社側にとっては「御贄」の献納、漁を行う側にとっては野洲川における漁業権の獲得と神社による権利の保護を意味している。それ故に、この簗の設置に関する利権争いがあったことについて、祝宮静が着目し考察を行っている。簗設置に関する紛争は、弘治二年（一五五六）に東林寺村と小中路村・稲畑村・妙光寺村との間に起きた、三上庄の管轄する場所へ簗の設置権の主張に始まる。東林寺側は弘治二年八月に起請文をしたため、三村との争論に際して一味同心しており、この時から簗の設置権に関して東林寺側が事を構える姿勢が見て取れる[19]。永禄元年（一五五八）には三村から東林寺側の簗設置に関して訴えが出されていること

から、東林寺村の簗設置は弘治以降も続けられていたことがわかる。結果的に簗設置の論争は永禄元年（一五五八）に永原重興の判断により御上神社で御鬮をひくことで決定が行われ、東林寺村側が簗の設置を認められる結果となった。[20]

祝宮静はこの簗をめぐる論争について、結果として東林寺村の簗衆と御上神社が新たな相互関係を結んだものであると指摘している。[21]しかし、慶長八年（一六〇三）には神社側と東林寺村との間で簗の設置論争が起きていることからも、野洲川に簗を設置する利権が神社側や簗を扱う人々にとって重要な意味を持っていたこと、また野洲川の漁獲のみならず、水利に関しても各村の利権が大きく関与し争論になっていたことが指摘されている。[22]

なお、天文四年（一五三五）に起きた近江国の大旱魃では、野洲川の左岸――現在の守山市――と右岸――現在の野洲市――の間で論争が起き、近江国守護の六角定頼によって、各郷均等に分水が行われた。天文二十二年（一五五三）にも争論が起きたが先例の通り、各郷への分水が図られている。この場合は野洲川を挟んだ対岸同士の論争であるが、田地の開発が進んだことに伴い近隣同士の水利の問題や、野洲川の洪水の問題も発生している。[23]御上神社にとっては野洲川がもたらす恩恵――水産物と農業用水の供給――は中世から近世にかけて多大なものがあったことがわかる。また御上神社周辺に住む人々も同様の恩恵を受ける事に対して、農産物や水産物を御上神社へ献上することで生活を維持していたことが窺える。

三　神舘と宮座

御上神社に奉仕する人々は、神社の運営全般を管理する「神舘」、神事に奉仕する「市」「宮仕」、東林寺村に居住し神事に携わる「社家衆」、御上神社周辺に居住し春祭りや若宮相撲神事に奉仕する人々がいたことが文献から確認出来る。

先に挙げた「三上社神領山河等事」では「三上社家　政　□」とあることから、社家の存在が窺える。延文三年（一三五八）の棟札[24]には「當社聖社仕之事」として「南谷真房」「小中路式部房祐賢」「小中路三位房景清」、「社仕」として「小中路孫五郎」「東林寺源内太郎」「妙光寺孫次郎」「小中路彦四郎」と記されている。「當社聖社仕之事」の三人は、各々「不断経聖」「如保経聖」「大般若聖」と姓名の前に冠してあることから、僧侶もしくは寺院に関係する人物であることが推察される。また「小中路」「妙光寺」共に御上神社周辺の地名であることから、近隣に居住し神社の運営に深く関わりのある人物が造営に関与していたことが考えられる。「小中路」「妙光寺」は、永禄元年（一五五八）に東林寺側を訴えた三村の内の二村であり、野洲川の簗設置権を有していたことを考えると、御上神社との関係の深い地域であったことが推察される。

一方で、野洲川の簗争論では御上神社に属する「社家衆」「神舘」の存在が確認出来る。永正八年（一五一一）に「河田簗」に関する書状の宛先が「神舘殿江」となっていることや、簗の設置権論争の際に野洲川の所有権は「神舘方社家知行」か否か争点の一つになっていたこと等から、「神舘」「社家衆」は御上神社の祭りや社領の管理に携わっていた神官であったと考えられる。

この他に近世における年中祭典の記録には従来「禰宜」が二人、「神子」が三人いたとあり、近世においては「禰宜」は中絶して「宮仕」が一人、「神子」は一人になっていたことが確認される。[25]「宮仕」は若宮相撲神事で祭場の舗設や猿田彦役を勤めており、「神子」は五月に行われていた「神田植」にて「神歌」を歌う役を勤めている。[26]また直接神事に奉仕はしないが三上山山麓にある北桜村の炮攊師は、神事で用いる「土鍋」を作製し神社へ奉納していたことが確認できる。[27]

四　御上神社の年中祭典

次に、御上神社の年中祭典の内、主要な祭典について歴史と祭儀を確認しておくことにする。

春祭り

五月十四日に行われる祭りで、旧来は本宮・若宮・十禅師社の神輿が三上山山麓に在る御旅所への渡御を行っていた。現在、神輿は老朽化に伴い拝殿に飾られ、従来神輿の渡御列に参加する警固・辛櫃・猿田彦・獅子等が御旅所まで渡御を行っている。「勤行略記」では「四月二番ノ申日也」に行われ「大宮若宮十禅師」の三社の神輿が「河原三大神」への渡御を行っていたとされる。神輿渡御の場所である「河原三大神」は祭礼中絶の後、三上山の麓にある「三本杉」の辺りへ勧請されたとあり、渡御場所の変更が見られる。また春祭りの場合、若宮相撲神事が宮座を中心に行われる祭りに対して、世襲で勤める所役——神主・神輿担ぎ（雄物講）等——と、五つの地区——山出・前田・小中小路・大中小路・東林寺——が順繰りに当番として各所役——辛櫃等——を勤める祭りとなっている。[28]

御田植祭り

昭和三年（一九二七）に旧三上村が大嘗祭の悠紀齋田に選ばれた事を記念して御上神社の隣にある齋田跡地にて、お田植踊り保存会により行われている。[29] 旧来は御上神社でも御田植神事が行われており、「勤行略記」には「五月十日神田植とて社家より耕牛五月女等を出て神田を植神子出て神歌を諷ふ口伝　此神田の米を以て二八月の御籠の粢に用同此日野止とて当所の農民田を植す昔ハ神田夥多有之由申伝ふ[30]」と地域住民の田植え作業に先駆けて、御上神社神田での御田植神事が行われていた。また六月朔日には「御小苗終」として、「神舘出仕於楼門前祝有事畢後神舘手自神田を植神子神歌を諷ひ宮仕太鼓をうって是を拍子す口伝有之」とあり、田植え終りの神事が行われていた。

山上祭・影向祭

山上祭は旧暦六月十八日——現在は七月下旬頃——に三上山にある御上神社奥宮で行われる。祭り当日の早朝、神職、氏子らが三上山山頂にある奥宮に参拝、下山途中に東の龍王の祠へ参拝し、御上神社にて影向祭（本殿祭）が行われる。「勤行略記」によれば、「三月十五日御影向日と号て近郷の法印等を請して於神前法華八講を勤め同しく政光院にて饗応し事畢て後社役人社参して神酒を備社頭を三匝す口伝有之是を桜会と云」とあり、「三月十五日」を「御影向日」として法華八講と政光院での饗応等を行っている。

一方「享保十六年三上社由来書」には「人皇七代孝霊天皇六年丙子六月十八日初メテ當山ニ出現シ給フ」とし、「上古六月十八日ニハ御神酒御供ヲ備ヘ奉リ且山ヲ直ニ御神體トシテ拝奉リ」とあり、「勤行略記」とは異なる「御影向」の祭りが行われていたことが確認される[31]。影向日に変化があったことの事情は定かではないが、寛文年間（一六六一〜七三）の「三上明神之事」には「三月十五日ニ号〆二御影向日ト一神前而勤ム二法華八講ヲ一是ヲ桜会ト云」とあり[32]、「元禄十六年五月三上社由来社人覚書」には「三月十五日号御影向日神前ニ而勤ム二法華八講ヲ一古ハ山門ノ僧侶来テ雖勤之ヲ今ハ神領モ無之漸近在ノ僧四五人招キ執行スルトナリ是ヲ桜会と申事」とし[33]、「宝永七年八月三上神社録」（以下「神社録」とする）には「（三月）十五日御影向日桜会ノ行事[34]」とあることから、享保十六年（一七三一）以前は、影向日を三月十五日として祭りを行っていたことが確認出来る。

神御衣祭・忌火祭

十一月中旬に、栗皮を煮だした汁で染めた御衣を神前へ奉納する祭りで、忌火祭は神御衣祭同日に、忌火を奉納する祭りである。「勤行略記」には「御火焼十一月二番の申日也此夜御衣裁とて御社へ御衣を納む絹十尺栗木皮五倍子鉄を以て神舘手自染同神舘社家裁之神子縫之栗木の枝に是を就御寶殿に神舘納之此絹都武田梅竜院より捧之　但梅竜院ハ当社大明神社家筋ニテ于今三上遺跡有之　御衣裁乃刀は明神の鍛冶の役として毎年裁刀を打て捧此故に当社の氏子たる者ハ五倍子鉄染者を着用せす」[35]とあり、御衣献上が夜に行われていたことがわかる。忌火祭に関して詳細は不明であるが、「勤行略記」では三上大明神を「二火一水乃霊神」とし、火の神として祀っていることや、「当社神舘に居する者勤行之叓平日摺火を以て自他の火を不交土鍋を以て食物を調」と奉仕者の別火を重視していたことから、忌火に関する神事が神御衣を奉献する祭りの同日に行われていたことは、一年に一度御衣と火を改めることで霊威の更新を行う儀礼的な意味があったものと推察される。

以上が現在、御上神社で行われている主要な祭典である。次に考察対象とする若宮相撲神事についてその式次第を中心に確認を行っていくことにする。

第二節　若宮相撲神事とずいき御輿

一　現在の若宮相撲神事とずいき御輿

写真 1　ずいき御輿（御菓子盛）※平成 20 年 10 月 13 日　筆者撮影。以下、同日の撮影

写真 2　榊と御幣（下には鶏頭の花が飾られる）

写真 3　飾り棚のモミジ

写真 4　柿（四方に添えられている）

写真 5　飾り棚の角力猿（力士の猿二体に行司が一体。栗は俵に見立てている）

御上神社の摂社若宮社の祭りである若宮相撲神事は、宮座を中心として行われる祭りである。宮座は「長之屋」「東座」「西座」の三座で構成され、この祭りの運営を司っている。各座は「上座」「下座」に分かれており、六つの座から一人——「長之屋」のみは上・下座の一年交代で頭人を務める——計五人の頭人が選出される。これら頭人の選出などの取り仕切りを行う公文という役職が各座にあり、彼らも神事において重要な役割を果たすが、ずいき御輿の作成や奉納は頭人が行っている。祭礼の様相は図1や写真1～5にある通りである。

若宮相撲神事に先立ち行われるのが「甘酒神事」または「献江鮭祭」と呼ばれる神事である。これは、各座の頭人が御上神社へ赴き、アメノウオ、めずし、青漬、あま酒を供える神事である。式次第は現行の神社祭式に則って行われ、供える品々を頭人らが奉納する形となっている。なお「甘酒神事」終了後は、ずいき御輿の作成に必要な道具類——御菓子盛台、担ぎ棒、角力猿の人形など——を各座の頭人が神社から預かり、各自家に持ち帰ってずいき御輿作成までの間保管を行う。

ずいき御輿の作成は各座の頭人の家で行われるが作成に先立ち、

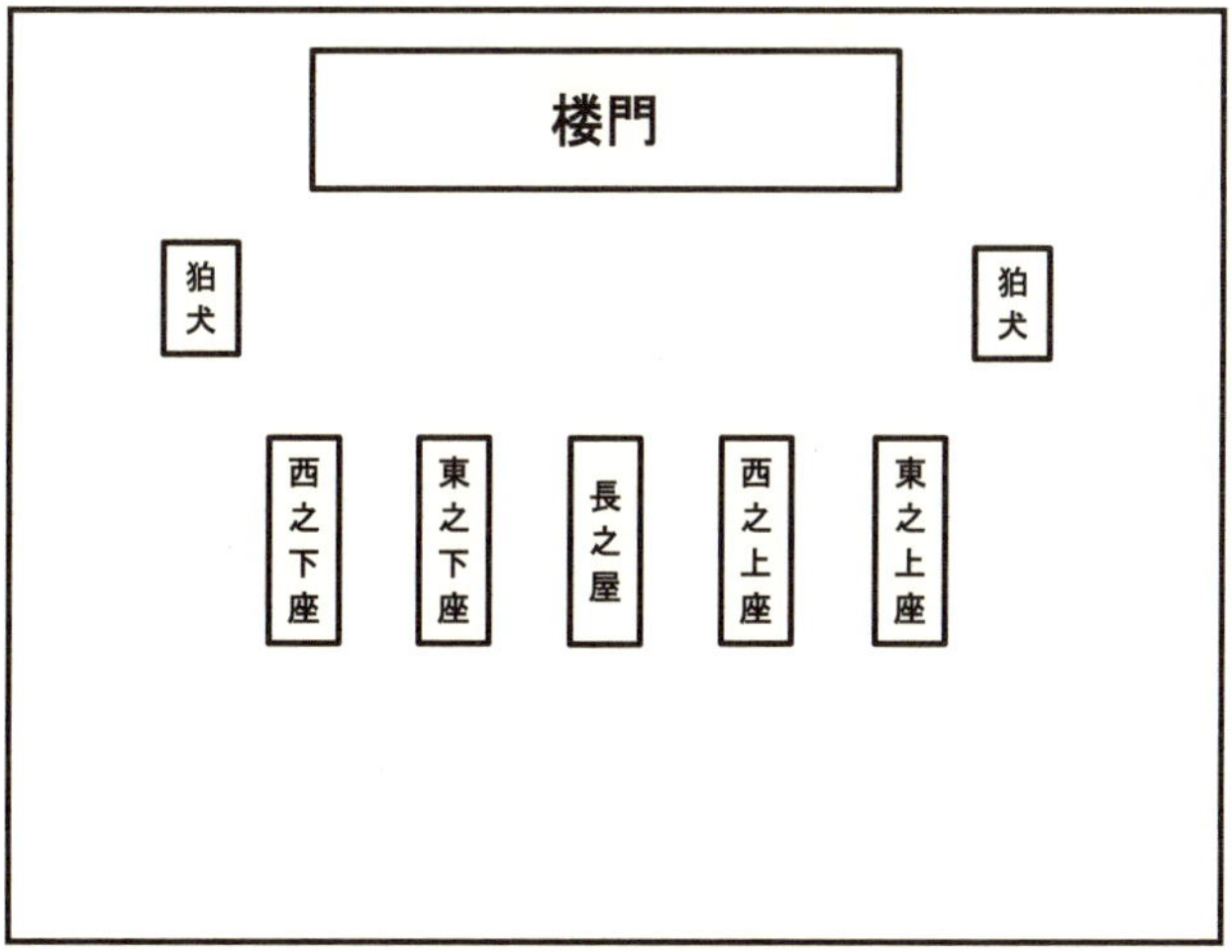

図1　ずいき御輿の配置図

御上神社の宮司と禰宜が連れ立って各頭人の家々を廻り、神降ろしを行う「湯立式」が行われる。各頭人の家では、湯立てに必要な祭壇と湯を沸かす為のカマドを用意する。カマドは四本の竹を立て注連縄を巡らし中央に釜を設けて舗設する場合や、家によっては台所で湯を沸かすこともある。「湯立式」では、ずいき御輿の頂きへ設える為の榊――大・小各一本。それぞれ御幣付き――を祭壇に供え、宮司・禰宜らによる修祓と献饌、祝詞奏上が行われ、場所をカマドへ移し、釜の前にて祝詞奏上を行う。沸かした湯の中には酒・米・塩が入れられており、これをずいき御輿の渡御前に御輿を清める為に用いる。この湯立て神事を終えた翌日から、ずいき御輿に用いる芋茎の収穫と、ずいき御輿の作成が始まる。

ずいき御輿で用いられる芋茎は、四月下旬より栽培が開始される。青い芋茎は、オクテイモと呼ばれる種類の里芋の芋茎で、前年の頭人から種芋をもらって植え付けを行う。この他、飾りに用いる鶏頭の花も栽培する。湯立式の終わった翌日に、芋茎を刈り採って川で洗ってから頭人の家に持ち帰り、御輿の作製に入る。御輿作製には座の所属等は関係無く、頭人の親類縁者や近所の人々が御輿づくりに参加している。ずいき御輿の作製が終わると、御輿は頭人の床の間に飾られ、御輿づくりに参加した人々には御馳走が振舞われる。ずいき御輿が完成した同日の夜、各座の公文の家では、頭渡しの行事が行われる。行事には頭人、翌年の介頭人――東座では助頭とも――と二年後の其介頭人――東座では仇事（くじ）とも――が参加し、頭の引き継ぎが行われる。

頭渡し行事の翌日が若宮相撲神事の当日にあたる。午前十時に御上神社拝殿で長之屋が打つ太鼓の音を合図に、各座の頭人家からずいき御輿が御上神社へと渡御していく。渡御列には、警固役の子供二人、担ぎ手二人、頭人、親類らが列を構成している。ずいき御輿が御上神社へ到着すると、一旦楼門前に据えられ、各座の五基のずいき御輿が揃う。ずいき御輿の据え置かれる場所は、楼門側から見て中央に長之屋、その右側に西之下座、東之下座、左側に西之上座、東之上座と言う配置になっている（図1）。ここで禰宜による修祓を受けて後、ずいき御輿は楼門をくぐり、拝殿へと運び込まれる。楼門前と同じくずいき御輿の配置が決まっている。ずいき御輿と同じく、頭人や参列者は境内の祓所にて修祓を受けて後、祭典に参加する。なお各座頭人は拝殿内にて玉串奉奠を行った後、禰宜から御神酒を頂戴し直会を行う。以上で祭典は終了し、頭人らは一旦家へと戻り、各座で直会を行う。ずいき御輿は拝殿に据え置かれているが、夜の神事が行われる前に楼門の軒下へ移される。

夜になると、御上神社境内、楼門前にて芝原式が行われる。頭人と、式で角力を行う子供達が御上神社へむかい、子供達は化粧回しを付けて角力の準備を行う。一方、各座の頭人らは花びら籠と呼ばれる竹で編んだ籠を持参し、花びら餅を楼門前に供える。この花びら餅以外にも、長之屋と西座が酒とめずし、青漬、かわらけ——長之屋は二枚、西座は三枚——、東座は酒と鮒ずし二枚、かわらけ二枚に俎板・真魚箸・庖丁を持参する。これらは芝原式の直会で用いるものである。定刻になると、参列する定使、宮司、各座公文、頭人らが楼門前の席に着座し、式が始まる。

まず頭人から出された「書付」と呼ばれる書状を長之屋の公文——惣公文と呼ばれる——が内容を検分、検分終わりて後に楼門前の花びら餅が各座に配られる。花びら餅が配られると、猿田彦の面をかぶった定使役が鉾を持って現れ、座を左回りに廻り公文の前にて、鉾を付き、鼻くそを飛ばす所作を行う。この所作に公文は一礼を行い、各座の公文に対して定使役がこの所作を行っていく。定使役の所作が終わると、各座持ち寄った酒と食べ物で直会が行われる。子供角力は座の中央で奉納され、定使役が行事を務め、角力が行われる。角力は小角力・大角力が東座・西座の上座・下座から一人ずつだされ、小角力同士で二回、大角力同士で二回の計四回角力が行われる。ただしこの角力は所作と掛け声のみで、勝負は付けずに終わる。以上で芝原式は終わる。

翌日、ずいき御輿が頭人や親類縁者の手により解体される。楼門前に置かれたずいき御輿が解体され、御菓子盛台や担ぎ棒、角力猿の人形は神社へと返却される。

以上が若宮相撲神事の一連の流れである。祭りの特徴は以下の点になる。

一、祭りは祭祀組織——長之屋・東座・西座——により運営される。

二、祭りの中心は芝原式で行われる各座の饗応と神事相撲。

三、神饌であるずいき御輿（御菓子盛）は五つの座の頭人により作成され、神社に献じられる。

また、ずいき御輿の特徴は以下の点になる。

一、本来の名称は「御菓子盛」。つまり神饌の一種である。

二、ずいき御輿の作成は頭人とその親類らの手で行われ、座組織は関与していない。

三、「御菓子盛」の名称の如く、柿・栗・胡麻などが用いられる。

四、ずいき御輿には必ず幣帛が据えられており、「湯立式」の湯を使って清められる。

現在では若宮相撲神事は「三上のずいき祭り」と言う名称で無形民俗文化財として指定されており、ずいき御輿が中心のようにも見える。しかし、祭りの次第を確認すると、芝原式における各座公文及び頭人立ち会いでの「書付」の検分や、定使役による猿田彦の所作、そして勝負を付けない小児による神事相撲が祭りの中心であると考えられる[36]。では、ずいき御輿と呼ばれ際立った特徴を持つ神饌がどのような経緯と要因をもって成立したのか。三上の氏神とされる若宮社の神事相撲の儀礼的意義と、ずいき御輿の果たす役割とはなにか。まず、若宮相撲神事がどのような歴史的変遷を辿っていたのか神事次第を中心に確認することにする。

二　若宮相撲神事の歴史的変遷

若宮相撲神事について最初に確認出来るのは永禄四年（一五六一）から寛政十三年（一八〇一）までの三座の頭人記録である「三上若宮相撲神事帳」（以下「神事帳」とする）に「三上若宮殿御相撲之事、去天文拾年丑歳ニ北方下人に三人迄相当候、然処に一度ニ菓子三合迄北方盛間敷之由被申候て中絶仕候ヲ栖雲軒再興候て当年永禄四年酉歳ニ再興仕候者也」[37]とあり、天文十一年（一五四二）に「北方」の「下人」三人が頭人となり「菓子三合」を供える事になった。「北方」は「盛間敷」として神事は中絶、「栖雲軒」[38]によって永禄四年に再興されたとある。記事内容に従えば、天文十一年には若宮相撲神事は行われていたことになる。また文献以外では、御上神社にある「木造相撲人形」は鎌倉時代の作であると言われており、神事相撲が行われていた点に限れば鎌倉時代まで遡ることが出来ると思われる。

若宮相撲神事の式次第が確認出来るのは「勤行略記」の九月九日から十四日の記事である[39]。

一、九月九日神前へ江鮭を備此魚野洲川にて捕之備故上は横田より下は吉川迄従他処の簗乃猟を制して当社の神舘并社家はかり簗をうつ但吉川の簗は当社大明神へ江鮭を備運故赦之然とも今は吉川の簗御公儀へ運上を奉るニ付明神へ江鮭を備すといへとも於其所ハ于今三上大明神へ此魚を備へ其後食する由申伝也当社の氏子たるものハ九月九日迄江鮭を食せす

一、当月十四日ノ御神事相撲の頭人とて、十二人の頭有、正頭六人、助頭六人、是ハ正頭の者故障有之時、助頭の者御神事為可勤也助頭何両年の間内外の斎心持有之同十一日ノ夜御湯立とて六頭の家にて御湯をたて十四日之晩一頭より御饗幷花平餅御菓子一合宛六頭共に神前へ備て十二番の神相撲有之、此外少々古実有之、是は地主若宮の御神事の由申伝也

「野洲川」に「簗」を打って捕えた「江鮭」を「神前」に備えている。「江鮭」つまりアメノウオを備えていることから、この九月九日の祭りが現在の甘酒神事にあたるものと考えられる。次に、十四日の神事には「正頭六人」「助

頭六人」が参加し、十一日には「六頭の家」にて「御湯立」、十四日の晩には「御饗幷花平餅御菓子一合宛六頭共に神前へ備て」「神相撲」が行われている。また「勤行略記」とほぼ同様の内容が「三上大明神之事」にも記載されている。[40]

一、九月九日ニ大明神へ備㆓鰍ノ魚ヲ㆒此魚ヲ野洲川ニテ取也此魚ヲ取リ備ル㆓明神ニ㆒故ニ横田ヨリ下ハ吉川迄他所より之制㆓禁ス簗之獵ヲ㆒三上神舘幷社家斗簗打也吉川ノ簗ハ三上大明神へ運㆓送スル鰍ノ魚ヲ㆒故ニ赦ス㆑之ヲ今ハ吉川ノ簗公儀へ立ル㆓運上ヲ㆒故ニ明神へ不㆑備㆑魚ヲ然共吉川之者其所ニテハ于今三上明神へ備㆑魚ヲ其後食スル由申也三上明神之氏子此故ニ九月九日迄ハ不㆑食㆑鰍ヲ

一、九月十四日ノ御神事相撲ノ頭人トテ、十二人之頭有リ、正頭六人、助頭トテ六人有リ、是ハ若正頭之人火ノ指合有ル時、助頭之人勤ル㆓御神事ヲ㆒也、此故ニ定ム㆓十二人ヲ㆒、助頭以来二年之間精進〆忌㆓悪敷火ヲ㆒也、十一日ノ夜御湯立トテ六頭之家ニテ立ル㆓御湯ヲ㆒、十四日之晩ニ、一頭ヨリ備㆓神前へ御饗並花平餅、御菓子一合ヲ㆒、六頭共ニ備之、十二番之神ノ相撲有リ、其外少々儀式有之、是ハ地主若宮御神事之由申傳

「勤行略記」とほぼ同じ記事内容であるが、「助頭」の「精進」に関しては「三上大明神之事」に「助頭以来二年之間精進〆忌㆓悪敷火ヲ㆒也」とあるように火に関する忌みを厳修する旨が記されている。次に宝永六年（一七〇九）の「宝永六年八月三上神社録」でも「勤行略記」「三上大明神之事」より簡略ではあるが記事がある。[41]

九月九日奉㆓奠ス清酒江鮭ヲ㆒、上古吉川ヨリ貢之ヲ禁他郷ノ人取之ヲ今ハ亡ヒタリ矣野洲川ヨリ供之ヲ、十四日祭礼頭十二人正頭六人介頭六人介ノ頭者翌年之頭人也若シ正ノ頭有レハ㆓触穢㆒則介ノ頭務スレ之ヲ頭人奉ス㆓国都ノ花子ヲ㆒事終而後催ス㆓神相撲㆒十二番小児務ム之ヲ又九日ヨリ至リ十四日頭人ノ家潔斎

「御菓子」の名称が「国都ノ花子」となっている部分以外、前記の史料とは変更がない。ただし、この記事より少

し遡る宝永元年（一七〇四）に、社頭修理に必要な修繕費用供出を目的として、若宮相撲神事の神事費用を削減し修理費用へと回していたことが、「宝永元年若宮大明神相撲神事改申覚」[42]（以下「改申覚」とする）から窺える。「改申覚」によれば、芝原式で出される花びら餅の数量や、十四日の神事に供えられる御供、芝原式の「役之饗」と呼ばれる饗膳などが削減対象となっており、六頭総て一律に神事費用を軽減していた。注意すべきは「改申覚」を確認すると、花びら餅や御供は費用軽減の対象となっているが、「御菓子」については一切記述がなく、理由は定かではないが神事費用の削減対象でなかったことが推察される。

次に享和元年（一八〇一）の「享和元年若宮殿相撲神事当番心得書帳」（以下「心得書帳」とする）には神事の準備や道具類の用意に関する記事が記載されている。[43]九月朔日には「家内随分相清メ、當人者火初尾給別火いたし、日々明神へ参詣いたし可申事」と頭人の潔斎から諸準備の内容と道具類の詳細が記されている。これによれば、九月朔日から頭人の潔斎が行われ、九月三日には「めずし」と「青漬」の仕込み、七日まで「めずし」「青漬」を漬け、同日には「あま酒」の仕込みを行い、九日早朝には仕込みを終えた「あま酒」「めずし」「青漬」を神社へ送り届ける。同日、「市」と呼ばれる神子に依頼を行い、十一日には「御湯立」が行われる。「御湯立」には「明神御手洗」の水を当日汲みに行き「御湯立」に用いる。

「御湯立」が終わると、手桶に湯立てで沸かした湯を手桶に汲み取るとあり、「おくわし十四日ニ出し候せつ、右湯ニ而清メ出ス事」とあるように、現在と同じく「御菓子」を湯立式で沸かした湯で清めていたことが窺える。翌十二日には「市」方へ御礼と「御くわしもりの用意」、十三日には「御くわしもり」と「頭渡」が行われる。

十四日には「御くわしもり」を神社まで運び入れ、芝原式が行われる。現在でも太鼓が鳴らされた後、ずいき御輿が神社へ運ばれるが、史料によれば「長ノ屋ゟ照覚寺之太鼓打ニ遣シ候」とあり、「照覚寺」で太鼓を打ち鳴らすのが十四日当日の祭りの合図だったことがわかる。この時刻は「申ノ刻前目処明神へ相備へ申候」と午後四時頃には「御くわしもり」が神社へ備えられていたことがわかる。この後「七つ時」には惣公文及び公文、頭人ら臨席にて芝原式が行われている。ちなみに供えられた「御くわしもり」は「御菓子持帰り候而ゟ不残子供へ相わけ遣ス」として「御くわし」が子供達へ分け与えられていたことが確認出来る。

以上の文献から、少なくとも天文十一年（一五四二）には「菓子」を供える神事が行われており、頭人による祭りの運営が行われていたことが確認出来る。また「勤行略記」「三上大明神事」「神社録」等、近世以降の記録から現在の祭りの形式に近い神事が行われていたことが確認出来る。「神事帳」の記載にあるように、「菓子三合」の供出が出来なかったことにより、神事が中絶してしまったことを考えると、「下人」が頭人を勤め「菓子」を供出することの負担の大きさと共に、神事において頭人が「菓子」を供える事が重要であったことが推察される。では、ずいき御輿自体、何時頃から現在のような形式をとっていたのか。史料から確認をしていくことにする。

三「御菓子盛」の変遷

表1は若宮相撲神事に関係する諸文献から「御菓子盛」に係る記事をまとめたものである。

先に挙げた「神事帳」では、天文十年（一五四一）に頭人らが「菓子」を出せず神事が中絶し、永禄四年（一五六一）に再興したと記されている。[44]「北方下人に三人迄相当候、然処に一度ニ菓子三合迄北方盛間敷之由被申候」と、「北方」の「下人」らが天文十年の神事の頭人にあたり「菓子三合」の調進が行われなかったことが、神事中絶の原因とされている。つまり、頭人らは各頭人は「菓子」を調進する役目を負っていたこと、また「菓子」の調進自体が省略されずに神事の中絶の原因となっていることから、神事において「菓子」の存在が重要視されていたものと推察される。

次に「神事帳」天正七年（一五七九）の注記には菓子の盛り付けが神社で行われていたことが記されている。[45]

當年者社領廿五石御寄進付而六斗ツ、頭人ニ宮ヨリ下行候条、去年寅才ヨリ又下かた半分ニ成申候、假屋資子モ三升宛懸者成り

当年ハ佐久間殿被召夫社頭之儀之不知ニヨリ社頭ヨリ御下行徳無之、西東頭人分四合宮ニテ菓子御盛候也

「西東頭人分」の「菓子」「四合」を「宮ニテ」「御盛」するとあり、「宮」恐らく御上神社にて「菓子」の盛り付けを行ったことが記されている。この「宮」での「菓子」の盛り付けが注記されていることを加味すると、頭人が「菓子」を盛り付けることは神事における重要な意味があり、また作法としては頭人の家で盛り付けるのが正式であったことが推察される。「西東頭人分」の「菓子四合」とあることから、頭人一人につき「菓子」を一合調進していたことが窺える。

次に「神事帳」寛永元年（一六二四）から九年（一六三二）の注記には東座の正頭・助頭共に神事へ参加出来なかった際の対応が記されている。

寛永十二年亥才東ノ頭人前田村作兵衛母八月廿日ニ死候て正頭之儀ハ不及申候、助頭妙光寺村孫兵十ニ候へ共是もおいにて不成故、宮にて法印を頼申候、頭役つとめ申候、入り用之儀ハ折節宮ノ森大風ニ松ノ木ころひせ申候、木をうり申候銀在之故ニ八兵衛法印へ入用遣饗くわしなども仕候者也

寛永十二年の神事の折、「東ノ頭人」を勤めるべき頭人が正・助頭共に参加出来ず、代わりに「法印」が頭役を勤め、その「入用」つまり諸経費は大風で倒木した木を売り払って宛てたとある。寛永十二年（一六三五）の東座の頭人を見ると、「宮ニテ　無行」とあり、神社によって東座の頭人が肩代わりされたことがわかる。このように正頭・

助頭ともに神事に参加出来ない場合は他にも見受けられ、元和六年（一六二〇）に東座の正頭が死穢の為、神事に参加できなかった時、助頭が代役を勤めた時には、「借家ヲ仕相勤可申哉」として「宮」にて「道安・宮之庵室・八兵衛」の何れかの家屋が良いか「御鬮」で決めている[46]。

この場合重要なのは、「借家」を選んでいる点とその理由である。助頭は「五六年も江戸ニ居候」とあり、三上の地から離れていた。その様な事情もあり、ずいき御輿や諸々の準備を行う家屋を三上の地に有して居なかったと推察される。その為に「借家」を用意することで助頭を頭人として「御湯立仕饗をむし頭役相勤」となったと考えられる。享保三年（一七一八）には長之屋の頭人であった「竹田梅龍院」が何らかの事情により頭役を務められなくなった際、「諸役除キ家来新右衛門方ニて為勤」と家来が頭人を勤め、「御菓子柿いも諸当ゟ持寄勤」として「諸当」から菓子を持ち寄ることで「諸役」

表1　ずいき御輿年表

年月日	御上神社若宮相撲神事
永禄4年（1561）	天文10年（1541）に頭人らが「菓子」を出せず神事中絶。永禄4年（1561）に再興。（『三上若宮相撲神事帳』）
天正7年（1579）	「西東頭人分」の「菓子」「四合」を「宮ニテ」「御盛」する。（『三上若宮相撲神事帳』）
元和8年（1622）	若宮相撲神事にて「くわし（菓子）」を設える事。（『西座公文三上若宮相撲御神事帳』）
寛永2年（1625）	「くわしもり（菓子盛）」の費用である「餘米」「六石」を「六頭」へ寄進のこと。（『三上若宮相撲神事帳』）
寛永12年（1635）	「東ノ頭人」の正頭・助頭共に死穢に合い、「くわし（菓子）」等を御上社が負担・調進する。（『三上若宮相撲神事帳』）
宝永元年（1704）	9月13日に「菓子芋付」とあり。（『宝永元年若宮大明神相撲御神事改申覚』）
享保3年（1718）	頭役の「竹田梅龍院」「東林殿」事情により「諸役」は勤めず、「家来新右衛門方」にて「御菓子柿いも」を設える。（『三上若宮相撲神事帳』）
享保6年（1721）	「ま五郎兵衛」寄進の竹にて、「菓子臺六ツ」を修繕。（『三上若宮相撲神事帳』）
享保11年（1726）	頭役「庄助」の家が使えず、「庵室」が代わりに「菓子もり」を設える。（『三上若宮相撲神事帳』）
享保19年（1734）	頭人「竹田梅龍」の「菓子」は家来の家にて設える。（『三上若宮相撲神事帳』）
享和元年（1801）	「十三日御くわしもりの用意」として「ずいき沢山・しん松壱本・けいとう沢山」「さるのすもふ取」等の材料が列記。また「御菓子持歩」に2名、「けいご（警固）」に2名、「臺持」に1名と記載。（『享和元年若宮殿相撲御神事当番心得帳』）
文化10年（1813）	「御菓子もり」に「花牡丹三本」「きく五本」「かきつばた三本」を用いる。（『文化十年若宮御神事帳』）
慶應2年（1867）	「大樹公」他界に就き、「御輿」を「氏神」へは備えず、「我屋ニ置キ」とのこと。（『西座公文三上若宮相撲御神事帳』）

を免じ、頭役を勤めたことがわかる。[47]

以上のことから、正頭が役を勤められなかった場合、助頭が役を勤めるか、正頭の関係者——下人や家来など座に属する者——が勤め、他に勤めることが出来ない場合は神社でその代役を勤めていたことがわかる。これらの点を踏まえると、天文十年に神事が中絶した際には頭人の代役を勤める方策を立てる事ができずに中絶してしまったと考えられる。

次に宝永元年（一七〇四）に記された「改申覚」には、「菓子芋付」とあり、ここではじめて「芋」の存在が明示されている。また「芋」は付随的なものであったことも推察出来る。[48] 神饌の内で菓子と称される場合、果物類もしくはブトなどの唐果物が該当する。恐らくこの「菓子」は果物類の総称として用いていたものと考えられる。「菓子」が果物類であることは「神事帳」享保三年（一七一八）の注記に「御菓子柿いも」とあることからも推察される。[49] 現在のずいき御輿は四方に柿や栗が副えられていることからも、「菓子」が果物を主体とした神饌であったことが推察される。

「神事帳」享保六年（一七二一）の注記には「當丑之年菓子臺六ツ共修覆致申候但六ツ之竹之分ま五郎兵衛寄進申候」とあり、「菓子臺」の修繕について記載されている。「ま五郎兵衛」寄進の竹にて、「菓子臺六ツ」を修繕とあり、享保六年当時、「菓子」を盛り付けるのに、「菓子臺」と呼ばれるものが用いられていたことが窺える。[50] 加え、「菓子臺」が「竹」で修繕されていた点に注目したい。現在のずいき御輿に用いられるのは、「御菓子盛台」と呼ばれ、木製の折敷に乾燥させた竹を組み合わせて作り上げたものである。当時の「菓子臺」の形状は不明であるが、竹を部材として用いた台状のものであったことが推察される。またこの時点では「菓子臺六ツ」と長之屋・東座・西座の座から二台ずつずいき御輿が備えられていたことがわかる。史料から「御菓子盛」の形状が類推できるのが、享和元年（一八〇一）の「心得帳」に見える以下の記載である。[51]

一、十二日ニ間有之候ハ、十三日御くわしもりの用意いたし置事

一、柿取百五十、六十斗
　つりいと　十匁斗
　但し、合いとよし
　すいき　沢山

一、しん松　壱本
　けいとう　沢山

一、男竹弐本、但し戸板はさむ、けいご竹、御くわしもり串共六寸廻りよろしく事

一、十三日御菓子盛衆中へ
　但し、時有合中飯・夕飯共出ス可申事、酒者勝手ニ出ス、肴も時之見合也

一、間有之候ハ、當日十三日ニいたし候筈ニ候得共、手廻しニ而くしけづり置候而もよろしく
　但し、四方の角
　　上下柿の竹串　八本
　　下串　四本
　〆十弐本

一、すいきのくし

左右弐拾四本
但し、ななみじか中と三だん二入候得共、是ハ廿四本いたし置候而、右くしへすいきをさし串切候方可然
一、拾弐本
中へさし込候、すいきの串入申候
一、たなくし
八本
但し、上までほそなわ二而してつり候ゆへ、くしのうらにふしを付置候方よろしく
一、ほそ縄
弐間半位を八すじに切候方よしく
一、正面者
さるのすもふ取
三方者見斗、何なく共おもい付けのはな二而もかさり候事
一、ほだてと申御菓子のたなの上に有之候、
だいのすみへ美濃紙　四枚
但し、おり方有之候通ニしたし、
さきを紅紫欤又ハけいと二而も染候而立張付候也
（中略）
一、十四日御菓子備へ二明神へ参り呉候ものへ飯出ス、但し見合焼物平付也

けいこ　両人
但し、袴羽織脇結ニ而、割竹壱本ツ、
御菓子持歩　両人
但し、御菓子へ十一日御湯の湯打ち掛け清め出ス
名代　壱人
但し、麻上下帯刀
臺持　壱人
〆
一、長ノ屋照覚寺之太鼓打ニ遣し候、此人壱人、左候得者跡五頭共罷出候也
右之通りニ而、申ノ刻前目出度明神へ相備へ申候、當人社参相済引取候事
一、御菓子持帰り候而不残子供へ相わけ遣ス、尤菓子臺明神拝殿へ帰し置き事

記事にあるように、現在のずいき御輿の作製から御上神社への奉献、ずいき御輿の処分に至る箇所まで、ほとんど同じ行程を行っていることが指摘できる。まず、「御菓子盛」で用いられる材料に「柿」「すいき」「さるのすもふ取」「おもい付けのはな」「美濃紙」が用いられている。これらの材料は現在のずいき御輿に用いられる材料と同じで、それらを盛り付けるために「菓子台」が用いられていることも確認できる。また飾り付けるために「すいきのくし」「つりいと」「竹串」「たなくし」が用いられ、「すいき」を「菓子臺」へ固定する為の部材も、現在の使用されている

部材に近似している。盛り付けた菓子は「けいこ　両人」「御菓子持歩　両人」が運び「名代　壱名」「臺持　壱名」が従っていたとある。これも現行のずいき御輿の渡御列と同じで、「けいこ　両名」が「割竹」を持つことや、「御菓子」を「十一日御湯の湯打ち掛け清め出ス」点も現在の次第と一致している。

文化十年（一八一三）の「文化十年若宮御神事帳」にはずいき御輿に用いる花として「花牡丹三本、きく五本、かきつばた三本」とあり、現在ずいき御輿の四方に飾られている花とは異なるが花が用いられていることがわかる。

以上のように、享保六年の頃には「菓子臺」を用いて御菓子が調進されていたことが確認出来る。現在のずいき御輿に近似する形式が確認できるのは、享和元年の頃まで遡る事が出来る。また、ずいき御輿を御上神社へ奉納する際には「御菓子持歩」「けいこ」が神社までの運搬を担っていた点は、現在と同じ様相だったことが確認できる。少なくと享保六年以降には、現在のずいき御輿のような御菓子盛臺を用いて調進する形状になり、以後形式が整っていったものと推察される。また、天文十年に「御菓子」が調進できなかったことによる神事中絶の原因を考えるに、「菓子」の負担が多大なものであったことや、三人の頭人が一遍に諸役を勤められず代役を立てることが出来なかったことが考えられる。裏を返せば、頭人一名につき「菓子」を一合調進することが、若宮相撲神事に参加する頭人に課せられた重要な役割と認識されていたことが窺える。

以上、若宮相撲神事において「菓子」「御菓子」の変遷とともに、「御菓子」の調進と献饌が頭人にとって重要な意味があったことを確認した。では、「御菓子」を重視する若宮相撲神事自体の意義とは如何様なものであったのか。この点に関して、御上神社の年中祭典における若宮相撲神事の位置づけの確認と、神事自体の儀礼的意義の二点について分析をすすめることにする。

第三節　若宮相撲神事の位置づけと意義

一　若宮相撲神事

年中祭典における相撲神事の位置づけを確認する前に、若宮相撲神事についての先行研究を振り返り問題点の把握をしておきたい。

若宮相撲神事については、肥後和男、高牧實、東條寛によって神事における宮座の構造とその特徴について[52]、山口昌男、金子哲によって相撲神事の儀礼構造とその意味が論じられている[53]。先に述べた用に若宮相撲神事を行うのは長之屋・東座・西座と呼ばれる、いわゆる宮座組織である。この宮座組織について先学の指摘を整理すると、以下のような特徴がある。

一、各座には世襲的な役職である公文がおり、三座を取り仕切る公文を惣公文と言い、惣公文は長之屋の公文が兼任している。

二、神事を行うのは頭人であり、当該年の頭人を正頭、次年度の頭人及び正頭の代理を勤める助頭（介頭）がいる。この頭人がずいき御輿の作成等の一切を取り仕切るが、座に属する他の人々は頭人が受け持つ諸役の補助を行わない。補助を行うのはオモシンルイと呼ばれる頭人の親類縁者である。座自体は頭人を選出する機構として機能している。

三、座に属する人々は家筋等に関係なく属している、いわゆる「村座」である。また居住地域による制限は見受けられない。

四、座の中では上下関係等は見られないが、三座での上下関係があり、長之屋→東座→西座の順になっている。これは芝原式の席次や、長之屋が惣公文である事、長之屋のみ頭人一人を出す点等に他の座との優位性が見られる。

座による運営とは言いながら、実際には頭人の諸役が中心であり、神事に参加しているのが各座の頭人・公文・定使である点からも、座自体は頭人の選出機構として機能していることが指摘されている。[54] また頭人が死穢などの理由から神事に参加できなくなった場合、「諸當」が神事費用の負担を行っていることから、緊急の際には座全体から費用負担などを行っていた例が見られる。このような例があることからも、座が単に頭人候補の集団であり頭人を選出する機構という側面のみならず、非常時には神事を遂行する為の安全装置としての役割も果たしていたといえる。

次に若宮相撲神事の儀礼的な意味についてだが、芝原式で行われる相撲と、ずいき御輿との関わりが指摘されている。芝原式における神事相撲は子供が相撲行う形式であり、このような形式は滋賀県蒲生郡日野町中山で行われる芋競べ祭りでも子供による相撲が行われた後、芋の長さを東西の座で比べ合う祭りが行われており、鎮魂儀礼としての神事相撲の側面と非稲作文化との結びつきがあったことが指摘されている。[55] 御上神社の場合、「勤行略記」などの年中祭典に関する史料を確認すると、近世においては新嘗祭のような稲の収穫祭の性格を持った祭りが行われていないことが確認出来る。しかし、五月には「お田植え」が行われ、六月には「御小苗終」と云う苗の植え終りと思しき祭りが行われている点からも、御上神社の神田で稲作が行われ、それに関連する祭りが行われていた点は見逃すことが出来ない。

さて、これまでの若宮相撲神事の研究では、御上神社の年中行事について触れられていない為、御上神社の年中行事における若宮相撲神事の儀礼的な位置づけが不明瞭である。そこで近世期の年中行事に着目して、若宮相撲神事の儀礼的意義について先学の指摘である芋と神事相撲の関わりを視野に入れながら、考察をすすめることにする。

二　近世期における御上神社の年中行事

若宮相撲神事の年中祭典における位置づけについて、「勤行略記」などの年中祭典記から分析を試みたい。

まず正月元旦は「御戸開」が行われ、神舘により鏡餅や神酒が奉献され、社家による御祈祷が行われる。また元旦から三日間は社家――大谷家・平野家・政光院――により「神供」が供えられ、「政光院」にて「護摩」が執行される。同月九日は「修正（会）」にて神前で仁王経の読経が行われた後、楼門前にて「神舘」「社家」による「射礼（的初め）」が行われる。

二月二番の申日には「御籠」として「鬼間祭」と「対米」が行われる。「鬼間祭」は米で作った「人代」を「神舘屋敷」にある「鬼間」とよばれる部屋へ納める祭りで、「対米」は社家の女子が用意された米を掴んで「重（調）」「半」かで吉凶を占い、「重（調）」であれば吉として「女子の親宮」で「二夜三日」のお籠りを行い、占いで用いた米を粢にして「調宮の仮屋の上」に「神舘」がこれを供え、「烏」が粢をとれば吉、取らなければ不吉として、「神舘」が神前において「御鬮」を行い、再度お籠りを行うか、八月まで供えたままにするかの神慮を乞う。八月まで粢を供えておくことは不吉とされる。また同日は「御祭始」とあり、「神舘」「社家」が「身遣殿」へ参詣するとある。

三月十五日は「御影向日（桜会）」として、神前にて「法華八講」を勤め、「政光院」にて饗応が行われる。饗応が終わった後には「社役人」が社参して神酒を供え社頭を三回廻る。

四月には神輿渡御の「祭礼」が行われる。前述の通りの内容で、三上山の麓にある三本杉――古くは河原三大神――へ神輿と共に供奉の人々が渡御する祭礼が行われる。

五月十日には「神田植」として「社家」から「耕牛」「五月女」が出て神田に苗を植え、神歌を謡う行事が行われる。この神田でとれた米は二月の「御籠」に用いられる。

六月朔日には「御小苗終」として「神舘」が自ら神田に苗を植える行事が行われる。同月二番の申日は「御納涼（般若会）」として神前にて大般若経を転読、「御湯」を供える。この日は三上山の麓に住む「北桜村炮擶師」が神酒を供え「社家」への饗応が行われる。同月には「水無月の御祓」が「神舘」にて行われる。

八月には二月と同じく「御籠」が行われる。

九月九日は「江鮭」を神前に献じる神事、十四日は若宮の「御神事相撲」が行われる。十一月二番の申日には「御火焼」「御衣裁」として忌火の奉納と、「御衣」の奉献が行われる。なお、「神社録」にのみ節句の行事と思われる「七種之行事」「桃花ノ行事」「菖蒲ノ行事」「織女祭」「八朔行事」「亥ノ子ノ行事」が「神舘」にて行われていたこと、十二月二番の申日には「薪之行事」が行われていたことが確認出来る。

以上が近世期の御上神社における年中行事である。まず注目したいのは、年中行事の大半が「神舘」「社家」を中心に行われている点である。「神舘」「社家」以外に神事に参与するのは「市」や「宮仕」と言った専任職が神事の舗設に従事し[56]、「北桜村炮擶師」が六月二番の申日の神事に参加している。また「政光院」と言う僧侶が神前読経等に携わっていた[57]。

このように主だった年中行事では「神舘」「社家」が主体となって祭祀の運営が行われており、「市」や「宮仕」、「政光院」と言った人々が職分に応じて各神事や仏事に携わっていた。このような年中祭典の中において若宮相撲神事のみが、神社周辺の農民が参与する座が主体となって祭祀運営を行っており、その祭りの対象が「地主神」「氏神」とされた若宮社を対象とした祭りであったことは、年中祭典のほとんどが「神舘」「社家」を主導し主祭神を祭りの対象とした祭りが占める中で、特異な位置づけの祭りであったと言える。この特異な位置づけは、年中祭典の儀礼的意義の観点から見ても同様の指摘を行う事ができる。

まず正月元旦に行われる「御戸開」は正月に行われる祝儀であると理解できる。同時に「七種之行事」のようなものは節句行事の一環として行われていたと考えられる。これらの行事は神社一般で行われる行事であり、重要な祭典ではあっても御上神社の独自性がある祭祀とは考えにくいだろう。

独自性のある祭祀、という観点で考えた場合、二月・八月に行う「御籠」の神事と、「神田植」「御小苗終」は独自性があり、祭り同士が密接に関連する祭りである。二月・八月の「御籠」は、「鬼間」での「人代」奉献→米に依る吉凶判断（「対米」）→「御籠」→烏勧請による吉凶判断という占いの要素が強い神事であったことが確認出来る。ここで重要なのは、「御籠」で烏に供える「粢」に用いる米が五月の「神田植」、六月の「御小苗終」を行う神田で収穫されている点である。「御籠」では「人代」と「粢」を米で作り、「対米」では米を用いて吉凶の判断を行っており、米が占いの道具として重要視されている。その米を作る神田の祭りが「神田植」と「御小苗終」であり、これらの祭りには「神舘」と「社家」「神子」が奉仕し、「神田植」では「社家」から「耕牛」と「五月女」が奉仕に加わっており、座に属する農民などが関わりを持たない祭りであったことが窺える。

次に「神田植」「御小苗植」という稲作の儀礼があるにもかかわらず、新嘗祭のような収穫儀礼が御上神社では行われていない点に注目したい。

本研究で取り上げている香取神宮や彌彦神社を含め、多くの神社では明治以前から各社独自に新嘗祭もしくは新穀感謝の意味を持つ祭りが行われていることが多い。また新嘗の祭りがあれば、それと関連した予祝行事として御田植祭などの農耕儀礼が行われる傾向にある。これは、新穀及び農作物の実りを祈る農事暦に則した一連の祭りとして理解できる。しかし、御上神社の場合は「神田植」「御小苗終」という予祝儀礼と思しき祭りが行われているが、稲の収穫儀礼は無い。御上神社で収穫儀礼にあたると考えられるのは、九月九日に行われる「江鮭」の奉献と、若宮相撲神事である。二つの祭りでは、米ではなく水産物や畑作物が神饌の中心となっており、これらの祭りを行い、神饌を供出するのは神社周辺に居住し農業などに従事する住民であった。

このように収穫儀礼の関連性から考えると、「神舘」「社家」が「御籠」「神田植」「御小苗終」という稲作に関連する祭りを行うのに対して、座を構成し漁業や畑作に従事する人々によって若宮相撲神事が行われるという構造が見えてくる。加え、御上神社の年中祭典の多くは本宮を対象として行われるものと考えられ、地域住民が祭りを主導する若宮相撲神事のみが「地主神」とされる若宮社の神事を執り行っている点を考慮にいれても、儀礼的な意義において若宮相撲神事が年中祭典の中で特異な位置づけにあったことが窺える。

以上、近世における御上神社の年中祭典を確認し、若宮相撲神事の儀礼的な位置づけを確認した。祭りを主導する人間の違いという観点から見ると、年中祭典全体のほとんどは「神舘」「社家」の主導で行われ、そこに神事に応じて「市」「宮仕」「政光院」「炮攡師」と言った専任職が参与する。一方、若宮相撲神事は座の公文として「社家」がいるものの、祭り自体の運営は頭人が中心であり、それは地域住民を主体とする人々が祭りを主導していたことになる。一方、儀礼的な意義と関連性の観点から考えると、年中祭典において「御田植」「御小苗終」という稲作に関連する祭りが行われているにもかかわらず、新嘗祭のような新穀を供える神事は行われていない。しかし、稲を含めた収穫儀礼として考えると、アメノウオや芋茎や柿などの果物を使った「御菓子盛」を供えていることから、野洲川の魚や畑作物が主体なっている。このような観点から年中祭典における若宮相撲神事の位置づけについて考えると、御上神社の年中祭典にありながら、地域住民が主導する水産物や畑作物を中心とした祭りという特異な位置づけにあったことが窺える。年中祭典における若宮相撲神事の位置づけを確認したところで、次に、若宮相撲神事自体の儀礼的意義について考えてみたい。

三　若宮相撲神事の意義

年中祭典において若宮相撲神事が特異な位置づけにあったことを踏まえて、神事自体の儀礼的意義について考察を加えたい。先学の指摘では、非稲作文化と神事相撲の関係性が指摘されているわけだが、若宮相撲神事における神事相撲の意味とはいかなるものなのか。また非稲作文化と神事相撲のかかわりとは何か。まず芝原式における神事相撲の流れを振り返ってみる。

神事相撲は東座・西座の上座・下座から小角力・大角力一人ずつ——何れも子供——計四人が出され行われる。小角力同士で二回、大角力同士で二回の計四回の相撲が行われる。ただしこの角力は所作と掛け声のみで、勝負は付けずに終わる。旧来は「十二番の神相撲」が行われており、[58]回数が大きく異なっているが、恐らく勝ち負けの無い相撲が行われていたものと推察される。特徴的なのは、相撲の取り組みが行われても勝負は無いという点である。

他の神社での神事相撲では、予め勝敗が決まっている場合や、行事が仲裁に入り勝負が常に持ち越される——引き分けで終わる——場合、様々な例がある。また、人形が神事相撲を行う場合や、神を相手とした一人相撲が行われる例もある。神事相撲と言えども、様々な形式がありこれらに共通するのは収穫儀礼などに関連している点である。例えば、滋賀県の多賀大社で九月九日に行われる古例祭では、「古知古知相撲」と呼ばれる神事相撲が行われ、この相撲は年占の性格があると考えられている。多賀大社の場合、五月には御田植祭、九月九日の古例祭、九月二十二日の抜穂祭と稲作の収穫儀礼が年間を通じて行われており、稲作儀礼と神事相撲が関わりを持っていることが推察される。

本研究で取り上げた香取神宮でも相撲神事が行われており、中世には九月の節句に神事相撲が行われていた。広く神事相撲を見た場合、必ずしも畑作に関係する祭りだけではなく、稲作に関係する祭りとも神事相撲は関係性があり、広く農耕儀礼と神事相撲の関係があったものと推察される。

若宮相撲神事の場合、角力同士が取り組みを行い、掛け声を掛け合うものの、あくまで所作にと止まっている点と、勝負云々が付かない点が特徴的である。神事相撲において勝負が付く場合、勝つ事に何らかの意味が付加されており、予祝的な要素を含んでいる。例えば、愛媛県の大山祇神社の御田植祭りで行われる一人相撲の場合、神を相手に相撲を取る形で行われ、神が勝つと豊作であるとされている。神が勝つことが決まっているという事は一種の予定調和であり、神が勝ことで豊作となる以上、一年の豊作は約束されているということになる。また、滋賀県蒲生郡日野町の白鬚神社のどじょう祭りでは、神事相撲を行っても勝負がつかずに引き分けになる。この祭りの神事相撲は二つの宮座同士の争いを神前での子供相撲で決着を付けようとしたが引き分けに終り、どちらの言い分も正しいという結果に終わったという謂れがある。白鬚神社の例の場合、宮座の均衡と神事相撲の結果が関わっていると思われる。神事相撲は行われるが結果は引き分けであるという場合、この結果が繰り返されることによって座同士の均衡は保たれることになる。御上神社の神事相撲は後者の例に近似しており、東座・西座の角力による神事相撲は所作のみで、勝負は行われずに終わる。勝利による豊作の約束は無いが、座同士の均衡が保たれることで、来年も同じことが繰り返されるという、豊作の予祝とは異なった予祝のあり方だと考えられる。

この考察に少し補強を加えるならば、先に挙げた天文十年の神事中絶とその理由が、祭りの意義について示唆してくれる。天文十年の神事中絶の理由は「菓子」の調進が出来なかったことにある。その原因はすでに触れた通りであるが、「菓子」の未調進がそのまま神事中絶になると云うことは、例年とは異なる形で祭りを行わなくてはならない、と云うことになる。つまり、例年通りの祭りの執行が前提であるという意識が潜在的にあるのである。仮に「菓子」以外の行事、例えば神事相撲が執行出来ない、という事態でも神事は中絶した可能性があるのである。

祭りを例年通り行うという意識は、御上神社のみならず祭りを行う人々の意識の前提としてあったものと考えられる。例年通りの祭りの執行が意味するのは、祭りを行える安定した状況にあることの裏返しとも言える。神事相撲の意味に戻るが、勝負を行わない、つけない、所作のみの神事相撲の意味の一側面として、来年も例年どおりに神事を行いたい、日々の安寧を祈る為の予祝的な意味があったものと考えられる。

第四節　ずいき御輿の特徴とその形成要因

では、ずいき御輿の特徴とその形成に影響を及ぼした要因について分析を試みたい。

一　飾り付けに見える風流

これまでの分析から、若宮相撲神事は、御上神社の年中祭典における収穫儀礼としての位置づけがあったと考えられる。この点は、神饌として用いられる、野洲川で漁獲されるアメノウオや、米を用いた「御饗」「花平餅」、芋茎や柿、栗などの農作物が神饌として献じられている点、神事相撲の意義から窺い知れる。また、若宮社が地元の地主神・氏神として認識され、相撲神事が御上神社本社ではなく摂社の若宮社で行われている点も、相撲神事が収穫を寿ぎ次の年の稔りを祈る祭りであったことを示唆している。

そのような意義を持つ若宮相撲神事において、ずいき御輿は「菓子」として献饌される特殊神饌である。御輿のような形状ではあるが、「御菓子」という名称からも分かるように、ずいき御輿の棚に副えられている柿や栗などが神饌としての主体であり、ずいき自体は巨大な器と、見做すことができる。その点を踏まえると、ずいき御輿の台の底面が折敷や饗盤のような形状になっているのは、現在の形へ至る以前の名残りであると考えられる。

では何故、現在のような形状へと至ったのか。これは、北野天満宮の瑞饋神輿と同様に、風流の影響が考えられる。北野の事例では、神饌を盛り付けた御供槽を二本の棒で担う形から展開して現在の神輿状の神饌へ発展し、その発展には風流や風流作りもののような文化的な影響があったものと推察した。若宮相撲神事のずいき御輿の場合も、風流の影響があったと思われるが、それは柿や栗などの果物を盛り付ける為の器自体を飾り付ける方法に風流や風流作りものの影響があったのではないかと推察する。

前章でも説明したように、風流作りものは、人や物を食物などを使って造作したものを意味する。香取神宮の賀詞祭で献じられる「飾嶋臺」も、風流作りものの一種と考えられ、この臺の縁には鮒、大根、柚子などを串に挿したものが挿されおり、直会に際してこれを食べるような形になっている。ずいき御輿も、いわば移動できる巨大な嶋臺と考えれば、その特異な造形の意味が分かる。

ずいき御輿の隅には柿、正面の棚には相撲取りの猿と栗が、他の棚には造花が飾り付けされている。単純な菓子であれば、土器や高坏などに菓子を盛り付けるだけであるが、ずいき御輿の場合は巨大な嶋台として機能し、菓子を盛り付けると器に、芋茎で器全体を飾り付け、天辺には秋の花である生花——ケイトウ——と造花のカキツバタなどを飾り、相撲神事を象徴する猿の相撲取りを棚へと飾り付け、秋の風流を象徴していると考えられる。宴席で出される嶋台は、季節に合わせた風流物を飾り付けているので、その点にと比較してもずいき御輿は秋の風流物を飾り付けた神饌、と表することができる。

二　地域生業と農水産物

次に、ずいき御輿に用いられる芋茎に注目したい。神事の意味を考えると、秋の収穫物が豊かな実りを迎えたことへの感謝と、来年の変わらぬ豊かな実りを祈りを込めて、地域で収穫される農水産物を神饌や饗膳へと用いていたと考えるのが自然であろう。

特にずいき御輿の芋茎は、地域で収穫される産物の豊かな実りを象徴する作物であったと考えられる。里芋の栽培は、畑養水の管理や風害への対策、連作が出来ない作物故の土地の管理など、非常に手間が掛かる。また、御上神社を流れる野洲川はアメノウオをもたらし、田畑を潤す恵みを与える川であったと同時に洪水も頻繁に起きていた。田畑が「河ニ成」と言った具合に野洲川周辺にある田畑の被害を示す文言が示すように、野洲川が暴れれば、新たに田畑を切り開く必要があったのである。そのような地勢において栽培が行われる状況で、青く真っ直ぐに伸びた芋茎を確保できる、ということは則ちその年の農水産物の豊かな実りの象徴として地域の人々に捉えられてきたものと推察する。

おわりに

御上神社のずいき御輿の特徴とその形成に影響を与えた要因について考察を試みた。まず御上神社は三上山や野洲川を含めた周辺地域を社領としており、地域で収穫される農産物や野洲川で漁獲されるアメノウオなどの水産物の献納によって、神社の経営と祭りの運営を行っていた。御上神社の年中祭典を見ると、若宮相撲神事のみが地域住民の宮座組織から選出される頭人と座の統括を担う地域の有力者である惣公文及び公文によって祭りの運営が行われていた。惣公文及び公文は有力者であるか御上神社の社家筋の家がその役を担っているが、頭人の選出と芝原式における頭人選出の儀礼への参加を行うのみで、祭りで供える「御菓子盛」や「花ひら餅」などの供出は頭人らによって行われていた為、若宮相撲神事は地域住民の手による祭りとしての性格を持つ。儀礼的意義からすれば、勝負を付けない神事相撲が行われることや、収穫の象徴としての青い芋茎や柿や栗などの果物を供える収穫儀礼が祭りの本義であったと推察される。地域住民は祭りを通して、御上神社に祀られる「地主神」の若宮社を祀ることで収穫と生活の安寧を祈り、収穫物として育成が難しく手間もかかる青い芋茎を象徴的にしつらえたずいき御輿を供えていたと考えられる。そのずいき御輿も旧来は、柿や栗などを主体とした「御菓子」であり、風流の影響ず青い芋茎の象徴的な意味合いから、次第に青い芋茎を御菓子盛台に飾り付け、そこへ柿や栗の菓子を盛り付ける形へと変化していったものと推察される。

このような状況から類推するに、地域住民の生業である農産業の収穫として芋茎や柿、栗などが収穫されていた地域の生業を前提として御上神社と経済的・信仰的に関係性があった地域住民による「地主神」へ農作物や水産物を供える収穫儀礼が行われていことから、地域住民と御上神社との経済的・信仰的な関係性が要因の一つなっていると考えられる。また「地主神」へ供える収穫物の象徴として芋茎を風流的に御菓子盛台へと飾りけることで、収穫の安寧を示し、時代状況の変化によって風流的な要素が「御菓子」に加わったものと推察される。このことから、風流的な要素が従来の「御菓子」の形状を変えた一つの要因として指摘することが出来ると考えられる。

謝辞

二〇〇六・二〇〇八年の若宮相撲神事の研究調査及び本書の写真掲載について、御上神社様より多大なるご高配を賜りました。厚く御礼申し上げます。

注

1　岩井宏実・日和祐樹『神饌』（同朋舍、昭和五十六年、一六四―一七一頁）。

2　肥後和男「御上神社の相撲神事」（『民俗民芸双書　三十三　神話と民俗』岩崎美術社、昭和四十三年、二八四―二九八頁）。

3　真野純子「三上における神事当番とその運営」（社会伝承研究会近江村落調査委員会編『近江村落社会の研究』社会伝承研究会、昭和五十四年）。

4　高牧實『宮座と村落の史的研究』（吉川弘文館、昭和六十一年、二二〇―三五九頁）。

5　東條寛「神事と祭礼　御上神社の宮座と祭礼」（『国立歴史民俗博物館研究報告』第九十八集、国立歴史民俗博物館、平成十五年、一七三―二一八頁）。

6　山口昌男「相撲における儀礼と宇宙観」（『国立歴史民俗博物館研究報告』十五、国立歴史民俗博物館、昭和六十二年、九九―一三〇頁）。

7　『新抄格勅符抄』（黒板勝美・国史大系編修會編『新抄格勅符抄・法曹類林・類聚符宣抄・續左丞抄・別聚符宣抄』吉川弘文館、昭和四十年、六頁）。

8　黒板勝美編『新訂増補国史大系第四巻　日本三代實録』（国史大系刊行会、昭和九年、一六二頁）。

9　前掲注8同書、三六〇頁。

10　『類聚三代格』（黒板勝美『新訂増補国史大系第二十五巻　類聚三代格・弘仁格抄』国史大系刊行会、昭和十一年、九二頁）。

11　『延喜式』（黒板勝美・国史大系編修会編『新訂増補国史大系　交替式・弘仁式・延喜式前篇』吉川弘文館、昭和五十四年、六一頁)。

12 中田祝夫校注『日本古典文学全集　日本霊異記』(小学館、昭和五十年、三一九—三三三頁)。

13 黒田龍二「御上神社本殿考」(『日本建築学会計画系論文報告集』日本建築学会、昭和六十年、一〇六—一一二頁)。

14 藤本孝一『中世史料学叢論』(思文閣出版、平成二十一年)。

15 「御上神社勧進帳」(宇野茂樹校注『神道大系　神社編 二十三 近江国』神道大系編纂会、昭和六十年、一七八—一八〇頁)。

16 「三上古跡図」(野洲町立歴史民俗資料館編『近江の古社　御上神社』御上神社、平成八年、二五頁)。

17 「三上大明神年中行事幷社務勤行略記」(日本祭礼行事集成刊行会編『日本祭礼行事集成』第二巻、平凡社、昭和四十四年、二一二—二一三頁)。

18 三上神社文書一号(祝宮静編『アチックミューゼアム彙報第十八　近江国野洲川簗漁業史資料』丸善三田出張所、昭和十二年、一—二頁)。

19 三上神社文書五号(祝宮静編『アチックミューゼアム彙報第十八　近江国野洲川簗漁業史資料』丸善三田出張所、昭和十二年、五—六頁)。

20 三上神社文書一四号(祝宮静編『アチックミューゼアム彙報第十八　近江国野洲川簗漁業史資料』丸善三田出張所、昭和十二年、一六頁)。

21 祝宮静「三上神社の供祭簗」(祝宮静編『アチックミューゼアム彙報第十八　近江国野洲川簗漁業史資料』丸善三田出張所、昭和十二年、一七五—一八七頁)。

22 野洲町編『野洲町史』第一巻(野洲町、昭和六十二年、六七八—六八三頁)。

23 前掲注22に同じ。

24 御上神社文書八六「三上大明神社修理棟札之写」（滋賀県教育委員会文化財保護課編『国宝御上神社本殿ほか三棟（重要文化財拝殿・楼門・摂社若宮神社本殿）保存修理工事報告書』滋賀県教育委員会、平成十八年、七三頁）。

25 前掲注17同書、二一三頁。

26 前掲注17同書、二一二頁。

27 前掲注17同書、、二一三頁には「炮攡師」について、

土鍋は北桜村炮攡師神供の土鍋神舘乃自用共に運送す是故に昔より至于今余国の炮攡売を当国に入事を制す

とあり、御上神社における土器職人的な役割を果たす専門職であったことが窺える。

28 真野純子「御上神社の春祭りと祭礼組織―御旅所への渡御列についていの一考察―（社会伝承研究会近江村落調査委員会編『近江村落社会の研究』五号、昭和五十五年）。

29 野洲町立歴史民俗資料館編『近江の古社　御上神社』（御上神社、平成八年、三九頁）。

30 前掲注17同書、二一二頁。

31 「享保十六年三上社來書」（神祇院編『官国幣社特殊神事調　増補版』国書刊行会、昭和六十三年、六六二頁）。

32 「三上明神之事」（宇野茂樹校注『神道大系　神社編二十三　近江国』神道大系編纂会 昭和六十年、一八三頁）。

33 「元禄十六年五月三上社由来社人覚書」（日本祭礼行事集成刊行会編『日本祭礼行事集成』第二巻、平凡社、昭和四十四年、二一六頁）。

34 「宝永七年八月三上神社録」（日本祭礼行事集成刊行会編『日本祭礼行事集成』第二巻、平凡社、昭和四十四年、二一七頁）。

35 前掲注17同書、二一三頁。

36　肥後和男「御上神社の相撲神事」（『民俗民芸双書　三十三　神話と民俗』岩崎美術社昭和四十三年）。
37　「三上若宮相撲神事帳」（ずいき祭保存会『三上のずいき祭り』ずいき祭保存会、平成十三年、一三一頁）。
38　野洲町編『野洲町史　第一巻』（野洲町、昭和六十二年、六四五頁）。「栖雲軒」を当時、近江国守護六角氏の家臣であった三上士忠としている。
39　前掲注17同書、二一三頁。
40　「三上明神之事」（宇野茂樹校注『神道大系　神社編二十三近江国』神道大系編纂会、昭和六十年、一八四頁）。
41　「宝永六年八月三上神社録」（日本祭礼行事集成刊行会編『日本祭礼行事集成』第二巻、平凡社、昭和四十四年、二一七頁）。
42　「宝永元年若宮大明神相撲神事改申覚」（ずいき祭保存会『三上のずいき祭り』ずいき祭保存会、平成十三年、一一〇—一一七頁）。
43　「享和元年若宮殿相撲神事当番心得書帳」（ずいき祭保存会『三上のずいき祭り』ずいき祭保存会、平成十三年、一二四—一二八頁）。
44　前掲注37同書、一三一頁。
45　前掲注37同書、一三一頁。
46　前掲注37同書、一三二頁。
47　前掲注37同書、一三二—一三三頁。
48　前掲注42同書、一一〇頁。
49　前掲注37同書、一三二—一三三頁。
50　前掲注37同書、一三三頁。

51　前掲注43同書、二二六―二二七頁。
52　前掲注2同書、前掲注4同書、東條寛「御上神社の祭祀組織についての一考察―ずいき祭と春祭りの関係を通して―」（近藤直也編『座―それぞれの民俗学的視点』人文書院、平成三年）、前掲注5同書を参照した。
53　前掲注6同書、金子哲「神と人との間にて―宮座における二つの原理―」（石井進編『中世の村と流通』吉川弘文館、平成四年、二二二―二六三頁）。
54　東條寛「御上神社の祭祀組織についての一考察―ずいき祭と春祭りの関係を通して―」（近藤直也編『座―それぞれの民俗学的視点』人文書院、平成三年、一五五―一八三頁）。
55　金子哲「神と人との間にて―宮座における二つの原理―」（石井進編『中世の村と流通』吉川弘文館。平成四年、二二一―二六三頁）を参照した。
56　「宝永元年若宮大明神相撲神事改申覚」（ずいき祭保存会『三上のずいき祭り』ずいき祭保存会、平成十三年、二〇―二七頁）。
57　『野洲郡史　上』（臨川書店、平成十年）には天文二十三年（一五五四）に政光院の庵室（栖雲庵）が建立されたこと、政光院圓智が若宮相撲神事の再興をした栖雲軒の甥にあたる人物が僧侶であったことが分かる。
58　前掲注17同書、二一一三頁。

第三部　生調に関する事例研究

第一章　気多神社鵜祭について

はじめに

石川県羽咋市に鎮座する気多神社では現在、十二月十六日午前三時より、鵜を神前に放ち御祭神へ奉納する鵜祭が執り行われている。神前に放たれた鵜が本殿に置かれた案にすぐ止まれば吉、止まらなければ凶といわれている。神前に放たれた鵜は神職により再度捕らえられ、羽咋の海へと放たれる。香取神宮のように鴨を捌いて料理したものを供える場合や、春日若宮おん祭りの大宿所祭の掛け鳥や貫前神社の例のように〆た鳥をそのままに掛けて供える場合、伊勢神宮の生調のように生きたままの状態で供える場合など鳥を供える例は多く見られるが、鵜祭のように鳥を神前で放つ例は珍しい。

この鵜祭に関しては小倉学[1]や市田雅崇[2]、中村生雄の研究があり、鵜祭の歴史的変遷及び儀礼的な意義について論じられている。小倉は鵜祭の現行祭儀と由来、鵜祭にまつわる伝承について各種史料を紹介しつつ、鵜がイケニエとして供えられている点と海に放たれた鵜の行方について言及している。

市田の研究では、鵜祭の儀礼とそこに関係する伝承や習俗が、それらを担う人々の鵜祭への関わり方を通して地域においてどのように受容されてきたのかについて注目し、鵜祭の儀礼とその伝承の在り方について分析することで、鵜捕部という社会集団が持つ世界観と歴史が鵜祭という儀礼の実践と再解釈によって保持されていること、また祭りに関わる個々の社会集団の世界観や歴史の要約と再解釈が行われることにより、さらなる世界観と歴史の構築がなされていることが指摘されている。

他方、中村は日本人の自然観・動物観について論じる中において、謡曲の演目『鵜祭』における「このたび贄に供はる結縁に、鳥類の身を転じ、仏果に至れと、宣命を含め給ひければ」と言う箇所の贄としての鵜が結縁によって救いを得る点と、諏訪の勘文と同じ狩猟民の自らの生業の持つ罪業観と仏の救いとの共通性が見える点に着目し、鵜祭の祭祀空間が形成されてきた事情について分析を試み、イケニエの儀礼から放生の儀礼への転化とその背景にある諏訪信仰の影響について示唆している。[3]

これまでの研究では、鵜祭には鵜捕部(うとりべ)と呼ばれる人々が関与し、祭りの由来譚は気多神社の鎮座伝承と関わりがあることが指摘されている。また、鵜を神前にて放ち、再度捉えて羽咋の海岸にて放つことから、鵜を贄として供える側面と生贄から解放される放生的な側面の相反する儀礼がひとつの祭りの中で併存しているとされる。その点を踏まえた上で、疑問となるのが鵜に託される意味と鵜捕部の存在を支える背景である。

小倉は、鵜祭の鵜を「神鵜」と考え、気多の祭神である大己貴命が能登へ来臨した時に饗応した御饌津神――櫛八玉神――ではないかと推察している。[4] また、中村の場合は小倉の指摘する鵜＝饗応する神の化身という点を踏まえつつも、「気多社書上」にある鵜祭の由緒や実際の儀礼における鵜の取り扱いから、鵜を贄・初尾として捉えている。[5]

このように多面的な要素があり、また卜占的な要素さえも持ち合わせている鵜の扱いについて、先学と同じく実際の儀礼と由緒の内容を再度検討し、鵜そのもの、そして鵜を放つ事に祀り手たる鵜捕部はどのような意味を捉えているのかと言う点に注意を払いながら分析と考察を行う。

次に、鵜を捕る鵜捕部の存在である。鵜捕部は鵜浦（石川県七尾市鵜浦町）に住み、気多神社まで鵜を運ぶ役目を追う人々である。また鵜捕主任と呼ばれる鵜を専門に捕まえる人間もおり、鵜の捕獲と気多神社までの運搬は彼らによって行われる。気多神社から約四〇キロ離れた土地である鵜浦は、かつて気多神社の免田がある土地であり、少なからず所以のある土地であった。[6] この点は既に指摘されている通りであり、鵜祭の由緒において大己貴命が来臨した場所と関わりのある土地として位置付けられている。それらの由緒が、鵜祭を前提として肉付けされ成立されたものだと考慮したとして、何故鵜浦であったのか。気多神社の他の祭典において、鵜浦のように特定の品目を献納するような神事があるのか、また鵜祭自体が気多神社の儀礼上どのような位置付けにあるのかを今一度検討し、由緒の再検討を踏まえた上で鵜祭の意義と鵜捕部のいる鵜浦の意味について分析することで、鵜を奉る意味を再度考えてみたい。

これら先学の研究を参考にしつつ、本章では鵜を供えることの意味とその背景について論じる。特に、祭りが行われる気多神社と、鵜を供える鵜捕部との関係性、気多地方における鵜に関する認識などを視野に入れ、考察を進めて行く。

まず第一節では、気多神社の創始と年中祭典について触れつつ、現在の鵜祭の次第の詳細について確認を行う。第二節では鵜祭の歴史的変遷を確認し、現行の式次第との異同を確認する。また鵜捕部の淵源についても確認する。第三節では、鵜祭にまつわる様々な伝承の検討を行い、各伝承の中心となっている気多神社と鵜の関係、そして鵜浦と鵜捕部の関係について分析を試み、鵜を供える神事が成立した歴史的・地域的な背景について明らかにする。

第一節　気多神社の歴史と祭儀

一　気多神社の創始

石川県羽咋市に鎮座する気多神社は、『万葉集』巻十七にある大伴家持が天平二十年（七四八）に諸郡を出挙するのに伴って巡行した折に、気多に赴いた際に詠んだ歌があることは有名である。[7] 朝廷からの尊崇も厚く、『続日本紀』神護景雲二年（七六八）に「気多神」へ封戸二十戸と田二町を充てられている。[8]『新抄格勅符抄』大同元年（八〇六）「大同元年蝶」には「気多神」封戸が「卌戸」があったことが、[9]『文徳天皇実録』嘉祥三年（八五〇）には「封戸十烟位畑二町」があったことが確認できる。[10]

『続日本紀』延暦三年（七八四）には従三位から正三位に叙せられとあり、[11] 以降『日本三代実録』貞観元年（八五九）には従一位に叙せられていたことが確認できる。[12]『文徳天皇実録』斉衡二年（八五五）には「気多大神宮寺」が置かれていたとあり、[13] 気多神社近くにあるシャコデ廃寺（羽咋市柳田）からは八世紀前半もしくは天平時代にまでさかのぼり得る瓦が出土していることから、古くから寺院が存在していたこと考えられる。[14]

気多神社の創始については正長元年（一四二八）「氣多社神官供僧訴状案」に「而崇神天皇御宇奉勅請于當社[15]」とある一方で、室町末期の「気多神社古縁起」では「人皇八代孝元天皇御宇」に垂迹し、「人皇十代崇神天皇之御宇建立之社而」と崇神天皇の御宇に社殿が建立されたという。[16] この時、来臨した神を「氣多社神官供僧訴状案」では「気多不思議大智満菩薩」とし、「気多神社古縁起」では「大己貴命」「気多不思議智満大菩薩」としている。また祭神の大己貴命が鎮座する経緯が平国祭や鵜祭の由来や内容に関わっているが、その点は後に触れることにする。

次に、『日本後紀』延暦二十三年（八〇四）の記事には鹿島神宮や氣比神宮、気多神社の宮司を「人懐競望」とあり、神祇官が適任者を選ぶことが定められたと言う。また、『続日本後紀』承和元年（八三四）に気多神社の禰宜・祝二人に把笏が認められたとあり、この時、宮司の他に禰宜と祝がいたことが確認できる。

中世における社家組織については不明な点が多いが、大永六年（一五二六）及び永禄四年（一五三一）の年貢米納帳の写しを合冊した「氣多社年貢米錢納帳」には「社務職大宮司」をはじめ、「権大宮司」「大惣行事」「権惣行事」「大穴持宮司」「楊田宮司」「若宮宮司」「祢宜」「神子方」「小大夫」「左神主」などの神職と、「座主」「権座主」「左大別当」「大別当」「大寺惣行検校」「権検校」などの僧侶の職名が見える。[17]神職と僧侶、その双方により神社の運営が成り立っていたことが窺える。先に述べたように「氣多大神宮寺」があったことからも窺えるように、気多神社の周辺にはかつて多くの寺院が存在していたことが気多神社文書に散見される僧坊から見て取れる。[18]中世以降、気多神社の周辺に存在した僧坊も近世初頭には六院、その内の二ヶ院は無住化したとあり、[19]これらの僧坊には石動山の修験との関係も指摘されている。[20]以上ことから多くの神職・僧侶が神社の経営に関わっていたことが確認出来る。なお、先に挙げた「氣多社年貢米錢納帳」には、「一宮」「菅原」「大田」「志雄」「羽咋」「吉野屋」「邑智」「鹿嶋路」「金丸」「飯川」などの地名が見られ、現在の羽咋市や鹿島郡にも社領が広がっていることが窺える。[21]

二　気多神社の年中祭典

次に気多神社の年中祭典について確認しておきたい。

門出式

古くは「鳥居神事」[22]と呼ばれていた。現在の祭儀は、午前三時に宮司以下狩衣を着装し修祓を受け、ミノを身につけてから斎館前に列立した後、宮司以下の神職が浜の大鳥居まで赴く。祢宜が忌竹を以って地面に鳥居を描き、宮司は地面に描かれた鳥居の扁額にあたる部分にヒモロギを立て、微音にて祝詞を奏上、二拝二拍手を行う。宮司以下揃って東南西北の順に拝礼を行い、そののち地面に立てたヒモロギを海へと流す。宮司以下は随神門の門神へ拝礼し、以降は各摂末社を巡拝、最後に拝殿前にて拝礼を行って巡拝が終わる。享禄四年（一五三一）の書写文書を享保年中にさらに書写した「気多社祭儀録」（以下「祭儀録」とする）には「拝龍宮門事卅度、五社斎墻須礼三十三度」とあり[23]、詳細な次第は不明であるが、巡拝儀礼が行われていたことが窺える。

平国祭

現在は三月の中頃に行われる神幸・還御の祭りで、「七尾神幸」の名称にあるように七尾にある気多本宮まで赴き、そこから気多神社へと還御する祭りである。六日間に渡る祭りでは旧社領や摂末社のある場所を通過及び駐輦し、七尾市の気多本宮を経て折り返す形で気多神社へと戻る。特に気多本宮は気多の本宮として知られており、祭神の大己貴命が能登へ上陸した後にとどまった場所とも言われていることから、気多神社の縁起にも関わりのある土地である。

「祭儀録」では二月末日に「七尾御幸、此日至金麻呂宮而、申日至七尾御旅所御座、酉日城中入神宝并巻数、戌日奉成還幸也」とあり、末日から神幸が行われ「金麻呂宮」[24]に駐泊し、「七尾御旅所」まで向かい還御となる。祭礼期間は異なるが、気多神社から七尾までの神幸が行われていたことが確認できる。一方、天正五年（一五七七）の「気多社書上」では、二月初寅に「いみ」と潔斎が行われ、巳日には「ちよくしさんたい」、翌日夜には「しやくわん（社官）」出仕と「ちよくしはいてんにさんたい」して「くわんへい」「御かくら」の奉献が行われる。翌未日には神職・神人ら二十五名が供奉し「符中所のにへ御幸」が行われ、各所を巡る。子日には「はくいのこほり」へ御幸している。御幸する「ところ」とは現在の七尾市所口であると考えられ、気多本宮とも称されている能登生国玉比古神社へ神幸していたものと推察される。

例大祭（蛇の目神事・流鏑馬神事）

現在は四月三日、四日に行われる祭りで、蛇の目神事は鳥居前に設けられた大的を弓・槍・刀でそれぞれ二回ずつ的を突く神事で、大己貴命が能登へ来臨した際に毒蛇を射止めたことに由来するとされている。旧来は三月三日に「奉桃花流鏑馬神事祝蓬餅犬舌餅小酒也」とあり、桃の節句と流鏑馬が同日に行われていたことが窺える。[25] またこの時、鵜祭の際にも行われる八神式が執り行われており、「蓬餅犬舌餅小酒」とは恐らく八神式が行われていたことを示していると思われる。

鎮花祭

現在は四月四日に行われる祭りで、特殊神饌として花びら餅（白い丸餅）と野老・山芋が供えられる。「祭儀録」三月五日に「花鎮祭、奏児童舞樂、奉成神輿還御也」と神輿が還御していたことが窺える。[26]

御贄祭

現在は五月一日と九月一日に行われる祭りで、旧来は摂社の白山神社で行われていた祭りであった。御贄という名前の通り、贄として小魚四十八尾を本社の向拝柱に青竹を渡して懸けて供える祭りである。「祭儀録」では「五月朔日、贄魚三十六尾、奉白山広前成」「九月十五日　奉白山贄事、同前」と白山社の前で贄が備えられていたことが確認できる。[27]

奥宮例祭

現在は十二月三十一日の夜に本殿後ろの入らずの森にある奥宮で行われる祭りである。奥宮には素盞嗚尊と奇稲田姫命が祀られている。祭りは、境内末社で迦具土命が祀られている楊田神社の近くにある大石の上で、松明に点火する所から始まる。点火した松明を携えた神職が先導して、宮司以下が入らずの森へ入り奥宮へ向かう。奥宮へ到着すると、素盞嗚尊を祀る一の座の殿内の清掃と薦や注連縄の交換を行い、奇稲田姫を祀る二の座の殿内も同様の事を行う。奥宮での所役を終えると、入らずの森を出て、白山神社、若宮神社を巡拝、同時に松明の炎を拝殿前に落としていく。巡拝が終わると、境内外にある大田毘神社へ赴き、御神木である大タブの木の前に松明を納め、松明が燃え尽きるのを待って帰社する。「祭儀録」では「同夜（十二月大晦日）穂神事、松明六本、長造八尋也、同夜、御床祓神事」とあり「穂神事」が松明を灯して火を供える神事、「御床祓神事」が奥宮の御座替えにあたる神事かと推察される。[28]

以上が現在の気多神社で行われている年中祭典である。次に考察の対象とする鵜祭の次第について確認する。

三　現行の鵜祭

現在の鵜祭の祭儀に関して、平成十九年に行われた祭りの実地調査を基に確認することにする。鵜祭において放たれる鵜は、七尾市にある鵜浦にて捕られる。鵜浦には鵜の捕獲を専門に承る鵜捕主任と、鵜を気多神社までお運びする鵜捕部と呼ばれる集団がおり、彼らにより鵜祭にてささげられる鵜が捕獲、そして運ばれる。

平成十九年の鵜捕主任は小西寛之氏、鵜を運ぶ鵜捕部は、中山武則氏・石田尚雄氏・上田博文氏ら三人であった。鵜捕主任は、明治二十年（一八八七）に小西中蔵氏が気多神社から任命されて以来、小西家が一子相伝で鵜捕の技法とその役目を受け継いできている。鵜捕部は二十名の人員で構成され、年毎に役が廻ってくる仕組みとなっている。

明治二十七年（一八九四）気多神社より鵜捕部の任命状が出された時には総数二十一名であったが[29]、一戸が退転、また一戸は別の家がその役目を引き継ぎ、現在へと至っている。鵜捕部の人々は天正十三年（一五八五）に前田利家より鵜田を給わっており[30]、現在でも各戸交替で鵜田を耕作し、費用などに充てている。

平成十九年の鵜捕は九日から始まり、十三日の日に鵜が捕れ、すぐさま鵜様道中と呼ばれる気多神社へ向けて鵜の運搬が行われた。本来ならば十二日の日から鵜様道中が始まる予定であったが、調査当時、能登半島地震の影響により、鵜が休む海べりの崖が崩れ、鵜が確保しくい状況にあった。

なお鵜が休む崖に鵜が宿ることが無い場合は、鵜捕部人々が崖へと鵜を誘導することもあると聞く。また、鵜捕主任が鵜を捕り始めると、近隣の人々は崖近くや鵜捕を行う日和山へと立ち入ることを自粛し、静かに鵜が取れることを待つ事が慣例となっているそうである。

さて、鵜様道中では古例に従い各所で歓待を受け、休憩をとりながら十四日には気多神社に到着する。立ち寄る場所は以下の通りである。

十二月十二日
鹿渡島→三室町→大田町→府中町→作事町→塗師町→今町→春成酒造店（昼食）→七尾市役所→木町
→大手町→さたみや旅館（宿泊）
十二月十三日
午前十時半頃 気多本宮（本宮神社）に到着
午前十一時頃 鵜祭（新嘗祭）開始（約一時間）

午後～飯川町→中能登町（旧鹿島町）二宮→石動山入口→中能登町（旧鳥屋町）→鵜家さん宅にて宿泊（中能登町良川）

十二月十四日

鵜家宅→中能登町（旧鹿西町）→梶井家宅（昼食）→中能登町（旧鹿西町）金丸宮地道沿の鵜休石にて参拝→羽咋市千路町→気多神社（宿泊）

※鵜捕部たちは一人が鵜籠を担ぎ、一人が道中迎え出る人々からお賽銭などを受け取り、一人は「うっとるべー、うっとるべー」と声を上げながら気多神社へと向かう。

十二月十四日午後三時過ぎに鵜捕部たちは気多神社へ到着し、宮司から歓待を受け宿泊する。翌十五日には事前の打ち合わせなどがある。これは、鵜捕部らが年毎に異なる為、事前の確認などをするためである。今年の鵜捕部の人々から話を伺った限りでは、前回鵜捕部役を給わったのは六年～七年前ということである。

十二月十六日午前三時より、祭儀が開始される。

まず、祭員（宮司・禰宜・権禰宜・出仕）らは祭儀に臨み前日に潔斎をしておく。当日、祭儀直前に斎館にて八神式を行う。この八神式とは古くは館居神事とも呼ばれ、祭員らは配膳された饗の酒（白散酒）を、南の縁側に八神に対して捧げ、祭員自らも酒を預かる儀式が行われる。

八神式が済んだ後、祭員らは拝殿に着座、自らを祓う。祓えの後、宮司は本殿に参進。禰宜以下は神饌を伝供、宮司が祝詞を奏上する。これらが終わり玉串拝礼、その後神饌を撤する。撤饌の後、禰宜・権禰宜が昇殿し中陣に新薦を敷き、その上に案と蝋燭一対を立てる。置かれた案は鵜が止まる為のものである。配置が終わり、蝋燭以外の明かりを全て消すと、中陣以外は浄暗に包まれる。
浄暗に包まれた中、禰宜が小声にて「寝覚めの神楽、寝覚めの神楽」と呼び、出仕が静かに小太鼓を打つ。次に禰宜が、「鵜捕部、鵜捕部」と言うと、出仕が拝殿入り口に向かい外に向け「鵜捕部、鵜捕部」と呼ぶ。鵜捕部三人は既に待機しており、出仕の呼び声に「オー」と応えた後、鵜を入れた鵜籠を二人で抱え、一人は後方より付き添い拝殿へと参進する。ここから禰宜と鵜捕部の以下のような問答が交わされる。

禰宜（以下、禰）「鵜捕部、鵜捕部」
鵜捕部（以下、鵜）「オー」
禰「鵜は新鵜かとのたもう」
鵜「オー」
禰「羽そそげたるか足痛みたるか、よく見よとのたもう」
鵜「鵜は新鵜にて安くけげしく候」
禰「鵜をよく神前に供え奉れとのたもう」
鵜「オー」
禰「鵜籠を静かにおろし籠をとり捨て、鵜をそのところに放てとのたもう」
鵜「オー」

この問答の後、鵜捕部は鵜籠を本殿階段に捧持し、鵜の様子を伺いながら付き添い人が籠の覆いを外し、鵜を放つ。鵜によりけりではあるが、案に乗った所で禰宜・權禰宜が間髪いれずに忌柴をもって鵜を押さえ、出仕に渡す。鵜が中陣へと進まないときは「清めの神楽」「清めの祓」を行い、それでも進まない場合は鵜を捕らえてしまうことが古例とされる。捕えられた鵜は、出仕の手に抱かれ一宮の海浜に至る。そしてそこで鵜を放つ。出仕が鵜を放っている最中に、社殿においては点灯をし、諸員が拝殿に復座、後に退出。祭員一同は社務所にて直会を行い祭儀が終わる。

平成十九年の崇敬者代表である、土居岸康雄氏によれば「鵜様が非常に慎重に考えていらっしゃるので、来年は皆が注意深くしていれば、いい年になるでしょう」と述べておられた。

以上が現行の鵜祭の式次第である。祭祀の中核を為すのは、鵜を神前に放ち、再度捕らえ羽咋の海へ放つことである。そして、鵜様を捕まえる鵜捕主任、鵜様をお運びする鵜捕部の存在が大きな役割を果たしていることが窺える。ではまず、鵜祭がかつてどのように行われていたのか、各文献から確認することとする。

写真１　羽咋の海岸にて飛び立とうとする鵜様（平成19年筆者撮影）

第二節　かつての鵜祭

一　鵜祭の歴史的変遷

鵜祭に関して伺える一番古い史料として、「気多社年貢米銭納帳[31]」がある。

拾五貫六十五文毎年鵜祭ノ役　金丸地頭方代官沙汰

奥書に「大永六年十月　日　寫之卆」とあることから、大永六年以前より、鵜祭は行われていたであろうことが推察される。次に、「祭儀録[32]」には。

一十一月中巳日　新嘗会　柏餅八百　箕造・飯六舟・神酒十八瓶以綵帛飾之　鏡餅以年中之日数、奉也
一午日　館居神事、同日鵜祭、祝小酒・餅也

この文献から、十一月の午日に鵜祭が執行されていた事が伺える。また前日には新嘗祭が行われていたことも注意を払っておきたい。次に、「気多社書上[33]」には、鵜祭の式次第が記されている。

一十一月　はしめのとらの日の一天よりいミにさし、ミの日たつの時まて、古米の御供をそなへ、ミの時、新物の大しやうゑ・かうし新米の御供をそなへ申候、すなハし、神前におゐて、新米の御供を給はしめ申候、ミの日の朝まて社司十人、神りよ同前に古米を給申候、其日の晩にをよひ、ちよくし参内、うのまつりとかうし申候、とり申候、此鵜の御事、当国うの浦と申所よりとり申、ちよくしにあひそへ、もちきたり候、むまの日、夜半にをよひ、神前に社家のうち十人、みうちへ出仕いたし、ちよくしはいてんに参内あり、くわんへいをささけ、御神楽をおこなひ、御神事をそなへ候て後、いけにゑとして、うを御はしのもとへはなしをき申候処ニ、九ツの御はしをのほり、あかり御内へとまいり申候を、大くうしとらへ、こんのねきうけとり申、宮仕にあひわたし申候、其夜中に、海上にむかい、はなし申候へは、そくじに飛さり、此鵜すなハち、しなののくにすわへまかりこし申よし、いひつたへ申候、此時も、ちよくしへ、たちりようのやく一社より仕申候

（傍線筆者）

まず、寅日から「いミ」つまり物忌が行われ、巳日には「新物の大しやうゑ」新嘗の祭りが行われている。ここで

は古米から新米への切り替えが行われていることが分かる。

そして「新物の大しやうゑ」の夜に、「ちよくし」参向とともに「うの浦」で捕られた鶉が届けられている。「むまの日」に鶉を神前に放つという様子が窺え、ここでは鶉のことを「いけにゑ」と記している点は既に中村が注目している通りである。また放たれた鶉は再び捕らえられて、海上にむかって再び放たれている点は現行の次第と同じであるが、放たれた鶉が信濃国諏訪へ行くという言い伝えがある、と述べられている。

おおよそ現行の祭祀と同じく、鶉浦からの鶉の奉献↓神前への鶉を放つ行事↓放った鶉を再び捕らえ海に向かい再び放つ、という一連の次第が一致していることが伺える。

次に、天明七年（一七八七）「能州一宮鶉祭之規式」[34]（以下「規式」とする）に「気多社書上」「祭儀録」と同様に、式次第について記されている。まず丑日から未日まで「斎之神事」として「門前」より外へ出ない「禁足物忌」が行われている。次に巳日には「新嘗会」が行われている。神事当日は「日並御供古米ニ而相備」とあり、次に「新米ヲ初而備候」と古米から新米への切り替えが行われている点は、先の「気多社書上」と同じである[35]。

新嘗会の当日の午刻より明日の夜までは鶉祭執行に伴い「鳴物ヲ厳重ニ禁」としている。翌日午日の昼に鶉が気多神社に運び込まれ、翌日夜までは「中門」と呼ばれる場所に「鶉籠」を吊るし「鶉取兵衛」が控えている。

鶉祭当日、「午日夜丑ノ三刻」になると「鶉籠」を「本社階下」の「釣殿」と呼ばれる施設の石壇へ置き、「鶉取」が鶉を供える旨を神前へ伝えると「鶉取兵衛」によって神前に向かって鶉が放たれる、鶉が「神鏡」前へ進み平伏した後に左右いずれかに行く頃合いを見計らい、「大宮司」が鶉を捕え、「権之禰宜」へと渡し、宮仕が鶉を受け取って海辺へ運び鶉を放つ。次第の流れは前述のものとほとんど変わらないことが確認できる。次に鶉祭の由来と、鶉の行方などの伝承が記載されている。

まず「元来此祭者当社之神代大已貴命其御子ニ櫛八玉神鵜与現シ給ヒ海底ニ入魚ヲ取テ父ノ神江備シヨリ此神事始与申伝候」として櫛八玉神が鵜に化けて大已貴命へ魚を備えたことを祭りの由縁としている。

次に「又説ニ村上天皇為宣旨而当社鵜祭之規式可有拝見之由勅使有下降時則神化現浦之海乙女而向勅使而語神秘而則入社壇須更而現八神玉殿之神而奏管絃于時鵜一自空飛来於神前向明鏡而垂左右之翼而恭神慮末社之神取社壇之鵜而放海上者神又已不見音楽又止云云勅使有皈（かえる）洛而神秘之趣奏如之明々歴々由御門重而勅使日野快楽院有下降而修理社頭寄進社領云云如是縁起有之候」とし、村上天皇の時、鵜祭拝見の為の勅使参向の折に、「浦之海乙女」が勅使に対して神秘を語り、その縁があって社領寄進が行われたとされている。また「浦之海乙女」が勅使へ神秘を語るという筋は、同史料に「一鵜祭謡ニ本地垂迹之別当社霊験鵜祭深秘等末社之神浦之海乙女与現シテ勅使に深秘ヲ語リ給フ様子荒増顕シ候」とあり、謡曲『鵜祭』と同じ筋立てであることが窺えるが、この共通性の理由は定かではない。

次に「則此鳥時ニ信濃国諏訪之社江参ル由ニ而越後国鵜之社之海辺江着候得者其社ニ茂祭有之又諏訪之社江到着仕候得者信濃国ニ茂鵜祭有之由及承申候」として海へ放たれた鵜が信濃国「諏訪之社」へ向かうとあり、また越後の「鵜之社」の海辺へ着するとある。両社では「鵜祭」があり、鵜が赴く理由としている。「気多社書上」の伝承とは異なり、越後の「鵜之社」へ向かうことと、鵜の向かう先の社では鵜祭が行われているとされている。

最後に鵜捕部について以下のような記載がある。

一御元祖様ゟ鵜浦村百姓二拾壱人江為鵜田御印章被為下置候鵜浦村百姓之内当番之者鵜ヲ芦簀之籠ニ入幣榊を立十一月寅ノ日村ヲ出立所口ニ二宿良川ニ一宿仕巳ノ日一宮江到着仕候年々如此相定リ居候且又鵜鳥持参之両人鵜ノ浦ニ而者百姓名有之候得共一宮ニ而者従昔鵜取兵衛与呼申候

（傍線筆者）

ここで初めて鵜捕部と鵜浦、鵜様道中の行程が記載されている。「鵜取兵衛」は寅日に鵜浦村を出立し、能登生国玉比古神社のある「所口」に二泊、「良川」（鹿島郡中能登町良川）に一泊して後、気多神社まで至るとあり、現在の鵜様道中に近い形式で鵜の運搬が行われていたことが確認できる。

次に安永六年（一七七七）『能登名跡志』[36]には鵜祭について以下のように記載がある。

又毎年十一月中の巳の日は鵜祭とて、昔は代々の帝より勅使有て、四方にかくてなき祭禮也。同國鹿島郡中山の郷鵜浦村より鵜を取り捧ぐ。一宮まで十一里道の程あり。道すがら勧進す。所口本宮にて卯の日新嘗の祭禮とてあり。夫より良川村の宮にて一宿し、巳午の日一宮にて清の祓あり。丑の刻に神前へ鵜をはなつ。鵜自ら本社の階を登る。戸帳の前にて羽叩して跪き所をとらへて海へ放つ。此鵜極めて越後國中山の神社能生権現の磯に寄る。其時能生権現の祭禮也。此謂は近き浦にもあるべきに、遠き鵜浦より鵜を捧る事、或時北島の女神此鵜の浦の磯邉へ寄給ひて、一宮の御神と夫婦になり給ふ。其後中あしく成り給ひて、女神又越後の能生へ飛び給ひて、ある社地をかり跡を垂れ給う。能生権現も中山の郷中山の神社。又鵜浦も中山の郷也。今も鵜田とて神田ありて、當屋の者此田を作て鵜を取て捧げる也

（傍線筆者）

ここでも鵜様道中について、「所口」「良川」へと立ち寄っている。また、海に放たれた鵜の行方を「越後中山の神社能生権現」としており、「気多社書上」にある「しなののくにすわ」とは異なる場所へと飛び去るとあり、また鵜浦と「能生権現」が中山という地にある点に共通性を見出している点に違いが見える。

最後に、『能登志徴』[37]にある鵜祭の記載について触れておくことにする。『能登志徴』には「鵜祭神事」という項と、「鵜祭舊式」という項があり、鵜様道中から鵜祭の次第、その由緒と伝承について詳述しており、「気多社書上」『能

登名跡志』に記されている概要とほぼ同一である。

以上、近世期における鵜祭の概要について把握をした。次に鵜を捕る鵜捕主任と鵜捕部についての歴史について確認して行きたいと思う。

二 鵜祭と鵜捕部

天正十三年(一五七五)の文書である「鵜田宛行状[38]」からは「鵜浦ノ衛門」へ前田利家より「鵜田」が下されていたことが窺える。

一宮神事之
為、鵜田弐反
地令扶助訖、
永代不可有相
違者也、仍如件
天正十三
十一月十二日　利家
鵜浦ノ
衛門

承応二年(一六五三)にも鵜浦右衛門宛に前田利常から「鵜田」が下された事が「鵜田宛行状[39]」から窺える。

先に挙げた「気多社書上」には既に「うの浦」から鵜が運ばれていることが確認され、この頃から、鵜祭における鵜の奉献を担う人々がいた事が推察される。また、天正十三年の「鵜田宛行状」の宛主として「鵜浦ノ衛門」の存在が示されている。これは、前田利家が直接宛てたものであり、気多神社を通して宛てられたものでないことが分かる。つまり、特定の個人（おそらくは集団の代表）に対して鵜田が宛てられていることから、鵜浦に居住する人々全てが鵜捕部として存在していたわけでなく、先代から続く特定の家々が鵜捕部としての役割を担っていたことが考えられる。

なお三井秀夫氏の話によれば、「気多神社が直接に鵜捕主任や鵜捕部を管轄する訳で無く、鵜様を運んでいただいた後が気多神社としての範疇となり、それまでは全て鵜捕部の人々にお任せしている」との事である。この話から考えても、鵜捕部の存在は気多神社の専属の人々という位置づけよりも、気多神社と何らかの縁があって鵜捕部として気多神社へ鵜様を奉献する人々という位置づけ、ということになろう。

ただし明治期に入ると、鵜捕部の人々に対して鵜捕部の任命状が出されることとなるが、これは時代の変化によるものであり、三井氏の話からしても藩から特に鵜田を給わっていた形式から、明治維新を迎え気多神社の祭祀を存続させるという面においてとられた措置であったと考えられる。

次に、『能登志徴』に引用されている「鵜祭舊式」には、鵜捕主任についての記述が見受けられる[40]。

本月丑日之夜能登郡今鹿島郡と云鵜郷神門島今角島と書く村鵜浦の神戸など二十一人。外に與四兵衛と云う者あり。此者潔斎して鵜浦に出て、海中へさし出したる盤上に睡居る鵜鳥を、三尺計りの竹羅をもつて鵜の首に纏ひて取るなり。然して葦をもつて圓形の籠、回り四尺八寸、長さ一尺八寸を作り、葦の蓋をも底に糸座をつけ、茇實竹輪竹を細縄にて結ひ堅め、蓋を起し鵜鳥の胴に緒をつけ籠に納れ、緒の端を籠の上竹に繋置なり。偖二十一人の神戸各上下を著し與四兵衛の宅に集ひ、鵜鳥に神酒を献じ各直會す。但し鵜を取るは與四兵衛の職也。

現在の鵜捕主任の前身と考えられる「與四兵衛」の存在が示唆されている。現在の鵜捕主任の小西氏はこの與四兵衛の末裔と考えられるが、詳しいことは定かでは無いそうである。鵜捕部（近世では鵜取兵衛）の他に鵜を捕る専属の猟師がいたことが分かる。現在、鵜捕主任に鵜を捕る日の前日に鵜捕部たちが酒一升を携えて小西氏宅へ訪れ、鵜捕りを依頼する慣わしがあるが、これは古くからの慣例であったと考えられる。

鵜祭の式次第及び、鵜捕主任と鵜捕部に纏わる文献を参照してきたが、文献から伺える特徴を簡単にまとめると以下のようになる。

一、現行の鵜祭と同じく、「気多社書上」以来、鵜浦より鵜を奉納し、鵜は神前へと放たれ、そして再び捕らえられた鵜は海へと放たれるという概要は同じである。

二、鵜捕部の存在は天正十三年の「鵜田宛行状」の存在からも明らかであるが、「気多社書上」が編まれた天正五年以前から、鵜祭に際して鵜を捕り、鵜様を奉る集団の存在が伺われる。又、鵜捕主任や鵜捕部は気多神社専属の集団と言うよりも、古くからの縁あって鵜を奉献している集団という性質が、文献および現在の状況からも推察される。

三、鵜祭に纏わる伝承として、鵜祭の創始に関わる伝承や、鵜の行方、鵜祭に際しての勅使参向、また鵜祭の神秘などが気多社に伝えられていた。

祭祀にまつわる文献を睥睨した限りでは、現在の祭祀と文献上記されている祭祀とは、ほぼ変わらない事が分かる。しかしながら鵜祭そのものの由来や意義に関しては現在言われる由来や由緒とは異なる記述や伝承が多くあることが確認できる。

そこで、鵜祭の形式がかつてと変わらず伝承されていることを前提としつつ、鵜祭にまつわる伝承を追うことで、鵜祭の宗教儀礼上の意味や気多社における鵜祭の意味などを考察してゆきたい。また、この伝承を考察する上の視点として縁起や伝承が歴史的事実であるか否かではなく、各々伝承における中核とは何か、何故縁起や伝承が生まれたのかと言う点に着目し、内容などを比較しながら考察を加えて行くことにする。

第三節　鵜祭伝承と鵜浦――鵜を供えることの意味とその要因――

一　縁起に見える鵜祭伝承

まず鵜祭にまつわる由緒、特に気多神社に伝わる縁起類の中に含まれている鵜祭に関係する由緒や伝承について見てゆこうと思う。

気多神社においてはいくつかの縁起、および縁起の断片が文献として残されているので挙げて行く。時代順に、

・室町末期「気多神社古縁起[41]」
・正長元年（一四二八）六月「気多神官供僧訴状案[42]」
・宝徳二年（一四五〇）八月「気多社雑掌等答状[43]」
・天正五年（一五七七）十月「気多社書上[44]」
・天正六年（一五七八）十二月「櫻井基威注進状[45]」
・天正十年（一五八二）正月「気多社縁起書上案[46]」
・文禄二年（一五九三）五月「気多社縁起[47]」
・元和五年（一六一九）九月「横山山城守へ上ル[48]」
・貞享二年（一六八五）五月「気多社御縁起[49]」

・宝暦十年（一七六〇）七月「気多大社由来[50]」

右記のような縁起が確認されている。これら縁起は気多社の御祭神にまつわる鎮座譚や由緒など共通する箇所も多い。しかしながら、鵜祭に関する伝承を載せる縁起は限られているのである。では鵜祭の伝承が記されている「気多神社古縁起」、「気多社書上」、「横山山城守へ上ル」、「気多大社由来」を比較してみたいと思う。

それぞれの縁起によって鵜祭に関連する記述は異なり、表1のような内容になる。これらの伝承について分類する

表1　鵜祭に関する由来[51]

文献名	年代	鵜祭に纏わる伝承の内容
「気多神社古縁起」	室町時代末	・村上天皇御宇、鵜祭之儀式を拝見すべきとの由あって、勅使参向。勅使に対して、浦之海士乙女に化現した神がその神秘を語り、八神玉殿之神が管弦を奏する時鵜が飛来し、明鏡の前に左右の羽を垂れて神慮を恭する。末社の神が鵜を社壇からとって鵜を海へ放つと、神は見えなくなり又音楽もやむ。勅使はこの神秘を奏し、帝は勅使として日野快楽院を下向させ、社頭修理の社領を寄進した。①
「気多社書上」	天正5年（一五七七）10月	・海に放たれた鵜の行方として、信濃国諏訪に行くと伝えられる。②
「横山山城守へ上ル」	元和5年（一六一九）9月	・大已貴命が北国北嶋の鹿嶋浦にいる化鳥退治をした折、殺されかかった鵜を助けた。この縁により毎年十一月巳午日寅の一天に鵜は御神殿の大床に参り羽を垂れて神慮を恭する。③
「気多大社由来」	宝暦10年（一七六〇）7月	・奈良天皇の御宇、十二月鵜祭の際に中納言大伴家持が勅使として参向。④
		・朱雀院の御時、承平元年十一月、鵜祭之式を勅使が奏聞。⑤

と、

一、鵜祭自体の由来について→③

二、鵜祭への勅使参向の伝承→①④⑤

三、鵜の行方についての伝承→②

右記のようになる。

では分類1の伝承から考えてみたいと思う。

「横山山城守へ上ル」では、鵜祭の由来について触れられている。伝承の中核は、大己貴命と鵜の関係が、大己貴命が能登へ来臨した折の縁によって結ばれたもの、としていることである。「気多神社古縁起」では、「北国越中之北嶋魔王化レ鳥而害二國土之人民一不レ少」とし、また「鹿嶋路湖水之大蛇出現而害レ人不レ可二勝計一」と鳥と大蛇が人民を悩ませていたところに、大己貴命が「三百餘神末社之眷属」を率いて鳥と大蛇を退治したとしている。その一方で「気多神官供僧訴状案」、「気多社雑掌等答状」、「気多社書上」、「気多大社由来」では、大己貴命来臨のことに触れられず、神功皇后の新羅征伐の功があったこと、御祭神が「気多不思議大智満菩薩」としての尊崇が篤いことを強調している。「気多神官供僧訴状案」、「気多社雑掌等答状」、という史料の性質から、当時の祭神の神徳を語りその神威を強調する為に神功皇后の話や尊崇の篤さを強調しているものと考えられる。

他方、「横山山城守へ上ル」と同じく御鎮座について触れている「気多社御縁起」では人を悩ます「大鷲」と「大蛇」を退治しており、鎮座譚として似通っているものの、「鷲蔵大明神」「高座大明神」などの神の名と共に、「遍蔵」「脇浦」「能登嶋」「鹿嶋浦」などの地名を対応させて、能登に鎮座しているであろう神々と気多の神との関係を強調する形式になっている。「毎年二月二鹿嶋ノ翁ノ社ニ御幸成ケリ」としている所を見るに、平国祭における能登半島の巡行を強調しているとも考えられる。ともあれ、各縁起により強調される部分が異なり、「横山山城守へ上ル」の場合は、鎮座譚と鵜祭が密接に結びつけられていることが窺える。

次に分類2について確認したい。「気多社古縁起」の内容は、先に触れた「規式」にあった内容とほぼ同じであり、「規式」の内容は「気多社古縁起」から引用もしくは参考としたものと考えられる。また「気多大社由来」の場合は、鵜祭の際に二度、勅使が参向している。この勅使参向について、「気多社書上」を見ると、「中古よりちよくし当国めわりへくたし申され、年中七度さんたいこれあり」とし、年中七度の神事（正月十九日神事、二月神幸祭、四月八日、六月一日、七月八日、十月一日、十一月鵜祭）に勅使が「さんたい（参内）」したとある。[52] また「気多社縁起書上案」には「一年七度官幣送給、□□有封社為第一」と官幣を七度送られることが強調されている。[53]「気多社書上」、「気多社縁起書上案」いずれも対外的に気多社の縁起を伝える為に書かれたものであることから、勅使差遣や官幣が送られてくることを強調することによって気多社の神威を高める意味があったのだろ考えられる。その意味では、先のご鎮座譚における鵜祭や平国祭との関係性の強調も、気多社が能登の一宮であり有数の古社であることを裏付ける為の言説であると言うことができる。

最後に分類3である。この場合、鵜の行方のみが伝承として強調されている。縁起に記載される鵜祭に関係する伝承では唯一、鵜の行方について触れられており、「規式」にある鵜の行方の基となったと考えられる。また『能登名跡志』や『能登志徴』の鵜祭伝承にも鵜の行方が含まれていることから、鵜祭の由緒ともに鵜の行方の伝承も広められたと考えられる。

以上、分類に従って伝承の内容について簡単な比較と整理を行った。現在の所、「気多社古縁起」に含まれている内容が鵜祭の伝承の中では古いものであり、鵜祭の式次第を踏まえつつ、勅使へ神が祭りの神秘を語ることで、祭りそのもの権威を強調している。特に祭りへの勅使参向という形式は、勅使参向の事実の有無は別として、対外的に祭りを権威付け、自社の神威を高める為に有用であったと思われる。他方、鵜祭の伝承に関して記載の無い縁起では、御祭神の来訪に伴う化鳥・大蛇退治と神功皇后の新羅征伐における御祭神の活躍を示すことで、気多の神の神威を強調する形となっている。

また、鵜祭の創始伝承や大己貴命の鎮座譚に「能登嶋」「鹿嶋浦」という具体的な地名を出すことにより、鎮座譚・伝承＝土地や神社と祭りの歴史として強調する形になっている。それ故に、縁起の内容自体を鵜祭の歴史として捉えることは危険ではあるが、鵜祭が鎮座譚との関係や勅使参向の事跡により権威付けられる意味を考えることで、鵜祭が行われる背景や要因について導き出すことが可能かと思われる。よって次に、縁起以外に見える鵜祭伝承について分析を行い、鵜祭の行われる意味について考察をする。

二　縁起以外の鵜祭の伝承

縁起における伝承以外にも鵜祭の伝承を伝える文献が幾つか挙げられる。まず、前述した『能登名跡志』[54]である。

此鵜極めて越後國中山の神社能生権現の磯に寄る。其時能生権現の祭禮也。此謂は近き浦にもあるべきに、遠き鵜浦より鵜を捧る事、或時北島の女神此鵜の浦の磯邉へ寄給ひて、一宮の御神と夫婦になり給ふ。其後中あしく成り給ひて、女神又越後の能生へ飛び給ひて、ある社地をかり跡を垂れ給う。能生権現も中山の郷中山の神社。又鵜浦も中山の郷也。

（傍線筆者）

この伝承においては、鵜の行方について縁起に記されていた信濃国諏訪の社ではなく、越後の能生権現へと鵜が飛びゆくとしている。またその理由として能生権現の女神が気多の祭神と夫婦関係にあった縁があること、鵜浦も能生も中山の郷にあるという共通点を提示している。

天保十五年（一八四四）『能登国神異例』[55]には、能登国内における九つの神社における神異・霊験譚を集めたもので、その一つに気多神社の鵜祭における神異が記されている。

一、かの鵜海中に死て、その骸程なく越後国能生の浦なる鵜の石といふに漂着を待得て、能生神社にもまた鵜祭といふ神事行ハるるとなん、気多の海に鵜を放つと覚える頃、能生の海なべて血の色になると云伝へたり、いかなる故よしにか委敷ハ聞かず、

一、古は勅使の降り玉ひしとなん、今ハ鵜祭の御札とて国守へささけ奉るのミなり、

一、猿楽の謡ものに鵜祭といふあり、則これなり、

一、鵜祭には必ず雪降るといへり、昔いかなるわざによりてか、次の年の六月行ハれし事ありしに、雪ふりしとぞ、

一、昔鵜あれひて大宮司今四代前ノ大宮司ニテ櫻井ノ某ナリキ、の顔にかすり、疵あまた付てしか、次の年なむ禍事出きて終には家絶にけり

一、前の大宮司四代前迄は権大宮司ナリシガ、大宮司ノ家絶ニヨリテ三代前ヨリ正大宮司ニナリヌ、今権大宮司ナシ、某、鵜に手ノ指さきを喰ハれしが次の年病おこりて死えり、あやしきわざなりけり、

『能登國神異例』では『能登名跡志』にあった能生神社へ行く鵜という伝承にさらに別の伝承も付け加えられている。勅使参向の事跡は気多社の縁起にも記されていることであり、謡曲における『鵜祭』の存在は伝承というよりも、事実に近い。また、鵜祭における降雪や鵜に傷つけられた宮司の不幸についてはは真偽のほどは定かではないが、鵜自

体の神聖さを物語る伝承である。

二つの文献における共通点としては、鵜浦から奉げられる鵜の由来に纏わる伝承が気多社以外へと伝わっていた可能性があるという点であろう。また鵜浦の存在と鵜捕部の存在、そして彼らが鵜を奉る事実を基としてその由来が明らかでないからこそ、後付として能生権現との伝承が生まれたと考えられる。

この鵜と能生神社の伝承について、『能登志徴』では鵜と能生神社との繋がりを否定的にとらえている。

傳説に、彼鵜海中に死んで、越後國頸城郡能生の浦なり、鵜の岩といふに流れ寄るを待得て、能生神社にもまた鵜祭といふ神事ありとぞ。気多の海に鵜を放せしと覚る比、能生の海なべて血の色になりぬといひ傳へり。實にさる事にや。越後名寄を考えるに其事更に見へず。浅香久敬の道程記に、能生中山権現の祭礼は三月二十四日なり。能州石動山の祭日と同時也。石動山の祭は朝、能生は晝よりの祭也。朝の間は能州の方へ風吹き、晝よりは能生の方へ風吹くより。是に依りて能州と能生との間、船の往来心易きとなり。此風を神風といふ。故に此日は能州への船往来一日の内になせり。俗傳に、夫婦の神なりと云々。或説に、延喜式蒲原郡中山神社とあるは此社かどいへれど、郡界いぶかし。或は磐舟神社成べきかといふといへり。今按ずるに、此は能生にての傳説なりしと見ゆ。一宮にて鵜祭の事をいへるは、彼三月二十四日の祭礼の事を傳へ誤たるにや。[56]

『能登志徴』では能生神社の祭礼日時などを取り上げ、その違いなどからこの伝承に伝え誤りがあるとしている。実際に文献などを参照しても、能生神社の祭礼において鵜祭はみられず、また『気多社書上』や「能州一宮鵜祭之規式」に見られる信濃の諏訪へ赴く、又諏訪の社にて鵜祭があるという伝承も、文献を見る限り見当たらなかった。『能登志徴』で否定されるとおり、鵜の行方については伝承の域を出ないことは明らかであろう。

次に、神社に伝わる鵜祭の由来として、鵜浦の御門主比古神社の御祭神である御門主比古神による大巳貴命の歓待が鵜祭の由来だとしている。

御門主比古神社は現在御祭神として御門主比古神と櫛八玉神を祀っている。櫛八玉神は元々、御門主比古神社に奉斎されていたわけではなく、近世になって鵜浦にある阿於谷に鎮座していた阿於神社の御祭神が御門主比古神社に合祀されたとされる。貞享二年（一六八四）の由来書上においては「鵜浦村氏神御門主阿於大明神」と記されていることから近世に至り何らかの事情で合祀されたようである。[57] ここで「能州一宮鵜祭之規式」における伝承と比べると、櫛八玉神については触れられているが、御門主比古神ついて触れられていない。

また御祭神の来訪と鵜浦からの鵜の奉献という二つの事象を絡めたものであり、御門主比古神という土地の神によって能登へ来訪した大己貴命が歓待を受け、櫛八玉神が鵜に化け饗応を行うという、これまでに蓄積された伝承を基として形成されたものと考えられる。ここまで縁起や伝承を睥睨してきたわけだが、改めて考えておきたいのは、伝承の焦点は何なのか、何故伝承が生まれのかという点である。

縁起伝承における焦点は「気多社書上」に載せる放たれた鵜の行方や、「横山山城守へ上ル」の御祭神の鎮座譚と絡んだ鵜祭の創始、「気多大社由来」「気多社古縁起」にある鵜祭における勅使参向の事跡と鵜祭にまつわる神秘などが挙げられる。これら縁起伝承の内容が流布するか何かして『能登名跡志』や『能登国神異例』に載るような鵜祭の伝承へと繋がっており、最終的には御祭神の来訪譚と鵜浦の由来を絡めた伝承へと結実してゆく。

伝承を見る限り、幾つかの伝承が並存し、それらが後世の解釈によって、より合わせられて新たに一つの伝承を構成したと考えられるので、以下に整理してみよう。

「気多社書上」における放たれる鵜の行方に関しては、「能登国神異例」に載せる伝承へと引き継がれ、新たに内容が付け加えられる形となっている。「横山山城守へ上ル」における御祭神の鎮座譚と鵜祭の創始の伝承は、角島に来訪した大己貴命を土地の神である御門主比古神による歓待と櫛八玉神が鵜に化けて御祭神に饗するという、気多社と鵜浦の繋がりも補完する形で伝承がまとめられている。「気多大社由来」「気多社古縁起」にある勅使参向の伝承は、伝承と言う形ではないが、謡曲『鵜祭』へと脚色され、鵜祭の神秘性を物語る形となっている。これら、それぞれ枝分かれし複数の焦点を生じた伝承の中で着目すべきは、御祭神と鵜の関係性そして気多社と鵜浦の関係性を中核とする伝承であろう。

まず、鵜祭の起源伝承における中核は、祭神と鵜の関係性にあると考えられる。これには二つのパターンがあり、

一、御祭神に助けられる鵜

二、土地の神の歓待を受けた御祭神に鵜が奉られる、もしくは鵜が御饌を奉る

と言う分類になる。

一、二、に共通する点として、御祭神の鎮座譚にまつわる形で、気多社と鵜浦・鵜捕部の関係が強調されているのである。

一の場合は、鹿嶋浦の化鳥に襲われる鵜が助けてもらった縁により、自ら御祭神のもとに赴くという記され方をしており、鹿嶋浦という場所が鵜浦を暗示しているのではないか、という推察される。

二の場合は、鵜浦の御祭神である御門主比古神が来訪した御祭神に対して鵜を奉るか、御門主比古神と櫛八玉神が相談し櫛八玉神が鵜に化けて御饌を奉るという、二柱の御祭神を通して、気多社と鵜浦の関係に言及するような形になっている。

一の場合は何故鵜が奉られるのかということに焦点が絞られており、それゆえに鎮座譚と絡める形で鵜祭の創始が言及されている。二においては鵜が奉られる由来とともにその場所についても言及される形となっている。前述の通

り、御門主比古神社は鵜浦に鎮座しており、櫛八玉神も奉祭している。直接鵜捕部について触れられているわけではないが、祭神を通して鵜浦の場所について暗喩が成されていると考えられよう。

つまり、鵜祭の創始伝承の中核として据えられているのは、御祭神と鵜の関係性、そして気多社と鵜浦との関係であると指摘できる。では何故、それらの関係性が伝承の焦点になりえたのか。これらの鎮座譚や創始伝承が生まれた背景には、気多社における由来の喪失や鵜祭の儀礼的意義の不明確化、気多社と鵜浦の関係性の原義の喪失が考えられる。

鵜祭の形式そのものは恐らく現代まで、細かな変更を加えられつつも、鵜浦からの鵜の奉献と、気多社における祭儀という骨子は、脈々と受け継がれてきたと推察される。しかしながら、祭祀儀礼の原義や鵜浦と気多社との本来の関係性などは、時代の変化により失われたことは確実であろう。[58] 鵜祭の、失われたであろう原義や意義を補完する意味で、気多社と鵜浦の関係性についての伝承が発生したと考えられよう。

そして、これらの伝承により鵜祭に対しての新たな背景が成立することで、鵜祭そのものが脈脈と受け継がれてきたと考えられよう。縁起伝承などに記されている伝承を渉猟し考察を加えてきたが、鵜祭の創始伝承の中核にあるのは御祭神と鵜の関係である。その根拠を示すようにして土地の神の歓待を受ける御祭神という図式が鎮座譚と絡めて成り立っている。

原義こそ不明瞭になり、しかし鵜祭の儀礼が継承されてゆく中で、気多社と鵜浦という地域の関係性は欠くことが出来ぬものであり、創始にまつわる伝承においてはその関係性を示すような御祭神の鎮座譚と、土地の神の歓待という形がおのずから成立したものと考えられる。これら伝承に対しての考察を前提とした上で、気多神社と鵜浦の関係性及び能登における鵜の存在について考察を行いたい。

三　気多社と鵜浦の関係性

前述したとおり、気多神社における鵜祭は、文献の量とその内容に含まれる様々な伝承からしても、重要な祭祀であったことが伺える。また、鵜祭の創始伝承にも示されるように、御祭神と鵜のつながり、気多社と鵜浦の関係性が重要であることは確認したとおりである。

まず着目したいのは、何故鵜であったのかという点である。鵜以外にも羽咋の海付近には水鳥を始めとして多くの鳥がいたことが考えられるが、その鳥の中から鵜が選ばれる理由があったと思われる。神話的解釈によるならば、御門主比古神による御祭神への歓待、櫛八玉神が鵜に化け御饌を奉るという伝承があって、鵜祭が行われる訳である。ただ、その伝承が成立する前提として、能登における鵜の存在があったと考えられよう。逆説的に云うならば、鵜がいなくては鵜祭は成立しない、という訳である。御祭神と鵜という伝承の上での考察よりも、気多周辺や能登における鵜の存在にしついて考察を試みるべきかと考える。

次に気多社と鵜浦との関係である。前述したとおり、鵜捕主任や鵜捕部は気多社の専属の人々というわけではなく、何らかの縁あって気多社に鵜を奉納する役をしていると考えられる。問題はその縁である。鵜祭の伝承の一つにおいて、大己貴命の来訪と御門主比古神の歓待が語られているわけだが、この伝承そのものは気多社と鵜浦が何故関係を持っているのかという理由に対しての神話的な解釈であろう。では、これら伝承以外に現実的に気多社と鵜浦の繋がりが見出せるのかが問題となろう。

まずは、能登地方における鵜について考察してみたいと思う。

鵜についてだが、簡単に解説をしておくことにする。日本においてはカワウ、ウミウ、チシマウ、チシマウガラスの四種の鵜が生息している。鵜祭において奉げられるのはウミウで、鵜浦の崖にて捕られるのは前述の通りである。カワウ・ウミウは全国に生息しており、鵜飼などで用いられる多くの鵜はウミウである。[59]

なお、能登地方と鵜の関係は、鵜祭に限定されるものはないことが、文献上明らかになる。『親信卿記』天延二年（九七四）八月十日条には、

天延二年八月

十日、出羽貢料鵜□二率、奏聞之後、分給三所鵜飼、其儀、仰所令進鵜飼など進御贄度數勘文、今年度數、同員數矣、出右兵衛陣外、任進御贄次第分給、預出納小舎人等相共給之、能登・□渡貢、先日分給已了、[60]

とある。また、『中右記』寛治七年（一〇九二）八月二十六日条には、

寛治七年

八月

廿六日、天晴、（中略）

今日能登國依例所進之鵜鵰、於右衛門陣、蔵人左衛門尉藤永實分給出納一人并御厨子所預一人、著束帯、著胡床、小舎人一人、著衣冠、進解文、一々覧畢、召供御鵜鵰飼等賜之、鵜鵰數同儲料二合六鳥也、而於途中一鳥死了云々、[61]

この文献から、能登から献上された鵜が鵜飼へと渡されていたことが分かる。この鵜がカワウなのかウミウなのかは判別が出来ないが、鵜飼が用いていた多くの鵜がウミウだったことを考えるとウミウだった可能性が高い。[62] 以上の史料は能登国が鵜を献上していた事跡であるが、これらの鵜が何処で捕られていたのかは定かではない。ただ、能登には鵜にまつわる地名が多く存在することを気に留めておく必要がある。

石川県小松市鵜川町→川沿いの立地

石川県鳳珠郡能都町鵜川→山田川沿いの立地
石川県羽咋郡志賀町鵜野屋→富来川に近い（山の中）
石川県鳳珠郡穴水町鵜島→穴水港付近。
石川県輪島市門前町鵜山→海沿いの立地。
石川県輪島市鵜入町→海沿いの立地
石川県珠洲市宝立町鵜飼　→鵜飼川の付近。
石川県珠洲市宝立町鵜島→舟橋川の近く。海岸に近い。
※『石川県の地名』を参考にしつつ、現在の地図で場所の照合を行った。

鵜にまつわる地名の多くが海沿い、もしくは川沿いに立地している。又、鵜飼などの地名も見受けられることから、能登地方における鵜飼漁の存在も考えられよう。上記の内に気多社と関係性があった地域は無いことが『石川県の地名』他、気多神社関係の文書から分かる。つまり、能登地方において鵜が捕れる事を根底としつつ、気多社と湯浦（鵜浦）との関係性が鵜祭と言う祭祀儀礼を生み出したと考えられよう。

次に気多社と鵜浦に如何様な繋がりがあったのか、そこを焦点として考察を進めて行く。

鵜浦について『石川県の地名』を引くと、旧鵜浦村とあり、「東湯浦村」と比定されている。これは承久三年（一二二一）の「能登國四郡公田田数目録案」に能登國鹿島郡の条に「東湯浦村　壱町三段四」と記されていることを根拠としている。[63]「能登國四郡公田田数目録案」においては気多社との繋がりは見受けられないが、時代が下り永正十一年（一五一四）の「和田分神役段米注文案」においては、「湯浦免田分」と見える。この免田からは「壹石五斗　宮枡定　銭五十文　湯浦免田分八月御供田役　楊田宮司」「五百文 朔幣料　四枡 宮枡定　湯浦免田分 友永分」とあり、祭料の供出が行われていたことが伺える[64]。また、鵜浦という名が文献上登場するのは前述した「気多社書上」であり、ここでは「うの浦」とある。また、「鵜田宛行状」にも「鵜浦ノ衛門」とある。

前述したとおり、鵜捕主任や鵜捕部はその面子が各戸決められており、村全体がその役に携わっているわけではない。鵜浦にいる特定の人々がその役割を担う形である。そう考えると、古くは免田としてその名が在った「湯浦」にいる人々が鵜捕主任・鵜捕部として存在しており、そして或時から「湯浦」ではなく「鵜浦」という地名へと変化し、これら周辺域が鵜浦村として成立したことが伺われる。つまり、縁起伝承における気多社と鵜捕の関係以外にも、気多社の免田として遠隔地にあった鹿島郡湯浦という事実が、鵜祭における気多社と鵜捕主任・鵜捕部との関係性の根底にあったと考えられる。

おわりに

鵜祭に関して伝承などを考察し、その根幹には気多社と鵜浦との関係性があったと仮定した上で、鵜祭が成立した要因について考察を試みた。

鵜浦はかつて湯浦と呼ばれ、気多社の免田であったことは文献で確認したとおりである。この関係性が前提となり鵜祭が成立するというわけである。そして能登地方における鵜の存在が、鵜祭の大前提であることを確認するべく、能登地方における鵜の存在ついて簡単ではあるが考察を試みた。鵜そのものは、鵜がつく地名が散在するように能登地方の沿岸においては冬を象徴する鳥であり、そこに気多社と湯浦の関係性が下地となって鵜祭という祭祀儀礼が成立したと考えられる。ここで改めて、気多社と鵜浦との関係を整理しよう。

まず、鵜浦にいる鵜捕主任と鵜捕部は慣例に従い鵜を気多社へと運び、気多社側は直接それに関与せず鵜が届くの待つという現在の関係性がある。鵜捕主任による鵜の捕獲が無ければ、鵜祭は鵜を放たず鵜が捕れなかったという報告の祝詞を奏上し祭儀を終えることや、鵜様道中の立ち寄り先は、慣例に従っており気多社側が関与するものではないことからも、あくまで鵜祭の主体となるべき存在は鵜浦の鵜捕主任と鵜捕部達であろう。では主体である鵜捕部たちが運ぶ鵜様の意義はどう捉えるべきか。

小倉の論に従うなら、鵜の当初の意義は初贄としての鵜である。また、中村の論においては、贄としての鵜という側面と、贄という役から放たれる鵜という側面があると推察されている。中村の意見は謡曲『鵜祭』における放生の有様を軸としている感があり、必ずしも同意できるものではないが、一理あると考える。

ここで着目したいのは、小倉も中村も述べる贄としての鵜である。

「気多社祭儀禄」では鵜祭の前日に新嘗会が行われている。また、現在の鵜様道中の際に立ち寄る気多本宮においても新嘗会が行われており、「気多本宮縁起」においても新嘗会が行われていたことが確認できる。[65] このように、時期的に新嘗の祭りを行っていることが伺える。このことからも小倉や中村が述べる贄としての鵜という意義はあながち的外れではないと考えられよう。贄としての鵜と言う原初の意義から、放生される鵜という意義が加えられたかは定かではないが、鵜祭における鵜の意義は新嘗会に同期させるように行われていることから鑑みても、初贄としての鵜という意義がその原初であったと考えられよう。その初贄の鵜を奉献する鵜捕主任と鵜捕部という集団は、かつて気多社の免田であった湯浦、今の鵜浦の場所にいる。この鵜浦の由来、つまり気多社の免田であったという関係性が、鵜捕部という集団の根底にはあると考えられる。鵜捕部は特定の集団であり鵜浦全体がその役を務めるわけではない。それは前田利家が鵜田を給わったのはあくまで鵜捕部たちであること、また直接鵜捕部らに鵜田を給わったことからも分かるように、気多社と鵜捕部という関係性は鵜祭に際してのみ発現される関係性である。故に、気多社に対して鵜田を給わるということをせず、直接に鵜捕部に直接給わるという形式がとられている。その関係性は、現在も気多社が鵜捕部らの動向に関与せず鵜を待つということからも伺える。これにより、気多社と直接関係持つのは鵜捕主任や鵜捕部らであり、鵜浦全体という訳ではない事が改めて確認されよう。
結果、鵜浦に居る鵜捕部と気多社との関係性に絞られるのだが、鵜捕部はかつて免田であった湯浦（鵜浦）に居住しているからこそ、鵜捕部は鵜捕部足りえるのであると考えられる。つまり、気多社と鵜捕部の関係性の根幹には、気多社と免田の湯浦というかつての関係性が横たわっているわけであり、その関係抜きには鵜祭の成立を考えることはできないと推察される。

謝辞
二〇〇八年の鵜祭の研究調査及び本書の写真掲載について、気多神社様より多大なるご高配を賜りました。厚く御礼申し上げます。

注

1 小倉学「鵜祭考（一）」（『加能民俗』十二号、昭和二十七年、一六八―一七四頁）、小倉学「鵜祭考（二）」（『加能民俗』十三号、昭和二十七年、一八一―一八七頁）、「鵜祭り」（『加賀能登の民俗』小倉学著作集第三巻、瑞木書房、平成十七年、四八一―四九三頁）。
2 市田雅崇「儀礼の中の大きな物語と小さな物語―鵜祭と鵜を迎える人たち―」（『國學院大學日本文化研究所紀要』第九十九輯、平成十九年、一〇一―一二二頁）。

3 中村生雄『祭祀と供犠　日本人の自然観・動物観』（平成十三年、法蔵館、一五六―一七八頁）。

4 小倉学「鵜祭考（二）」（『加能民俗』十三号、昭和二十七年、一八一―一八七頁）。小倉は、鵜祭の由来を検討した上で、由緒にある大己貴命の能登神門島への来臨の際に、櫛八玉神が土地の神である御門主比古神と相談して、櫛八玉神自ら鵜に化けて海の魚を捕り大己貴命へ饗応したとする説から鵜＝御饌津神ではないか、という示唆をしている。

5 前掲注3に同じ。中村は謡曲『鵜祭』での鵜の扱いと由緒に見える鵜の扱い、実際の儀礼上において鵜がどのように捉えられているのか着目し、鵜が贄であること、そのことを前提として、贄からの解放＝放生が行われていると推察している。その放生の儀礼の背景には諏訪信仰の影響を示唆しており、本来的にはイケニエとして献納される鵜が、諏訪信仰を背景とした放生の儀礼に影響される形で現在の儀礼のような形をとるようになったと推察している。

6 気多神社所蔵文書　二四号「和田分神役段米注文案」（藤井貞文・小倉学校訂『気多神社文書』第一、続群書類従完成会、昭和五十二年、一四五頁）。「和田分神役段米注文案」において「湯浦免田分」と見え、これが鵜浦と称される以前の名称であったと推察される。また、この免田からは、

　壹石五斗 宮枡定　銭五十文　湯浦免田分八月御供田役　楊田宮司
　五百文 朔幣料　四枡 宮枡定　湯浦免田分 友永分

とあり、祭料の供出が行われていたことが伺え、鵜祭のみならず、気多神社の祭祀を支える一基盤であったことが分かる。

7 武田祐吉校註『万葉集』下巻（角川書店、昭和三十年、二〇四頁）。なお大伴家持の能登巡行とその際の気多大社参拝については、高尾哲史「家持と気太の神―天平20年春の諸郡巡行における気多神社参詣―」（『大伴家持研究』第4号、平成十五年）に大伴家持が気多を訪れた意味について、気多大社の位置付けと重要性について分析を行っている。

8 『続日本紀』(黒板勝美・国史大系編修會編『続日本紀』国史大系刊行会　昭和十年)。
9 『新抄格勅符抄』(黒板勝美・国史大系編修會編『新抄格勅符抄・法曹類林・類聚符宣抄・續左丞抄・別聚符宣抄』吉川弘文館、昭和四十年)。
10 『文徳天皇実録』(国史大系編修會編『日本後紀、續日本後紀、日本文徳天皇實録』国史大系刊行会、昭和九年)。
11 前掲注8に同じ。
12 黒板勝美編『新訂増補国史大系第四巻　日本三代實録』(国史大系刊行会、昭和九年)。
13 前掲注10に同じ。
14 櫻井敏雄「気多神社の祭祀と神仏習合過程の建築論的研究—気多神社と気多神宮寺の研究(I)—」(『近畿大学理工学部研究報告』第十七号、昭和五十七年、六九—七九頁)。
15 気多神社所蔵文書　一号「気多神官供僧訴状案」(藤井貞文・小倉学校訂『気多神社文書』第一、続群書類従完成会、昭和五十二年、一—三頁)。
16 「気多神社古縁起」(須磨千穎ほか校注『神道大系　神社編三十三　若狭・越前・加賀・能登國』神道大系編纂会、昭和六十二年、三五一頁)。
17 気多神社所蔵文書　五号「氣多社年貢米錢納帳」(藤井貞文・小倉学校訂『気多神社文書』第一、続群書類従完成会、昭和五十二年、九—四〇頁)。
18 平凡社地方資料センター編『日本歴史地名大系第十七巻　石川県の地名』(平凡社、平成三年、七二四頁)では気多神社文書に記載される院坊として、
薬師院・愛染院・不動院・地蔵院・延命院・賢倫坊・長福坊・正覚坊・文殊坊・東林坊・西林坊・玉蔵坊・一

乗坊・幸円坊・春乗坊・任蔵坊・普門坊・万善坊・清安坊・知乗坊・宥光坊・成勝坊などの院坊を挙げている。

19 前掲注18同書、七二四頁では、江戸時代のはじめに、「薬師院・明王院・地蔵院・不動院・長福院・正覚院」の六院となったとされ、その内の「明王院」「不動院」は後に無住化したとしている。なお明治の神仏分離以降は正覚院が真言宗寺院として継続している。

20 前掲注14に同じ。櫻井は石動山の院坊と気多神社の僧坊が重複する点があり、僧坊の一つである正覚院は石動山から下山した者が気多神社付近に定住し成立したものとしている。また、気多社で石動山衆徒が護摩炊きをしている点や、平国祭への「石動山衆徒」の関与があったことが示唆されている。

21 前掲注17に同じ。

22 「気多社祭儀録」（日本祭礼行事集成刊行会編『日本祭礼行事集成』第八巻、日本祭礼行事集成刊行会、昭和五十八年、六一一頁）。

23 前掲注22同書。

24 現在の平国祭では、神幸の四日目に中能登町金丸にある宿那彦神像石神社に神輿が駐泊するが、「金麻呂宮」という名前からこの宿那彦神像石神社のことかと推察される。

25 前掲注22同書。

26 前掲注22同書、六二一頁。なお「気多社書上」（日本祭礼行事集成刊行会編『日本祭礼行事集成』第八巻、日本祭礼行事集成刊行会、昭和五十八年、六五五頁）には鎮花祭の文字は見えず、「三月　御さいれい、三日ハしかく、四日ハかうたう（講堂）へ御幸」とあり、四日には「御卅講」と呼ばれる行事が行われている。また「地蔵山」に「山ふしミね入」があり、五日に「でなり（出成）」と呼ばれる行事が行われている。この「でなり」について「祭儀録」では「四日　出伏出成神事、奉成神輿於講堂」とあり、同日は護摩焚きが行われ、五日には「三十講論議」が行われていることが確認でき、修験者が関与している様子が窺える。

27　前掲注22同書、六二頁。

28　前掲注22同書、六二頁。なお「気多社書上」（日本祭礼行事集成刊行会編『日本祭礼行事集成』第八巻、日本祭礼行事集成刊行会、昭和五十八年、六五―六六頁）には「十二月　御床はらい」として、担当する「神主」は潔斎として「しやうしん（精進）屋」入りが行われ、昼夜七度の「こり」をかいて身を清め、「御かきとり権の禰宜」「火つかさ」は火の忌みを行って潔斎し、大晦日には「おくの宮の御すゝはき」、「御岩屋のうちまで参り」神事を行うとある。

29　『七尾市史 資料編』第三巻（七尾市、昭和四十八年、三四頁）。明治二十七年（一八九四）七月三日に気多神社から鵜捕部として、二十一名が任命されている。

30　鵜浦　山口一義家文書　一号「天正十三年　鵜田宛行状」（七尾市史編纂専門委員会編『七尾市史 資料編』第三巻、七尾市、昭和四十八年、三四頁）。

31　前掲注17同書、二一頁。

32　前掲注22同書、六二頁。

33　「気多社書上」（日本祭礼行事集成刊行会編『日本祭礼行事集成』第八巻、日本祭礼行事集成刊行会、昭和五十八年、六五頁）。

34　「能州一宮鵜祭之規式」（日本祭礼行事集成刊行会編『日本祭礼行事集成』第一巻、平凡社、昭和四十二年、六一―六二頁）。同史料は『羽咋市史』中世・社寺篇（羽咋市、昭和五十年、四二四―四二六頁）にも所収されており、こちらの翻刻においては奥書に天明七年（一七八七）と記されている。

35 なお、「往古」として「柏餅八百」「箕造リノ飯六舟」「御酒十八瓶」「綵帛飾之鑑餅者年中之以日数奉」とあり、神饌の仕様に何らかの変更があったことが窺える。

36 太田頼資著、日置謙校『能登名跡志』（石川県図書館協会、昭和三十五年、八頁）。

37『能登志徴』上編（石川県図書館協会、昭和四十四年、九一頁）。

38 前掲注30に同じ。

39 鵜浦 山口一義家文書 二号「承応二年 鵜田宛行状」（『七尾市史 資料編』第三巻、七尾市、昭和四十八年、三四頁）。

40 前掲注37に同じ。

41 前掲注16同書、四三―四五頁の解題では、この縁起について、

能登国の一宮気多神社（旧國幣大社）の社僧だった正覚院（高野山真言宗、羽咋市寺家町）の所蔵。署名は仮題である。巻子本一巻、縦約三二糎、長さ七六〇糎。雲母引きの鳥の子紙に達筆な楷書で記したもので、ほぼ室町末期のものと思われる。

としている。

42 前掲注15に同じ。

43 気多神社所蔵文書 一号「気多社雑掌等答状」（藤井貞文・小倉学校訂『気多神社文書』第一、続群書類従完成会、昭和五十二年、三―六頁）。

44 前掲注33同書、六四―六六頁。

45 大宮司櫻井家之書 七九号「櫻井基威注進状」（藤井貞文・小倉学校訂『気多神社文書』第一、続群書類従完成会、

昭和五十二年、二三〇—二三一頁)。

46 大宮司櫻井家之書　九六号「気多社縁起書上案」(藤井貞文・小倉学校訂『気多神社文書』第一、続群書類従完成会、昭和五十二年、二四三頁)。

47 「気多社縁起」(藤井貞文・小倉学校訂『気多神社文書』第二、続群書類従完成会、昭和五十五年、三六—三八頁)。

48 「横山山城守へ上ル」(石川県図書館協会編『気多神社文献集』石川県図書館協会、昭和十五年、一三四—一三五頁)。

49 「気多社御縁起」(石川県図書館協会編『気多神社文献集』石川県図書館協会、昭和十五年、一三六—一四〇頁)。

50 「気多大社由来」(石川県図書館協会編『気多神社文献集』石川県図書館協会、昭和十五年、一六八—一七〇頁)。

51 表1で使用した史料は以下の通りである。前掲注16同書、三五二—三五三頁。前掲注33。前掲注48同書、一三四頁。前掲注50同書、一七〇頁を参照した。

52 前掲注33同書、六四—六五頁。

53 前掲注46に同じ。

54 前掲注36に同じ。

55 水野三春著、小倉学編『能登国神異例：水野三春遺文集』(神代神社、昭和四十年、二三一—二四頁)。

56 前掲注37同書、九〇頁。

57 「加賀能登神社由来書上」(須磨千穎ほか校注『神道大系　神社編三十三　若狭・越前・加賀・能登國』神道大系編纂会、昭和六十二年、二八九頁)の松尾天神社の「貞享二年由来書上」に、

同郡鵜浦村氏神御門主阿於大明神、同末社ニ御門津波久志社・門嶋鼻社・阿於野邊社と申候而御座候、鵜浦之門嶋に一宮鵜祭之節、鵜今ニ取上ヶ申候

とあることから、御門主比古神社に阿於神社が合祀されていたことが分かる。

58　「気多大社由来」の末文には、

然人皇八代自㆓孝元天皇御宇㆒百六代至㆓マテ後奈良院御宇㆒数度之御綸旨令旨院宣當社之雖㆑奉㆑納㆓寶庫㆒数度之兵亂ニ焼亡シ或應ニ烏兎星霜経㆒為㆑蠹損㆑之今将僅遺文面不㆑分嗚呼慕哉神慮幾庶可㆑惶々々于時宝暦十辰秋七月大良烏

としており、気多大社の宝物が幾度かの兵乱による消失などを経ていることが伺える。

59　大林太良ほか著『日本民俗文化大系五巻　山民と海人―非平地民の生活と伝承―』（小学館、昭和五十八年、八四―八五頁）。

60　『大日本史料』第一編之十五（東京大学史料編纂所、昭和四十二年、七八頁）。

61　『大日本史料』第三篇之二十一（東京大学史料編纂所、昭和六十年、三四頁）。

62　前掲注59に同じ。

63　「能登國四郡公田田数目録案」（『新修 七尾市史2　古代・中世編』七尾市役所、平成十一年、一七八―一八〇頁）。

64　気多神社所蔵文書　二四号「和田分神役段米注文案」（藤井貞文・小倉学校訂『気多神社文書』第一、続群書類従完成会、昭和五十二年、一四五頁）。

65　「気多本宮縁起」（須磨千穎ほか校注『神道大系　神社編三十三　若狭・越前・加賀・能登國』神道大系編纂会、昭和六十二年）において、

十一月卯辰新嘗祭　此新嘗祭の時、官幣使古来参向と云り、此祭を柏祭と號す、上古よりの由縁を以って焼付の餅を柏葉に盛て供㆑之、社司十七日社内に斎籠、卯辰の両日、社例古格の祭法を勤む、一宮にては巳の日新嘗、

午の夜鵜祭あり、古来より鵜捉戸と云民戸ありて、鵜を捉えて献レ之、此處を角島と云、角島の歌、出二万葉集一、今鹿渡島と書けり鵜を此處に捉に依て鵜浦とも云也

とある。

結　特殊神饌の特徴とその形成要因

第一節　総括

本書においては、特殊神饌に表れる特徴の形成に影響を及ぼした要因について、分析と考察を行った。特徴に影響を及ぼす要因は事例毎に異なっているものの、ある程度の共通点を見出すことが出来る。そこで、各事例で明らかになった点をまとめると以下のようになる。

①　神社周辺地域における生業及び信仰

特殊神饌の特徴が形成される要因の一つとして考えられるのが、神社周辺地域における生業である。鵜祭を除く四つの事例の場合、特殊神饌の特徴としてあげられるのは供えられる食品の多様さである。神饌で最も多く用いられる米を基本として、川や海で漁獲される魚類や海藻類、塩業によって生産される塩を含めた水産物、大根や里芋などの野菜類や鶏頭などの生花、柚子や柿、栗等の農作物、鴨や鵜などの鳥類、など多岐に及んでいることが分かる。この点については神饌が食物を中心に供えられていることから、神社周辺における農水産物の特色が神饌の特徴として、現れやすいのは当然とも言える。

ただし、注意しなくてはならいのは、神社と周辺地域の結び付きである。今回取り上げた事例を含み、神饌品に用いられる食品類のほとんどは、歴史的に見て神社周辺地域、或いは神社に由緒のある特定の地域から供出されていた。現在でこそ、季節を問わず様々な方法で食物を入手できる環境が整っているが、かつては神社が周辺地域を経済基盤とし、そこに居住し各種生業を営む人々によって、神社へ農水産物等の献納が行われていた。つまり、神社と周辺地域、そして周辺地域に居住する人々との経済的な関係が下地にある故に、地域における生業の在り方が神饌に用いられる食物の種類などの特徴として現れているものと考える。

また、神社と人との経済的な関係のみならず、周辺地域に居住する人々が、農水産物の献納や祭りへの奉仕や参加を通じて構築される、神社との信仰的な関係も見逃してはならない。

例えば、香取神宮の例では、大饗祭が晩稲の新嘗という儀礼的意義をもって行われていたのは、地域生業の在り方を反映したものであった。これは地域における農水産業の農事暦を反映する形で、実りを神へと供える祭りを行っており、その他の事例でも同様の傾向にある。地域の農水産業の暦が祭りへと反映されたと考えられる理由は、神社経済が周辺地域の生業により支えられる関係にあり、地域における生業が安定した生産を保つことができるように祭りを行うことで、神社の安寧を図る意図があったものと推察される。同時に、農事暦を反映した祭りは、農水産業に直接携わる人々にとって生活の安寧を祈る意味を持つことになり、神社との経済的な関係と共に信仰的な関係が構築された結果として、神饌の食物として地域生業の農水産物が用いられることになるのである。

このような点から、神社周辺の地域生業は、祭りに直接あるいは間接的に携わる人々の信仰が形成される重要な要因となるばかりでなく、神社の祭りの目的や意義、そして神饌に用いられる食物類にも影響を及ぼす要因となっていたことを指摘することができる。

② 食文化と風流

特徴の形成に影響を与えたもう一つの要因は、食事形式や調理技法を含めた食文化と風流作りものに代表される風流等の文化的要素である。

今回取り上げた特殊神饌の内、香取と彌彦の事例は饗応を目的とした神饌であり、その形式は人間の食事形式に近似する形式となっている。特に、香取神宮の場合、神饌品目の鴨羽盛や直会膳の羽節和のように、本膳料理から影響を受けたと思しき品目があることが確認された。これまでの研究においては、神饌を古い食文化の形式を残しているものであり、大饗料理などの料理文化に神饌の形式が影響を及ぼしたと考えられてきた。このことは、神饌を供えるに際して常に清浄性を保つことを目的として、食品類が直接触れる皿類などは土器等を用いそれを神事毎に破棄することで清浄性を保とうとする方法や、神饌と供えられる御飯の盛り付け方の高盛飯や物相飯のような盛り付け方が大饗料理などに見られる点からも神饌が料理文化に影響を及ぼした可能性は十分に考えられる。ただし、神饌から料理文化へ影響を与えるという一歩通行のような形ではなく、料理文化が神饌調理に影響を及ぼしたという可能性も考慮に加え無くてはならない、という点を今回の研究から指摘する事ができる。

一方で、瑞饋祭や若宮相撲神事の事例の場合、地域生業が信仰の在り方、神饌として供えられる食物に影響を及ぼしていたことに加え、食文化的な要素以外の文化的要素が神饌の特徴、盛り付け方へ影響を及ぼしたと考えられる。

供覧を目的としたこの二つの事例の場合、風流の影響を受け、何かに見立て形を整えることにより、目で楽しむ・驚かせるという趣向に重点をおいていることが分かる。このような意識は、饗応神饌の盛り付け方にも通底している意識であり、神饌を供える目的とそれに応じた形式は違えども、食品を清浄な状態で形を綺麗に調え供えようとする、ある種の美意識・美学と言った価値観が共通していることを指摘することが出来る。

例えば、香取神宮の大御食や鳥羽盛のように御飯を高く盛り付ける例は、様々な饗応神饌の盛り付けに見られる形式である。[1] 春日祭や賀茂祭の神饌なども、魚や野菜を井桁状に盛る・積むことで高さを強調する形式になっている。このような高盛りや高積みという形式は、大臣大饗や二宮大饗などの饗宴で出される大饗料理の盛り付け方にも見られる形式である。大饗料理の図案を記した『厨事類記』では台盤と呼ばれる机に盛り付けられた御飯や副食、箸や匙と言った食器具が並べられている。御飯は上部が幅広の円柱状なっており、春日祭の神饌で供えられる御飯に似た形状である。また「高盛」と呼ばれる料理があり、鳥羽盛のような形状で盛り付けられている。このように食物を高く盛る、積むという文化は日本を含めた中国や東南アジアなどの食文化に広く見られ、これらの盛り付け方は美しく見せること、多く見せることという美意識が大きく関わっていると考えられている。[2]

一方、供覧を目的とする場合、北野の瑞饋神輿や御上のずいき御輿のように、農産物などを加工して台などに組込んでいく方法が見られる。ずいき御輿と称される例は、京都府上京区大将軍八神社の秋祭や、京都府京田辺市の棚倉孫神社の秋祭りで出される事例が見受けられ、滋賀県湖北町の伊豆神社の八朔大祭で青物神輿と呼ばれる造り神輿が担ぎ出されている。[3] これら野菜などを用いて神輿風に飾り付ける嗜好は、すでに指摘したとおり、『看聞御記』に登場する「精進物大黒」のような風流作りものの影響を受けた可能性が窺える。[4]

風流の文化の影響は、ずいき御輿のような神饌だけでなく、神事の飾り物にも影響を及ぼしていたと考えられる。嶋臺や蓬莱臺と呼ばれる祝儀で用いられる飾り物は、神事において献納される場合があり、香取神宮や彌彦神社などの神事では現在でも見ることができる。この嶋臺の場合、神事中の饗膳や直会と言った宴席の場の設えとして普段の宴席の場で用いられていた嶋臺を神事へと持ち込んだ、と考えられる。このような風流の文化から影響を受けたことは、これらの文化的要素を受容した祀り手達に、飾り物や設えものを新たに神事へと取り込んでいく態度があった為と思われる。これは神饌の特徴に影響を及ぼした食文化についても同様で、神饌の盛り付け方や料理方法として、古い作法を維持しつつも、新たな技法などを取り込む意識があったものと推察される。

以上、本書における考察から、神社周辺地域の生業と信仰、食文化や風流の文化等が特殊神饌の持つ特徴に影響を及ぼしていたことを明らかにした。

これまでの研究では、特殊神饌の特徴には地域の農水産業や食文化が表れている、と考えられてきた。それは、特殊神饌が古い形式を保持し現代へと継承されている＝特殊神饌の特徴からは古い信仰や文化を見いだせるだろう、と考えられてきた為である。しかし、各事例の考察の過程において確認したように、現在我々が見ることができる特殊神饌の形式や作法などは、実際には多くの変化を経た結果として現在へと継承されている。

この点を踏まえて、各事例の祭りの意義や歴史的変遷、神社と地域との関係性に焦点を当てることで、はじめて地域生業がどのような形で神饌へと影響を及ぼしていたのかについて、僅かな事例に限りおいてのことではあるが明らかにすることができた。同時に、神社と周辺地域が経済的かつ信仰的に緊密な関係にあったことで、地域の生業の在り方が神饌だけでなく、祭りや信仰の形成に影響を及ぼしていたことについて浮き彫りした。

また、食文化や風流の文化が、盛り付け方に影響を及ぼしていた可能性を示唆した。これまでは神饌の在り方が、大饗料理などの料理へと反映されたと考えられてきたが、文化的に発展した料理文化や風流の文化を、祀り手達が取り込んでいった可能性が考えられる。大饗祭の鴨羽盛や羽節和のように本膳料理の形式を神饌品へと取り込んだ可能性がある例や、瑞饋神輿のように、神饌が次代を経るごとに大型化し、結果として神輿状の神饌にまで展開していった例からも、祀り手達の祭りや神饌に対する価値観が一様で無かった点が窺える。このような文化的な要素を取り込むことと平行して、古い作法や調理技法などを伝承しようとする意識も垣間見える。この点は、古態を厳修し次代へと継承させようとしていた、香取神宮や彌彦神社における明治期改変の際の神職の行動――旧儀の記録保持と古例の継承――によく表れている。

第二節　研究の展望

本書で明らかにしたように、特殊神饌が有する特徴の形成に影響を及ぼした要因は、地域における生業の在り方や食文化・風流の文化などの文化的要素であったと考えられる。ただし、検証を行った事例こそ少なく、また大社や古社と呼ばれるような神社の事例を中心に取り上げた為に、より地域社会に密着した事例について考察できなかった点は今後の課題である。そのような課題点を踏まえても、本書で明らかにした点は、今後の神饌研究における新たな視点の提供と方法論の提示という、序で示した研究の目的と意義を果たせたと考える。

以上の点を踏まえ、今後の神饌研究における新たな課題と展望を浮き彫りにしてみたい。

① 事例研究の蓄積と類型化――比較研究への展開に向けて――

今回取り上げた五つの事例以外にも、特殊神饌は全国に継承されていることがこれまでの研究で明らかになっている。それらの事例は、研究論文や民俗調査報告書、あるいは地方紙や自治体の発行する広報誌など様々な媒体に掲載されており、大社・小社を問わずこれらの事例を集積し続けていく必要がある。これら蓄積した事例は、序章で示した分類と分析項目に当てはめデータ化を行い、地域毎に整理してデータベース化するなど、何らかの方法によって整理を行うことが今後の神饌研究の進展には不可欠な作業であると考える。

また蓄積・整理と合わせて神饌事例の類型化も必要な作業になる。これは神饌の分類のみならず、祀り手などの特徴や神社との関係性を類型化することによって、事例を整理し特徴毎に分けて比較検討を行う為である。例えば、特定地域における神饌分布の傾向や特色、神饌品として用いられる食品類の分布傾向と農水産業の様相について照合・分析することで、地域生業と神饌品の関係性や、地域毎の食品類の嗜好性について研究を行うことが可能である。

神社と周辺地域の関係性について類型化した場合、社家が主体となって祭りを取り仕切る例、神人や宮座のような特定の祭祀組織が祭りを行う例、神饌献納のみに関わるような例など、様々な祀り手としての在り方と神社との関わり方が見える。この関わり方と神饌との特徴を分析し、食生活などの影響を神饌がどのように受けていたのか、またその逆はあるのか、などの分析が可能になる。

このように事例の集積とデータ化、神社周辺地域との関係性の類型化を行うことによって、今回指摘した地域生業との神饌の関係性について、より精緻な研究を行えると考える。

②　食文化との関係性

特殊神饌の特徴に影響を及ぼす一要因として、食文化や風流と言った文化的要素を指摘したが、盛り付け方の類似性や本膳料理が影響を及ぼした点などを指摘出来たことにとどまっている。この点については、①で提示した特殊神饌の事例収集とデータベース化した中から、特殊な盛り付け方や食器具などを使う事例を抽出し、それらを類型化する。その上で、大饗料理や本膳料理などの盛り付け方や食器具の比較検討を行うことで、神饌と料理文化がどのように影響を及ぼしあったのかについて慎重に検討していく必要がある。

また、特殊神饌を供える神社の周辺地域において伝統的に食されてきた料理や、年中行事で出されるハレの料理を比較し、神社と地域の家々との年中行事食との関連性について検討していくことも必要と思われる。特に神社の経済基盤＝地域住民の生業であるゆえ、双方で使用される農水産物の傾向を分析することで、神饌として用いられる農水産物の傾向や嗜好性について明らかにしていけるものと考える。

③　神饌と饗宴

今回取り上げた事例では、御上神社の若宮相撲神事で行われる芝原式において、神事相撲が行われる前に公文や頭人らが饗宴を行っている。饗宴は頭人の引き継ぎが行われた後に厳格な規程にしたがって酒が交わされ、その後に座毎に持ち寄ったためずしや鮒ずしなどを肴にして酒宴が催されている。また彌彦神社でも、かつては正月元旦の祭りなどで大御膳を供えた後に、拝殿にて御當によって饗膳が用意され、各神職が献杯を行った後に、酒宴が行われていた。

このような事例から見ても拝察されるように、本来的には祭りの最中に饗宴、いわゆる共食儀礼が行われていた事例が散見される。しかし、現在の神社祭祀では、祭りが終わった後に直会として酒宴が開かれており、これが旧来あった饗宴の名残であると考えられる。神饌の原義からすれば、祭りの最中に神饌や神饌と同様の食品を祀り手達が飲食する行為があって自然かと思われる。このことは、坪井も指摘しているように饗応神饌の多くが熟饌であること、つまり撤饌されればそのまま食べることができる状態にある点からも、本来的には祭りの最中に神人共食を行う為の饗宴があったと考えられる。特に祭りへ奉仕する祀り手がその神人共食に預かることで、はじめて神饌としての意義が完結したのものと推察される。

本書では、神饌と饗宴の関係性や祭りの中での饗宴に対する位置づけや共食を行う意義についてまで考察が至らなかった。よって検討すべき課題の一つとして、神饌と饗宴に関して、各神社の事例の収集と、饗宴が行われる際の祭りの構成、撤饌される神饌がどのように扱われていたのか、饗宴が行われる際の作法に関しての研究を行っていく必要があると考える。

以上、今後の神饌研究における検討課題とその展望について提示した。特殊神饌については、今後も神道学に留まらず、民俗学、家政学など複数の分野において取り上げられ、様々な視点と方法で研究が行われると思われる。

そのような研究の展望において、本書で明らかにした点からも分かるように、祀り手の信仰や価値観、神社などの信仰対象と地域における位置づけとその関係性、彼らが生活している衣食住の環境など、祀り手自身と彼らを取り巻く環境を分析する方法は、神饌研究において有効性があるものと考える。今後も、序で示した分類及び分析項目の整備を喫緊の課題としつつ、事例の収集と蓄積を進め、より多くの事例に関する特徴とその特徴の形成に影響を及ぼした要因について考究を続けていきたいと考える。

注

1 吉川雅章「特殊神饌 奈良県の『蒸飯御供』」（儀礼文化学会『儀礼文化』第二十九号、平成十三年、九三―一〇三頁）。
2 熊倉功夫「食の美学」（『講座食の文化　第二巻　日本の食事文化』財団法人味の素食の文化センター、平成十一年）。
3 中沢成晃『日本宗教民俗学叢書二　近江の宮座とオコナイ』（岩田書院、平成七年、一八六―一八七頁）。
4 太田藤四郎『看聞御記　上』（続群書類従完成会、昭和五年、八―十一頁）。

初出一覧

序（原題）神饌研究の課題と展望―神饌研究の事例を通して―

（『会誌　食文化研究』No.9、平成二十五年十月）

第一部　饗応神饌に関する事例研究

第一章　香取神宮大饗祭神饌について

第一節　香取神宮の歴史と祭儀（新稿）

第二節（原題）明治期における香取神宮の祭祀改変について

（『明治聖徳記念学会紀要』復刊第四十七号、平成二十二年十一月）

第三節（原題）香取神宮新飯神事の儀礼的意義―大饗祭との比較において―

（『國學院大學大学院紀要　文学研究科』第四十一輯、平成二十二年三月）

第四節（原題）香取神宮大饗祭神饌に関する考察―神饌形成の風土的条件を中心に―」

（『皇學館論叢』第四十二巻二号、平成二十一年）

第二章　彌彦神社大御膳について

第一節　彌彦神社の歴史と祭儀（新稿）

第二節（原題）近代祭祀制度における特殊神饌の取り扱いについて―香取神宮・彌彦神社を例に―

（『明治聖徳記念学会紀要』復刊第四十九号、平成二十四年十一月）

第三節　（原題）特殊神饌の特徴とその形成要因について──彌彦神社の大御膳を例に──
（『新國學』復刊第六号、平成二十六年）

第二部　供覧神饌に関する事例研究

第一章　北野天満宮瑞饋御輿について
（原題）北野天満宮瑞饋神輿についての一考察
（『神道研究集録』第二十四輯、平成二十二年）
（『神道宗教』二百三十一号、平成二十五年七月）

第二節　瑞饋祭の歴史的変遷とその様相

第三節　瑞饋神輿に見える信仰と生業（新稿）

第二章　御上神社若宮相撲神事のずいき御輿について

第一節　御上神社の歴史と祭儀（新稿）

第二節　若宮相撲神事とずいき御輿（新稿）

第三節　若宮相撲神事の位置づけと意義（新稿）

第四節　ずいき御輿の特徴とその形成要因（新稿）

第三部　生調に関する事例研究

第一章　気多神社鵜祭について

第一節　気多神社の歴史と祭儀（新稿）

第二節　かつての鵜祭（新稿）

第三節　鵜祭伝承と鵜浦──鵜を供えることの意味とその要因──（新稿）

結　特殊神饌の特徴とその要因

第一節　総括（新稿）

第二節　研究の展望（新稿）

※本書を構成する各章の初出は、右に記した通りであるが、いずれの章についても本書を編集するにあたり、大幅な加筆修正を行っていることを付記しておく。

あとがき

本書は平成二十五年九月に國學院大學大学院文学研究科に提出した博士論文「神饌の研究」をもとに、加筆・修正を加えたものである。博士論文は、中西正幸先生・岡田莊司先生・江原絢子先生にご審査いただき、平成二十六年三月に学位を授与された。ご多忙の最中、審査の労をおとりくださった先生方に、改めて御礼申し上げる。

図らずも、博士論文を提出した年は、長年ご指導を賜ってきた中西正幸先生がご専門とされる神宮式年遷宮、その第六十二回目が挙行された記念すべき年であった。平成十四年に國學院大學神道文化学部に入学、その翌年から中西先生の主催する祭祀研究会というサークルに所属しながら、祭りの実地調査に始まり、伊勢神宮ならびに諸社の文献講読など折にふれてご指導を賜った。そのサークル活動の中で興味を持ったのが、本書で取り上げた特殊神饌であった。その結果、サークル活動と並行して中西先生から卒業論文のご指導も賜ることとなり、足繁く旧常磐松校舎の研究室へ通う日々が続いた。

博士課程進学後は、卒業論文と同じく特殊神饌の特徴とその形成要因をテーマとして研究の道へと分け入っていった。その中で中西正幸研究室の先輩である橋本富太郎氏から祭りの研究方法に関するご助言だけでなく、神道思想や倫理学についてのご教示を頂き、見識を深めるきっかけをいただいた。他のゼミにも参加する中で、岡田莊司先生の演習では、ゼミの皆様に御指導を賜りつつ、先生からも様々な御助言を賜り、自身の研究を見直す機会を与えていただいたことは、感謝に堪えない。修士論文を作成する過程では副査をご担当していただいた三橋健先生から、気多神社鵜祭についての論文や、小倉学先生についての業績などについてご教示いただくなど、御厚情を賜った。

また、祭祀・祭式を研究テーマに持つ同輩の竹内雅之氏や小菅浩之氏とは、熊野速玉大社の御燈祭や寒川神社の浜降祭など、神饌以外の特徴ある祭りの調査に赴いては、互いに祭祀研究について論議を深め、酒食を交わし、互いに激励し合った。庄村貴裕氏もゼミや研究テーマは異なるものの、小菅浩之氏と薗田稔先生のゼミへ参加した折りに知り合い、以降懇意にさせていただいている。本書で取り上げた瑞饋祭についてご教示いただき、調査の便宜を図っていただいたことは感謝し尽くせない。

後期課程に進むと、神道教育の研究者である中道豪一氏と意気投合し、神道の心を明瞭に楽しく伝えることを趣旨とし、実践と研究の練磨を図る目的を持った、祭祀儀礼研究会を立ち上げた。この研究会活動にはご多忙の中にも関わらず、中西正幸先生から直接ご指導を賜り、また徳島市春日神社宮司で会の発足当時は博士課程前期に所属しておられた岡山秀則氏も研究会の後援だけでなく、御自らも講演活動へとご参加いただいたことへの御恩は、筆舌に尽くしがたい。このような諸先生・諸先輩方からの御厚情もあって、町田市の公民館事業へ参加し一般向けの講演会を企画するなど、大学という枠に囚われない挑戦的かつ実践的な活動を展開することが出来た。現在も研究会は幅広い活動を継続し、雑誌『祭祀文化』の発刊や講演活動を展開している。

博士課程満期退学を目前に控えた年、縁あって國學院大學伝統文化リサーチセンターにてアルバイトをさせていただくことになった。その折り、同室にて仕事をされていた筒井裕氏には仕事上も研究上も大変お世話になった。人文地理学という全く違う分野の研究者である筒井氏からの研究についてご助言や、日々の何気ない叱咤激励は、博士課程満期退学後の進路が未定であった私にとって生涯忘れることが出来ない。また、佐藤あずさ氏と研究室の後輩である望月陽子氏は、同室で仕事をする仲間であり、二人の仕事中の細やかな気遣いと丁寧な仕事には幾度も助けられ、仕事に対して常に真摯であり続ける、二人の姿勢に励まされることも少なくなかった。

筒井氏に研究について様々なご助言を賜りつつ博士課程後期を満期退学した折り、筒井氏の御紹介で参加することになった日本家政学会食文化研究部会では、石川寛子先生をはじめとして、諸先生方の家政学に関する様々なご発表を拝聴する機会を賜り、門外漢の私に対して丁寧に御指導をしていただいた。特に、江原絢子先生には論文指導をはじめ、博士論文の副査のお引き受けいただくなど、御厚情を賜った。また石川尚子先生にはご多忙にも関わらず、口頭発表のご機会をお与えいただき、論文のご相談にも快く応じていただくなど、感謝に堪えない。

現在では、筒井氏の推薦にて成田門前町研究事業へ調査員として参加することになり、鈴木正崇先生や久保田滋子先生と出会い、研究に関しても様々なご助言を賜る機会を得た。

最後に、本書の出版は中西正幸先生、岡田荘司先生、江原絢子先生の御推薦により叶うところとなった。先生方には深く感謝申し上げる。また武蔵野書院の前田智彦氏には、飛び込みで本書の原稿を持ち込んだにも関わらず、終始、懇切丁寧にご対応いただき、本書刊行への道筋を付けていただいた。前田氏をはじめ武蔵野書院の方々には、心より御礼申し上げる。

平成二十六年八月

吉野　亨

本書刊行にあたっては、平成二十六年度國學院大學課程博士論文出版助成金の交付を受けた。

索引

し

す

な

に

ぬ

む

め

も

や

◆著者紹介
吉野　亨（よしの・とおる）

略歴

1983年生まれ。國學院大學神道文化学部を卒業。國學院大學大学院文学研究科神道学専攻を満期退学。2014年3月に博士論文「神饌の研究」にて博士号を取得。

現在、國學院大學大学院特別研究員。他に、成田山門前町研究事業、広島商船高等専門学校COC事業「離島の知の拠点形成―離島高専の教育研究と離島の振興・活性化―」などの調査研究事業に従事する。

主要論文

「香取神宮大饗祭神饌に関する考察―神饌形成の風土的条件を中心に―」
（『皇學館論叢』42巻2号、2009年4月）

「瑞饋祭の歴史的変遷とその様相について」
（『神道宗教』231号、2013年7月）

「神饌研究の課題と展望―神饌研究の事例を通して―」
（『会誌　食文化研究』Vol.9、2013年10月）

「特殊神饌の特徴とその形成要因について―彌彦神社の大御膳を例に―」
（『新國學』復刊第6号、2014年10月）

特殊神饌についての研究

2015年2月20日 初版第1刷発行

著　　者：吉野　亨
発 行 者：前田智彦
発 行 所：武蔵野書院
〒101-0054
東京都千代田区神田錦町3-11 電話03-3291-4859　FAX 03-3291-4839

印　　刷：モリモト印刷㈱
製　　本：㈲佐久間紙工製本所

ISBN 978-4-8386-0281-0 Printed in Japan